附有景點導覽小幫手

可以拆下使用！

U0076947

去看看這景色！

美景兜風 & 公路地圖 BOOK

●この地図の作成に当たっては、国土地理院長の承認を得て、同院発行の2万5千分1地形図　5万分1地形図　20万分1地勢図　50万分1地方図、100万分1日本及び基盤地図情報を使用した。（承認番号　平29情使、第45-284273号　平29情使、第46-284273号　平29情使、第47-284273号　平29情使、第48-284273号）
●禁止未經許可的轉載、複製。
ⒸShobunsha Publications, Inc.2018.3

路線 1 日光～奧日光

去看看這景色！**絕景兜風**

能一覽男體山
中禪寺湖與華嚴瀑布！

去看看這景色！

2 從明智平空中纜車的
展望台望見的絕景

湛藍美麗的中禪寺湖，還有聳立一旁，似要將湖泊環抱其中的男體山，從遠處看去也能感受其氣勢的華嚴瀑布，在此能一覽代表日光的自然景觀。不論是綠意將群山覆蓋的春夏，或是群樹染紅的秋天，四季流轉的絕景都能讓人賞心悅目。

↑雖說秋天的紅葉最有人氣，但春天的新綠與夏天濃綠也相當美麗的「伊呂波山道」。彎道處立有伊呂波歌的編號看板。

享受世界遺產日光的神社與寺院，以及奧日光美麗的自然景觀

說到日光，不管怎樣第一個想到的還是**日光東照宮**。仔細參觀登錄於世界遺產的絢爛豪華社殿，中餐想品嘗一下名物豆腐皮。連接日光與奧日光的**伊呂波山道**是有如九彎十八拐的陡峭道路。往上過去，沿著國道的觀光路。搭乘位於第2伊呂波山道的明智平空中纜車的話，就能從展望台一覽代表日光的絕景。往上過去，沿著國道的觀光景點有華嚴瀑布、中禪寺湖、龍頭瀑布、戰場之原、湯瀑布、湯之湖。連接日光與奧日光的伊呂波山道是有如九彎十八拐的陡峭道路。

回程越過金精峠，順路去一下日光白根山、吹割瀑布之餘，邊往沼田IC前進吧。因為擁有許多賞楓名勝，非常適合秋天兜風。

從展望台一覽代表日光的絕景。有時間的話，試著以赤沼停車場為起點，走到戰場之原吧。

兜風要點

● 區域入口日光山內之中，除了日光東照宮之外，遊覽二荒山神社、日光山輪王寺、大猷院等獲登於世界遺產的歷史性觀光景點也很愉快。

● 從華嚴瀑布到戰場之原，是能從車窗望見中禪寺湖的舒適湖畔路線。而且這條路一直到湯之湖畔為止，是條開起來舒暢又筆直的道路。

Goal		8 吹割瀑布		7 日光白根山空中纜車		6 湯之湖		5 戰場之原		4 中禪寺湖		3 華嚴瀑布		2 明智平空中纜車		1 日光東照宮		Start
關越自動車道 沼田IC	120 16.5km 34分		120 18km 26分		120 13.6km 28分		120 2.6km 3分		120 5.4km 7分		120 3.7km 6分		120 2.4km 4分		120 16km 25分		119 2.3km 5分	日光宇都宮道路 日光IC

Drive Data

最佳旅遊季節	春～秋
行程約略	2日
路線距離	80.5km
租車據點	JR日光站、東武日光站、下今市站

去看看這景色！

絕景兜風

路線 1 日光～奧日光

本書P.14也有介紹

にっこうとうしょうぐう
① 日光東照宮

集結江戶時代的建築與雕刻的精粹

祭祀江戶幕府初代將軍——德川家康的神社。依家康的遺言，第2代將軍秀忠建造了東照社。之後，第3代將軍家光進行重建成絢爛豪華的社殿，包含國寶8棟，重要文化財34棟在內，境內有55棟的社殿群並列其中。

☎0288-54-0560　MAP附錄②23 C-2
🕐8:00～16:30（11～3月為～15:30）　休無休
¥參觀費用：成人1300日圓、中小學生450日圓
所日光市山內2301　P200輛（收費）

本書P.45也有介紹

あけちだいらロープウェイ
② 明智平空中纜車

一邊看著壯麗的景色，一邊空中散步

從位於第二伊呂波山道的明智平站連接展望台站的空中纜車。展望台站2樓的展望台能一覽中禪寺湖、華嚴瀑布、男體山，作為絕佳攝影點相當有人氣。所需時間3分。能攀升到海拔1373m的地點。

☎0288-55-0331　MAP附錄②21 D-4
🕐9:00～16:00（視季節而異）　休無休（天候不佳時，3月1～15日停駛）　¥成人來回730日圓、兒童來回370日圓　所日光市細尾町深沢709-5　P50輛

本書P.11・45也有介紹

けごんのたき
③ 華嚴瀑布

落差97m的雄偉瀑布，氣勢十足

華嚴瀑布與和歌山縣的那智瀑布、茨城縣的袋田瀑布，一同被稱為日本三名瀑。有觀瀑台，近看則會為其高度、水量所折服。被冰覆蓋的冬景也非常美麗，在這裡能盡情享受四季變換的美景。

☎0288-55-0030（華嚴瀑布電梯）
MAP附錄②20 H-5
🕐8:00～17:00（視季節而異，夏季為7:30～18:00）　休無休　¥成人550日圓、兒童330日圓　所日光市中宮祠2479-2　P200輛（收費）

本書P.47也有介紹

ちゅうぜんじこ
④ 中禪寺湖

海拔1269m，日本第一高的湖泊

據說約在2萬年前，因男體山噴發而形成的。除了乘坐遊覽船、天鵝船來做個愉快的湖上散步之外，周圍也有設置完善的步道，一邊欣賞春天的杜鵑、秋天的紅葉，一邊走在其中也相當舒適。　MAP附錄②21 B-4

☎0288-22-1525（日光市觀光協會）
🕐自由參觀　所日光市中宮祠
P使用縣營停車場

本書P.11・50也有介紹

せんじょうがはら
⑤ 戰場之原

一邊享受自然一邊健行

相傳男體山神與赤城山神為了爭奪美麗的中禪寺湖，而在此較量，這便是此處地名的由來。步道整頓完善，就算是初學者也能在與植物及野鳥相遇的同時，還能享受健行。濕原植物和美麗的紅葉相當有人氣。　MAP附錄②21 A-2

☎0288-22-1525（日光市觀光協會）
🕐自由參觀　所日光市中宮祠　P333輛

從秋高晴朗的空中，俯視錦繡群山

配色與細緻的雕刻令人流連忘返的美麗！

Ⓐ

② Ⓑ

④

Ⓓ

在綠山藍湖洗滌心靈吧

Ⓔ

③

壓倒性的水量、高低差、轟響，精彩奪目！

Ⓒ

Ⓕ

夕陽映照，將草、紅葉渲染得更加艷紅

⑤

Ⓖ

Ⓐ設計優美的唐門，為日光東照宮本社的正門。建築本身堪稱絕景

Ⓑ秋空之下，從「明智平空中纜車」所見的紅葉也有著精彩絕倫之美。從10月中旬到下旬之間為最佳觀賞期

Ⓒ要探訪「華嚴瀑布」的話，推薦清晨前來，此時能看到瀑布水花受朝陽照射形成的彩虹

Ⓓ湖水清澈湛藍，美麗的「中禪寺湖」。從4月到9月中旬，能樂釣鱒魚（岸釣為4月上旬起，船釣為4月中旬起）

Ⓔ還能在「中禪寺湖」租借天鵝船。試著就讓搖曳的水面帶領著你，在湖上散步吧

Ⓕ從9月下旬到10月上旬能見到「戰場之原」的草紅葉。尤其是夕陽西下時，會如燃燒般染紅

Ⓖ廣闊的藍天，無限延伸的濕原。以400ha廣大面積為傲的「戰場之原」為自然的寶庫

兜風MEMO　由於國道120號的日光湯本溫泉到丸沼高原，冬季為封閉狀態，所以需特別注意（12月下旬～4月中旬左右為止）。

伴隨轟響劇烈飛濺的水花，被這股像是要將人捲入般的氣勢所震懾

去看看這景色！

⑧ 間近距離實際感受 吹割瀑布的震撼力

瀑布聲勢浩蕩地流入谷中，不愧被稱為東洋的尼加拉瓜瀑布，氣勢磅礴。有設置完善的步道，能夠近距離觀看瀑布。特別是5月，從尾瀬而來的融雪之水會增加瀑布的水量，帶來讓人撼動全身的衝擊感。

迎著湖面吹來的風，盡情地深呼吸！

從空中享盡藍天與白根山的自然

Ａ 步道整備完善，「吹割瀑布」有許多值得一見的地方。10月下旬～11月上旬紅葉為溪谷上色
Ｂ 「湯之湖」保有未經開發的自然環境。鳥鳴聲悅耳舒適，能享受與野草小花的相遇　Ｃ 從「日光白根山空中纜車」的山頂眺望，展現在眼前的是武尊山、谷川岳、燧之岳等日本百名山的景色
Ｄ 「日光白根山空中纜車」的乘車時間為13分，能將自然與街道等變化豐富的景色盡收眼底

兜風MEMO 往半月山展望台方向的縣道250號，以中禪寺湖SKYLINE之名廣為人知，是能免費馳騁的絕佳兜風路線。髮夾彎延續8.5km的單線道路，沿路景色變化豐富，10月下旬～11月中旬的紅葉也值得一看（※有冬季封閉期）。

日光好吃名物大集合

盛滿日光名物的「NIKKO丼」

かまや Café du Reverbere

使用前日光和牛與日光豬的「講究漢堡排」1800日圓。前日光和牛烤牛肉和豆腐皮攜手組成的最強丼物「NIKKO丼」（附豆腐皮沙拉、湯）1700日圓起，品嘗看看吧。

📞0288-54-0685　**MAP**附錄②22 H-5
🕚11:00～16:00 ※售完打烊
休不定休　所日光市松原町12-6　P7輛

舒適浸泡在乳白色的硫磺泉中，好好放鬆

在日光國立公園內的飯店，泡個不住宿溫泉

奧日光小西飯店
おくにっこうこにしホテル

不住宿也能享受到源泉放流的溫泉。使用男體山岩石的露天浴池，滿溢著乳白色的溫泉，一邊在針葉樹林包圍之下，一邊泡湯放鬆，沒有比這更好的了。也有泡湯跟午餐的套裝優惠方案。

📞0288-62-2416　**MAP**附錄②21 C-2
🕚不住宿泡湯7:00～10:00、13:00～21:00
休無休　¥成人1300日圓、兒童1000日圓（附出借浴巾、毛巾。自備毛巾則成人1000日圓、兒童800日圓）　所日光市湯元溫泉2549-5　P30輛

在遠離喧囂的隱藏民宅品嘗地產午餐

隱藏的民宅料理製作的店，以當地食材製作的午餐為傲。

近藤
こんどう

在民宅改造而成，氛圍溫暖的店內，能品嘗到每月更新的無菜單午餐。可享受到使用當地產的新鮮食材製作的，有媽媽味道的料理。

📞0288-54-3233　**MAP**附錄②23 B-3
🕚11:30～、13:30～（需預約）　休週二、三
¥每月更新午餐1200日圓
所日光市本町3-39　P7輛

來求藥師佛保佑長壽健康吧

放眼全日本也少有的，能泡湯的寺廟

湯元・溫泉寺
ゆもとおんせんじ

世界遺產「日光山輪王寺」的別院。起始於勝道上人於延曆7（788）年發現此處的溫泉，並於此祭祀救癒急病的藥師琉璃光如來佛。在住持保有引來溫泉的浴池，一般客人也能進入泡湯。

MAP附錄②21 C-1
📞0288-55-0013（中禪寺・立木觀音）
🕚4月中旬～11月下旬、8:00～17:00左右
休期間中不定休
¥志納金成人500日圓、4歲～小學生300日圓
所日光市湯元2559　P10輛

順路景點

ゆのこ
⑥ 湯之湖

原生林環繞，飄盪著神祕的氛圍

因三岳噴發堵塞湯川形成的湖泊，三面皆為原生林包圍。湖岸有散步路徑，1小時左右（約3km）可環湖一周。因春天的新綠、秋天的紅葉變換色彩的群山，倒映在湖面的光景也很漂亮。

📞0288-22-1525（日光市觀光協會）　**MAP**附錄②21 C-3
🚶自由參觀　所日光市湯元　P58輛

にっこうしらねさんロープウェイ
⑦ 日光白根山空中纜車

擁有日本百名山的出色景觀

從山麓站一口氣前往海拔2000m的山頂站，能飽覽獲選日本百名山的超群自然之美。山頂站附近有免費的足湯設施「天空的足湯」，以及齊集珍貴高山植物的「ROCK GARDEN」也很有人氣。

📞0278-58-2211（丸沼高原）　**MAP**附錄②17 A-3
🕚8:00～16:30（視季節而異）
休有季節性停駛　¥來回成人2000日圓、小學生1000日圓
所群馬縣片品村東小川4658-58　P2100輛

ふきわれのたき
⑧ 吹割瀑布

氣勢滂沱的東洋尼加拉瓜瀑布

被片品川水流侵蝕而成的V字型谷，從三面湧來的河川水勢湍急，水流落下的模樣被稱為東洋的尼加拉瓜瀑布。高7m寬30m，像是要將河床切割般的瀑布湍流，水花濺起的模樣氣勢滂沱。

📞0278-56-2111（沼田市利根支所）　**MAP**下圖
🕚僅4月上旬～12月上旬可參觀　休期間中無休
¥免費　所群馬縣沼田市利根町追貝　P使用周邊停車場

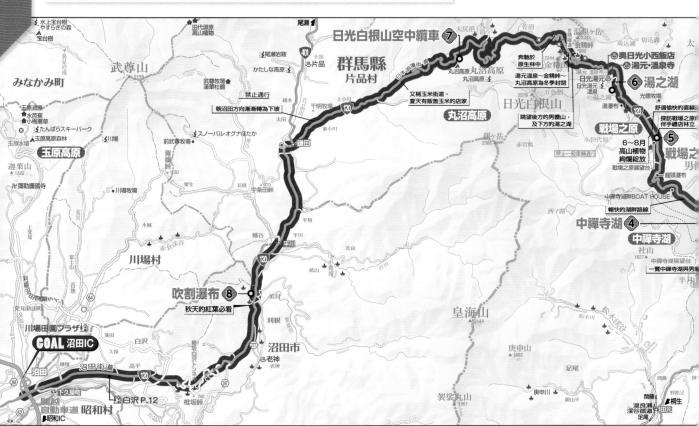

兜風MEMO　從國道120號、丸沼高原到片品村鎌田約5km的道路，被稱作玉米街道。產季（6～9月左右）時會有直賣店營業，能享受到烤玉米的美妙滋味。

路線 2 那須高原

色彩豐富的風景與
花卉的芳香令人放鬆

1 在那須花卉世界 觀賞當季花卉

每季絢爛綻放的花朵，像是要將廣大腹地掩蓋起來一般，令來訪者賞心悅目。從8月到9月整面都是鼠尾草與青葙，宛如大自然的地毯般。和那須連峰形成的對比也相當美麗。

Ａ「那須高原花卉世界」在5月上旬～下旬，會有各種不同品種的鬱金香，色彩豐富地盛開綻放
Ｂ有群生地，20萬株山杜鵑、蓮華杜鵑將山丘整片染得紅紅粉粉的「八幡杜鵑花園」
Ｃ搭乘「那須索道」空中散步。能飽覽各季變換風貌的絕妙景色
Ｄ從戀人的聖地「那須高原展望台」，除了茶臼岳之外，天氣好的話，還能望見關東平原與筑波山。
Ｅ代表那須的史蹟之一「殺生石」。在九尾狐傳說之地滾落的岩石，散發獨特氛圍

Ａ

享受溫泉度假村那須高原與茶臼岳景致的兜風

從那須高原SIC開的話，要走縣道305號北上，前往四季應時的花朵盛開綻放的**那須花卉世界**。周邊還有那須羊駝牧場、那須動物王國，**推薦順路去和動物近距離接觸**。在縣道305號的終點，接縣道209號走，南下前往那須高原的八幡地區。每年5月中旬～5月下旬左右，在以茶臼岳為背景的八幡杜鵑花園，能欣賞到杜鵑花盛開綻放的模樣。再進一步越過奧那須溫泉鄉，搭乘那須索道，觀賞**茶臼岳壯麗的景色**也很不賴。走縣道17號前往那須市區方向的話，便會有觀光景點──那須高原展望台、殺生石，以及那須湯本溫泉等候你的到來。

那須街道的紅葉。秋日平和的日照從葉間灑落，一邊沐浴著灑落的陽光，一邊享受兜風吧。

兜風要點

● 從那須高原SIC前往那須動物王國的道路，是望著左前方那須岳的兜風好路；從那須索道到下那須IC的那須街道，是治途兩旁受綠意包圍的爽快高原道路。

							Drive Data
Goal	**5**		**4**	**3**	**2**	**1**	**Start**
東北自動車道 那須IC	殺生石		那須高原展望台	那須索道	八幡杜鵑花園	那須花卉世界	東北自動車道 那須高原SIC
	17		17	17	17	349 305 68	
13km 26分	3.6km 9分		4km 8分	4km 8分	68 344 17 / 10km 17分	7.6km 14分	

Drive Data	
最佳旅遊季節	春～秋
行程約略	1日
路線距離	42.2km
租車據點	JR那須鹽原站、JR黑磯站

兜風MEMO 需特別注意紅葉季節（9月下旬～10月中旬）的那須索道山頂站周邊，會因為等候進入停車場的車輛而形成大塞車。那須街道的市區周邊，10月下旬～11月中旬為紅葉觀賞期。

6 附錄❷

多達約20萬株杜鵑群生！

②

③ 飽覽展現在眼下的那須高原自然風光

絕佳的景觀與清新舒暢的空氣最棒了！ ④

④

有點可怕!? 不可思議的獨特空間 ⑤

⑤

地圖標示

福島縣下鄉町

推薦峠的茶屋的蕈菇味噌湯

10月初旬～中旬 進入紅葉高峰期

貫通高原的舒適道路

③ 那須索道

西鄉村

那須花卉世界 ①

那須動物王國

那須岳

大丸

那須平成之森

② 八幡杜鵑花園

八幡杜鵑花園的賞花期 為5月中旬～下旬

那須羊駝牧場

那須高原展望台 ④

那須湯本溫泉

殺生石 ⑤

那須高原

鹿の湯

板室溫泉

那須高原南丘牧場

栃木縣那須町

望著那須岳兜風

那須高原友愛の森 P.13

連結鹽原與那須 的推薦道路

START 那須高原SIC

GOAL 那須IC

明治の森・黑磯 P.13

那須高原 黑毛和牛 敷島

那須鹽原市

連結鹽原與那須 的推薦道路

黑磯板室

順路景點

八幡杜鵑花園

本書P.10也有介紹
やはたのツツジ

② 八幡杜鵑花園

群生的杜鵑花為晚春增添色彩

獲選為環境省「香氣風景100選」的杜鵑花群生地。每年5月中旬～下旬左右為最佳觀賞期。腹地內有設置完善的步道，還能一併享受那須連峰的絕景。

☎0287-76-2619（那須町觀光協會） └5月中旬～下旬、自由參觀 所那須町湯本 P98輛 MAP附錄②30 C-2

本書P.95也有介紹
なすロープウェイ

③ 那須索道

就近觀賞那須連峰的茶臼岳

連接茶臼岳的7～9合目，可乘載111人的大型空中纜車。能一邊瞭望那須野原，一邊將展現於眼下的那須高原盡收眼底。來享受單程3分40秒的壯麗景色吧。

☎0287-76-2449 MAP附錄②30 A-1 └3月中旬～11月中旬、8:30～16:30（視季節而異） 休期間中無休（天候不佳時停駛，當日運行狀況需電話確認） ¥來回成人1800日圓、兒童900日圓 所那須町湯本那須岳215 P165輛

なすこうげんてんぼうだい

④ 那須高原展望台

全國第100個戀人聖地

位於海拔1048m的絕佳景點。也是獲戀人聖地認證的浪漫景點。感受白天清新舒爽的高原之風也很不錯，眺望夜景或星空也很棒。

☎0287-76-2619 MAP附錄②30 B-3 （那須觀光協會）└自由參觀 所那須町湯本 P15輛

せっしょうせき

⑤ 殺生石

傳說點綴的那須名勝

從湯川橋到上游，滾落熔岩石散布，周圍飄盪著硫磺獨特的味道。流傳著殺生石是為平安時代殘害人們的九尾狐化身之說。

☎0287-76-2619 MAP附錄②30 C-3 （那須觀光協會）└自由參觀 所那須町湯本 P13輛

本書P.114也有介紹
なすフラワーワールド

① 那須花卉世界

有如繪於地面的畫作般，盛開綻放的花朵

以那須連峰作為背景，有各種花朵隨著四季流轉而盛開綻放的花卉世界。春天有鬱金香、野罌粟；夏天有金盞花；秋天有大波斯菊等，約20種花朵依序綻放。

☎0287-77-0400 MAP附錄②26 F-1 └5～10月下旬、9:00～16:30（17:00閉園）休期間中無休 ¥票價：成人500～800日圓（視開花狀況變動）、國高中生300日圓、小學生200日圓 所那須町豐原那須高下5341-1 P300輛

那須高原南丘牧場

本書P.90也有介紹
なすこうげんみなみがおかぼくじょう

除了騎馬、乘驢之外，在與動物接觸廣場，餵食山羊、小羊們飼料，拍照，能與動物們近距離接觸。有國內僅有約兩百頭的更賽牛，也能喝到更賽牛濃厚的牛乳。

☎0287-76-2150 MAP附錄②30 C-5 └8:00～17:30 休無休 ¥免費入場 所那須町湯本579 P400輛

能愜意順道一訪的觀光牧場

馬體安心的初次體驗騎者

享受「短熱湯」傳說的溫泉

浴池內飄盪著硫磺獨特的味道

鹿の湯 しかのゆ

很久以前，有受傷的鹿在此湯療癒傷口，而得此名。位於史蹟——殺生石附近的共用浴場中，女湯有5個；男湯有6個溫度各異的浴池。能體驗傳統的泡湯方式。

☎0287-76-3098 MAP附錄②30 C-3 └8:00～18:00 休無休 ¥成人400日圓（週六、日、假日為500日圓）、兒童300日圓 所那須町湯本181 P50輛

那須高原 黑毛和牛 敷島 なすこうげんくろげわぎゅうしきしま

在那須高原，從小牛出生到繁殖、育肥一貫進行，專門養殖黑毛和牛的牧場「敷島Farm」所直營的餐廳。除了每月只進貨1～2條的牛舌等稀少部位之外，還能吃到最高品質的牛肉，因而廣受好評。

專門養殖黑毛和牛的牧場所直營的餐廳

「極上」、「幻」僅於牛舌進貨時才有販售

☎0287-74-5729 MAP附錄②26 E-3 └11:30～15:30、17:00～20:30（21:30打烊）休不定休 ¥和牛五花午餐1300日圓（午餐限定）、究極、霜降厚切牛舌2800日圓（晚餐限定）等 所那須鹽原市埼玉2-445 P22輛

兜風MEMO 東北自動車道上行塞車時，就從廣谷地路口走縣道30號往矢板、鹽原方向，從矢板IC上東北自動車道吧。

3 鬼怒川〜鹽原

↓不僅秋天，春天新綠線時也相當舒爽的「日鹽紅葉線」

全長28km、紅葉連綿的絕景兜風路線

B 在百合花香氣環繞中，於晴空下散步！

去看看這景色！

2 日鹽紅葉線有著令人屏息的美麗紅葉

有45處以上的區域，能享受景色變化的蜿蜒道路。10月上旬〜下旬的紅葉季節，種在道路兩旁的紅楓樹、楓樹、山毛櫸染上紅黃顏色，色彩鮮明的絕景在眼前展開。

美麗的溪谷與變化豐富的溫泉頗具魅力。來舒展身心，恢復活力吧

首先一邊眺望著鬼怒川溪谷，一邊走國道121號往龍王峽方向前進。推薦搭乘鬼怒川順流遊覽船，從船上欣賞溪谷之美，或去走走龍王峽自然研究路。從龍王峽走日鹽紅葉線以鹽原為目標前進。正如其名此觀光道路，在秋天從車窗看出去，能飽覽將整面山染上錦繡絕美的紅葉。因為鹽原溫泉有樸質的共同浴場、野趣滿溢的露天浴池、足湯等，所以能夠在這裡消除兜風行車的疲勞。在終點的西那須野鹽原IC享受箒川溪谷之美的同時，順路去一趟鹽原溪谷水壩，試著走看看鹽原溪谷絕景展現眼前的紅葉谷大吊橋吧。

1 藍天、紅葉、溪谷交織成令人驚嘆的自然之美

A

兜風要點

● 國道400號，別稱湯之香Line，是放牧風景展現的高原道路。從11月上旬到中旬的紅葉相當美麗。是條能享受到不住宿泡湯處也相當豐富的鹽原溫泉鄉，還有箒川溪谷之美的兜風好路。

	Goal	5	4	3	2	1	Start	Drive Data
	東北自動車道西那須野鹽原IC	那須千本松牧場	紅葉谷大吊橋	HUNTER MOUNTAIN鹽原	日鹽紅葉線	龍王峽	日光宇都宮道路 土沢IC	
最佳旅遊季節								春〜秋
行程約略								1日
路線距離								74.4km
租車據點								JR日光站、東武日光站、下今市站

400 1km 2分　400 7.5km 12分　400 20km 32分　收費道路610日圓 21km 33分　121 1.9km 3分　121 461 121 23km 40分

兜風MEMO　紅葉季節（10月上旬〜10月下旬）的日鹽紅葉線，國道400號關谷〜鹽原溫泉之間常會塞車。時間與心情都多放寬些再出發吧。

一覽鹽原溪谷的美麗景觀，以及點綴湖面的紅葉

④

C

⑤

在一望無際的大草原上，牛兒們也相當悠閒

D

E

本書P.75也有介紹

① 龍王峽
りゅうおうきょう

奇岩、怪石與自然的攜手演出

正如其名，宛如翻騰掙扎的龍之姿態、氣勢十足的廣大景觀，於山間溫泉、川治溫泉與鬼怒川溫泉之間，延綿約3km。來訪者定會為巨岩與清流創造出的鬼斧神工所折服。 **MAP**附錄②24 C-2

☎0288-76-4111（日光市觀光部藤原觀光課）
⏰自由參觀 休無休 ¥免費 所日光市藤原1357 P100輛

② 日鹽紅葉線
にちえんもみじライン

在枝葉間隙篩落的陽光下馳騁的高原兜風

連接鬼怒川溫泉與鹽原溫泉，海拔超越1000m的收費高原道路。能欣賞四季應時的景色，不過最有人氣的是，沿途燦染紅的秋之紅葉季節，以及清新舒暢的新綠季節。沿路也散布著瀑布、展望台等景點。 **MAP**附錄②24 C-1

☎0287-32-4000（鹽原溫泉觀光協會）⏰自由通行
¥普通車610日圓 所那須鹽原市、日光市 P無

本書P.134也有介紹（Hunter Mountain百合公園）

③ Hunter Mountain鹽原
ハンターマウンテンしおばら

滑雪場變身花園和紅葉景點！

首都圏最大的滑雪場。除了夏天（7月上旬～8月末）整片開滿百合花，能觀賞到50種400萬朵的百合花之外，秋天（10月中旬～11月上旬）從紅葉纜車能欣賞到有如火焰般燃燒的紅葉。 **MAP**附錄②31 A-3

☎0287-32-4580 ⏰視季節而異 休營業期間無休
¥票價：（夏）成人1000日圓、兒童500日圓／花卉吊椅（夏）成人700日圓、兒童400日圓／秋天的紅葉纜車（來回）成人1600日圓、兒童800日圓等 所那須鹽原市湯本鹽原前黑 P3000輛

A 又被稱作「岩石公園」，鮮明的溪谷之美延綿3km的「龍王峽」
B 7月上旬～8月末，整片百合花綻放，環繞著甜蜜芬芳的「Hunter Mountain鹽原」也非常有魅力
C 也是紅葉名勝的「紅葉谷大吊橋」。每年11月上旬～11月中旬是最佳觀賞期
D 能盡情享受櫻並木、紅葉林、放牧場（牛隻放牧為4～11月）等自然景觀，擁有諸多景點的「那須千本松牧場」
E 在「那須千本松牧場」還能體驗熱氣球。距離地面20m的大自然景觀是最棒的！

本書P.126也有介紹

④ 紅葉谷大吊橋
もみじだにおおつりばし

能360度飽覽鹽原的自然景色

架於鹽原水壩的大吊橋。全長320m、以鋼纜支撐的類型中為國內最長等級為傲。透過腳下網看見湖水水面於下方展現，雖然高度令人不禁雙腳顫慄無法動彈，但視野景觀非常精彩。 **MAP**附錄②31 D-2

☎0287-34-1037 ⏰8:30～18:00（11～3月為～16:00）
休無休 ¥票價：成人300日圓、中小學生200日圓、幼兒免費
所那須鹽原市關谷1425-60 P123輛

本書P.90也有介紹

⑤ 那須千本松牧場
なすせんぼんまつぼくじょう

在自然中盡情玩樂一整天

騎馬、自行車、熱氣球等活動相當豐富。除了能快樂與兔子、山羊等動物接觸之外，牧場使用新鮮生乳製作、風味豐富的自製霜淇淋更是絕品。 **MAP**附錄②27 D-4

☎0287-36-1025 ⏰9:00～18:00（有設施、季節性變動）休無休 ¥免費入場（熱氣球成人2000日圓、小學生1500日圓、幼兒（2歲以上）1000日圓）所那須鹽原市千本松799 P1200輛

順路景點

溫泉、泳池、餐廳皆設置完善

受大自然環圍的寬廣露天浴池很受歡迎

塩原あかつきの湯
しおばらあかつきのゆ

受那須高原大自然環繞的放流天然溫泉。從那須火山帶的地下1500m湧出大量的源泉，溫度為稍高的68.4度且水量充沛。除了溫泉之外，還有溫水泳池、三溫暖、餐廳與大休息室等設備也相當豐富。

☎0287-35-2711 **MAP**附錄②27 D-4
⏰10:00～22:00（最終受理21:00）
休每月第3週三 ¥票價：成人800日圓、4歲～小學生400日圓、3歲以下免費（週六、日、假日成人1000日圓，小學生以下500日圓，17:00以後有打折）所那須鹽原市關谷1689-1 P150輛

兜風MEMO 日鹽紅葉線的海拔從500m到1200m，落差不小。早春與晚秋時期，路面會有積雪或結凍的情況，需小心注意。

東北自動車道&日光宇都宮道路的
SA·PA
休息站　簡易休息站

兜風之前休息或補充體力時，想順道一去的SA、PA。為您介紹只有當地才有的美食與伴手禮等。

❶ 那須高原SA
なすこうげんサービスエリア

上行 栃木霧降高原牛的漢堡排、那須御養卵的蛋包飯等，講求地產地銷的露臺餐廳，相當受歡迎。當作伴手禮用的銘菓商品品項也豐富齊全。

☎ 0287-72-1717　🕚 11:00～21:00(3～11月的週六、日、假日為7:00～)　24小時　24小時

> 把使用那須和牛的原創咖哩包裹起來再油炸的奢侈咖哩麵包
> **那須咖哩麵包 216日圓**

> 伴手禮的經典之最。一個一個細心手作製成(請參照本書P.110)

下行 有廣大草皮的免費狗狗樂園，廣受愛狗人士喜愛的SA。使用那須高原和栃木縣產食材的料理、伴手禮準備齊全。

☎ 0287-72-1707　🕚 11:00～20:15(週六、日、假日為7:00～)　24小時　24小時

> **御用邸起司蛋糕 1280日圓**

> **現烤麵包 各種100日圓～**

東北自動車道&日光宇都宮道路 SA·PA地圖

那須IC～川口Jct 150km／1小時30分
日光IC～川口Jct 130km／1小時20分

福島縣　那須高原SA　白河
黑磯板室　那須　黑磯PA
西那須野鹽原　矢板北PA
栃木縣　矢板　上河內SA
日光東照宮　今市　宇都宮　大谷PA
清瀧　土沢　鹿沼
日光PA　都賀西方PA　栃木都賀JCT　栃木　岩舟JCT　北關東自動車道
群馬縣　佐野藤岡　岩舟　佐野SA
館林　加須　羽生PA　茨城縣
羽生
埼玉縣　久喜　久喜白岡JCT　蓮田SA
浦和　川口JCT
東京外環自動車道
東京都　千葉縣

圖示凡例
🍴 餐廳　🥟 小吃點心・輕食
☕ 咖啡廳　🥐 烘焙屋　CV 便利商店
🏪 商店　ℹ️ 詢問處
📡 高速公路資訊站　♨️ 泡湯設施
¥ ATM　🐕 狗狗樂園
🍼 育嬰哺乳室
※圖示為🕚時為僅適用上行，■時僅適用下行

❷ 黑磯PA
くろいそパーキングエリア

> 加入大量蜂蜜，烘烤得微微濕潤的蜂蜜蛋糕，再點綴上金箔

> 店內的烘焙區售有每日現烤的麵包。菜單視時節變化

下行 與上行相同，以在店內烘焙麵包的Daily YAMAZAKI為主。想一邊眺望雄壯的那須岳，一邊享用現烤麵包與咖啡。

☎ 0287-65-4922　6:00～20:00　24小時　24小時

> **日光東照蜂蜜蛋糕 926日圓**

上行 Daily YAMAZAKI是以便利商店為主的PA。由於也有內用區，所以能夠在此輕鬆用餐與休息，令人相當欣喜。

☎ 0287-65-5580　7:00～20:00　24小時　24小時

❹ 上河內SA
かみかわちサービスエリア

上行 豬肋排等使用那須郡司豬的講究限定商品相當充實。也別錯過餃子街——宇都宮才有的種類豐富的餃子。

☎ 028-674-2111　🕚 11:00～21:30(22:00打烊，週六、日、假日為7:00～)　24小時　24小時

> **あさや特製和牛咖哩 980日圓**
> 牛肉的美味與醇厚的咖哩完美結合的一道絕品！

下行 用最棒的笑容迎接到訪的人們，休息站位於略為高起的山丘上。能享受現煎餃子的「宇都宮餃子豚嘻嘻」。伴手禮推薦顆數較多的冷凍餃子。

☎ 028-674-2121　🕚 7:00～21:30　24小時　24小時

> 在宇都宮市很有人氣的餃子「豚嘻嘻」

> **冷凍餃子 (32顆入) 1620日圓**

❸ 矢板北PA
やいたきたパーキングエリア

上行 因使用栃木產食材的餐廳非常好吃而有名的PA。週六日也有販售日光金谷飯店Bakery的麵包。

☎ 0287-44-1078　8:00～20:00　8:00～20:00

> **Yashio Pork 生薑燒定食 930日圓**
> 放上4片當地產的Yashio Pork里肌肉，分量十足的定食大受歡迎

下行 以枝葉間的灑落陽光為形象，清爽的店內是休息的絕佳地點。以栃木縣內生產量第一為傲的「矢板蘋果」等，備齊豐富的伴手禮商品。

☎ 0287-43-1382　7:30～19:30　7:30～19:30

> 麵條揉入大田原產的辣椒，又辣又香的拉麵
> **辣味噌拉麵 730日圓**

往白河IC

地圖側路線
終点
清瀧IC
日光IC　路線❶ Start
日光口PA　❺
今市IC
土沢IC　路線❸ Start
大沢IC
大谷PA ❻　宇都宮IC　上河內SA ❹ (有SIC)　矢板IC　矢板北PA ❸　路線❶ Start
黑磯PA ❷　黑磯板室IC　西那須野鹽原IC
那須高原SA ❶ (有SIC)　路線❷ Start
那須IC

煎餃 360日圓

煎餃酥脆的口感與肉汁滿滿的多汁內餡，堪稱一絕！

6 大谷PA
おおやパーキングエリア

上行 從日光、鬼怒川方向往東京方向的第一個PA。沒有高低差的平坦腹地內，有許多購物、用餐的點。好天氣時會想在寬廣的園區好好放鬆。

☎028-652-2131
🕐8:00～20:00
8:00～20:00

使用老字號「清源味噌」的味噌。能吃到もやしや特製醬汁製作，清爽美味的一道料理

大谷餃子丼 800日圓

下行 腹地寬廣，有開闊氛圍的PA。因為夾在佐野與上河內SA間，相對的使用人數較少，因此可以鎖定此處！在建築物前的露臺稍作休息吧。

☎028-652-2132
🕐7:00～19:00
7:00～19:00

煎餃熱狗 390日圓

在麵包中夾入3顆煎餃的一品。挑戰只有宇都宮才有的美味！

7 都賀西方PA
つがにしかたパーキングエリア

上行 位於宇都宮市與佐野市之間的PA。除了備齊大量栃木名產的伴手禮商品之外，在美食區也能品嘗到使用名產製作的原創料理。

☎0282-91-4110
🕐8:00～20:00
8:00～20:00

醬油韭菜拉麵 750日圓

以濃厚的醬油為湯底，配上栃木名產韭菜。活力充沛的原創菜單

使用栃木縣產的韭菜，結合兩種芝麻的湯頭，有著醇厚的美味。微辣的花山椒，相當開胃

黑芝麻韭菜擔擔麵 800日圓

下行 位於栃木縣的入口，在前往那須、日光、鬼怒川觀光前，想在此先飽餐一頓。竹林環繞的自然風景，以及PA內的西方古墳，值得一見。

☎0282-92-7217
🕐7:00～19:30 7:00～19:30

5 日光口PA
にっこうぐちパーキングエリア

上行 前往日光的主要交通道路「日光宇都宮道路」唯一的PA。餐飲區有供應使用生蕎麥製作的舞菇蕎麥麵等豐富的菜單。

☎0288-53-3341
🕐9:00～18:00

使用豆腐皮的原創蕎麥麵。上面鋪滿日光名物「日光豆腐皮」

日光豆腐皮蕎麥麵 660日圓

下行 步行約12分，有世界最長的並木道「日光杉並木道」（也可從上行出入，PA出入口開放時間為8:00～17:00，12～3月為封閉）。

☎0288-53-3340
🕐8:00～17:00
8:00～17:00

とちぎのいちご ミルククランチ
Tochigi no Ichigo Milk Crunch

在使用栃乙女草莓牛奶製作的草莓巧克力脆餅上面，加上白巧克力。草莓的酸甜滋味與牛奶的溫和風味在口中蔓延開來

栃木草莓牛奶脆餅 864日圓

8 佐野SA
さのサービスエリア

上行 以階梯連接下行休息站的SA。還有在東日本高速道路轄內，第一間高速道路上的住宿設施「E-NEXCO LODGE 佐野SA店」。

☎0283-23-5751 🕐7:00～21:30
🕐24小時 24小時

下行 能觀賞到名物——佐野拉麵青竹打表演的珍貴SA。有兩處設置完善、200m²的狗狗樂園，也非常適合讓狗狗轉換一下心情！

☎0283-23-7133 🕐7:00～21:30（22:00打烊）🕐24小時 24小時

與栃木縣「敷島Farm」合作的燒肉丼。使用黑毛和牛與特製燒肉醬製作的大大滿足丼飯。栃木縣產的韭菜更添美味！

黑毛和牛燒肉丼 1200日圓

青竹手打佐野拉麵 842日圓

特徵是有嚼勁的中粗捲麵，以及風味清爽的雞骨醬油湯頭。由於是使用青竹手打麵，所以數量有限

10 蓮田SA
はすだサービスエリア

人氣菜單為天婦羅便當「銅羅天」。放入2片大星鰻，飽足感滿分！各類便當要預約也OK！

星鰻天丼便當 700日圓

上行 東北自動車道上行線最後的SA。擁有豐富的東北地方伴手禮商品。想休息一下的話，推薦星巴克咖啡。

🕐視設施而異 🕐24小時 24小時

下行 位於東北道入口的SA。備齊豐富的東京、琦玉伴手禮。也有許多像是西雅圖系的咖啡廳、現烤PIZZA、烘焙屋等的專賣店。

☎048-768-6411
🕐24小時 24小時

用「PIZZA SAVOY」的柴火窯烤製，並使用義大利的莫札瑞拉起司，重現正統美味。

瑪格麗特披薩 1000日圓

9 羽生PA
はにゅうパーキングエリア

上行 位於距都心約1小時的絕佳地點。穿越到時代小說《鬼平犯科帳》中，鬼平闊步走著的江戶文化文政時代，這裡林立著從江戶時代經營至今的老舖與名店！

☎048-566-1215
🕐視店鋪而異
7:00～22:00

一條烏龍麵 800日圓

長55cm的特大烏龍麵。在「五鐵」品嘗這道耗費3年開發，在小說中也有登場的美味

下行 「Pasar羽生」是以和風摩登為主題的PA。擁有豐富的美食區及購物區，以與SA同等的豐富度為傲。

☎048-565-3844
🕐11:00～21:00
🕐7:00～21:00（部分24小時）
6:00～21:00 CV 24小時

小毛豆麻糬 370日圓

把作成小顆小顆的毛豆麻糬裝進迷你杯中，一次能吃完的分量，最適合只有點餐的時候吃！

路線圖

往關越道 北關東自動車道
佐野藤岡IC — 佐野SA 有SIC — 岩舟IC — 栃木IC — 栃木都賀JCT — 都賀西方PA
館林IC
北關東自動車道 往常磐道

羽生PA
羽生IC
加須IC
久喜IC
久喜白岡JCT ←往關越道 往常磐道→
蓮田SA 有SIC
岩槻IC
浦和IC
往川口JCT

路線 **1**
離 **日光～奧日光** 很近！

公路休息站

從兜風路線易到的！

日光市 みちのえきにっこうにっこうかいどうニコニコほんじん
今市IC・2km

119 公路休息站 日光 日光街道ニコニコ本陣

紀念館、物產店齊聚、能歡唱的公路休息站 🚗🍴直売🏛♨

除了展示與日光市有淵源的作曲家——船村徹的作品之外，還有透過具有震撼力的影像，讓人能實際感受日光的自然、文化遺產的3D劇場，以及眺望日光連峰的觀景點等，值得一見的地方非常之多。此外還有備齊人氣日光美食與伴手禮的複合式商店。（→本書P.60）

📞0288-25-7771　MAP附錄②18 H-5
🕘9:00～18:00、餐廳11:00～18:30（19:00打烊）、紀念館9:00～16:30（17:00打烊）　休每月第3個週二（紀念館為每週二休）　￥紀念館門票成人540日圓，高中小學生320日圓　所日光市今市719-1　P74輛

直売 肥沃大地與日光連峰清澈水源孕育出的農作物琳琅滿目，每個都是逸品。「農產品直銷區」陳列著農民傾注心力培育，於清早採收的蔬菜

日光蕎麥沾麵 1150日圓

食 在「そば処 蕎粹庵」能享受到使用當地食材，味道豐富的沾醬和富有嚼勁的二八手打蕎麥麵，而在「お食事と甘味処 かなめ屋」使用日光產越光米的定食與丼飯相當有人氣；以及在「美彩たむら」能品嘗到手作配菜、便當、創作料理等，來這裡盡情享用各式各樣的美食吧

日光好好漬物漢堡 734日圓
生豆腐皮的かなめ丼 1000日圓

看 3層樓建築的「日本心之歌博物館‧船村徹紀念館」，除了能享受震撼的3D影像之外，還能聆聽觀賞珍貴的音源與歡唱卡拉OK

買 把豆腐皮、米、味噌、蕎麥麵等只有日光才有的食材，還有使用特產雞蛋製作的螺旋麵包等，當作伴手禮吧

螺旋麵包 190日圓
日光豆腐皮餃子 1260日圓

沼田市 みちのえきしらさわ
沼田IC・6km

120 公路休息站 白沢

從露天浴池可望見赤城山與赤城高原的景色 🚗🍴直売🏛♨

這裡有白澤高原溫泉「望鄉之湯」，以及擁有豐富農產品、加工品等的農產直賣所「座‧白沢」，還有視野寬廣的餐廳等。望鄉之湯擁有療效豐富的鹼性單純溫泉，從露天浴池望出的景色也格外美麗，休息站也以擁有按摩浴缸、三溫暖等多樣設施自豪。

📞0278-53-3939　MAP附錄②5
🕘望鄉之湯10:00～22:00、直賣所10:00～18:00（12～4月）/9:30～18:30（5～11月）、餐廳11:00～20:00（21:00打烊）　休每月第2週二（逢假日則翌日休，8月無休）　￥望鄉之湯（2小時）成人560日圓～、兒童310日圓～　所群馬縣沼田市白沢町平出1297　P200輛

玩 木造摩登的外觀為其特色標記的「望鄉之湯」。除了景觀超群的展望露天浴池「和之湯」之外，還有使用義大利產花崗岩的「洋之湯」，男女每週交替互換

食 挑高的天花頂棚，還有像是要與景色合一的大片窗戶，在這氣圍寧靜的餐廳裡能品嘗到Mochi豬、舞菇等當地產的食材
人氣NO.1 味噌炸豬排定食 1300日圓

蘋果汁 550日圓

買 農產直賣所「座‧白沢」陳列每季的新鮮蔬菜。特產蔬菜、水果、蜂蜜和果汁也廣受好評

圖示凡例 🚗道路資訊 🍴餐廳 直直賣所 売商店 🏛博物館‧美術館 ♨溫泉

那須町 みちのえきなすこうげんゆうあいのもり

那須IC 5km

17 公路休息站 那須高原友愛の森

透過從古流傳至今的傳統工藝體驗創造回憶

為了推廣當地物產、傳統工藝品等讓更多人知道所設置的休息站，有蔬菜直賣及故鄉物產中心，還有工藝館能享受陶藝及玻璃工藝等的手作體驗。

☎0287-78-0233（觀光交流中心） MAP附錄②28 E-3

🕐9:00～18:00、餐廳11:00～14:00（L.O.）、直賣所9:00～16:00、工藝館9:00～16:00（視季節與設施而異）
休視設施而異 ¥陶藝體驗2500日圓、草木染3000日圓等（在工藝館。需預約）所那須町高久乙593-8
P250輛

玻璃工藝蝕刻體驗課程 2000～2500日圓

串人形上色體驗 500日圓

玩 在附設的工藝館能夠參觀到展示的手作作品與製作表演。也有體驗教室

直賣 除了以剛採收的新鮮蔬菜為主的農作物之外，還有販售色彩繽紛的花朵及樹苗的直賣所「ふれあいの郷」

那須和牛牛排丼 2500日圓

人氣NO.1

食 併設的餐廳「なすとらん」（→本書P.105）使用新鮮蔬菜、當季山菜、那須和牛等當地產的食材

那須和牛可樂餅定食 950日圓

Trappist 修道院鬆餅餅乾 4袋400日圓

霜淇淋 380日圓 (3月中旬～11月左右期間限定)

買 在「故鄉物產中心」能夠買到那須Trappist 修道院手作的鬆餅餅乾。味道樸實，是伴手禮人氣NO.1！備齊大量那須品牌限定商品。也推薦這裡的霜淇淋

人氣NO.1

果乾麵包560日圓

買 「パン工房」揉入果乾的法國田園麵包；「青木の森・カフェ」以草原為形象的義式冰淇淋等，齊聚豐富的商品

牧草義式冰淇淋 300日圓

那須鹽原市 みちのえきめいじのもりくろいそ

黑磯板室IC 6km

369 公路休息站 明治の森・黑磯

能享受到特產，以及頗具風情的景觀

有農產市集、餐廳等，還保存著受指定為國家重要文化財的舊青木家那須別邸。鄰近花田，能欣賞到各個季節不同的花朵。

MAP附錄②29 D-5

☎0287-63-0399 🕐農產市集8:30～17:30（11～2月為～16:30）、農產餐廳9:00～18:00（10～3月為～16:30）、舊青木家那須別邸9:00～17:30（10～3月為～16:30）休農產市集為假日除外的週一（夏季無休）；農產餐廳與舊青木家那須別邸為週一休（逢假日則翌日休）¥舊青木家那須別邸票價成人200日圓、中小學生100日圓所那須塩原市青木27 P48輛

見 為曾任德國公使的青木舟藏之那須別邸，建於明治21（1888）年。能參觀到採用德國式建築方法的珍貴近代建築

其他也還有！ 那須高原周邊公路休息站

大田原市 みちのえきなすのよいちのさと

那須IC 10km

461 公路休息站 那須与一の郷

種類豐富的義式冰淇淋，好吃到咂嘴

特徵為扇形的屋頂。販賣手作義式冰淇淋，還有當地特產的加工、物產品館，及現採蔬菜的農產物直賣館，此外，還有那須與一傳承館（成人300日圓、國中生以下免費／每月第2、4週一休）。

MAP附錄②26 F-5
☎0287-23-8641
🕐9:00～18:00、餐廳11:00～14:30
休1月的週一（逢假日則翌日休）所大田原市金丸1584-6 P161輛

那須町 みちのえきとうさんどういおうの

那須IC 10km

294 公路休息站 東山道伊王野

在這裡簌簌地大吃蕎麥麵！

直徑12m與直徑5.6m的二連水車很好認。在蕎麥麵好吃的「水車館」、販售當地蔬菜的「物產中心」、日式餐廳「あんず館」等處能享用到以當地米飯、蔬菜、那須和牛製作的料理與甜點。

MAP附錄②26 G-4
☎0287-75-0653
🕐8:30～17:00、餐廳11:00～16:00
休無休 所那須町伊王野459 P139輛

公路休息站 湯の香しおばら

那須鹽原市 みちのえきゆのかしおばら
400

西那須野塩原IC 6km

當地產的新鮮蔬菜，種類多多，要買什麼都交給我!

在農村餐廳能品嘗到使用契約栽培的小麥與蕎麥製作的鄉土料理；手作饅頭廣受好評的咖啡廳、伴手禮區，及陳列當地產新鮮蔬菜的農產品直賣所等，都很受歡迎。

MAP附錄②31 D-2

☎0287-35-3420
🕐9:00～17:00(12～2月為～16:00)、餐廳11:00～15:30(12～3月為～15:00) 休6月最後的週二、三、四；12月第1週二、三、四(館內清潔) 所那須鹽原市関谷442 P220輛

直賣 從田地直送，於當地栽培的蔬菜非常新鮮。備齊了高原蔬菜等，只有「農產直賣所」才有的商品

買 加工研究室「夢耕房」使用當地農產品，開發製作的手作＆無添加特產。其商品可在伴手禮區「風物語 もみじ村」購得

蘿蔔乾饅頭 130日圓

沙拉醬 各540日圓

食 在農村餐廳「関の里」能品嘗到由當地農家主婦製作，樸素且令人懷念的鄉土料理。菜單大量使用當地食材製作

関の里套餐(烏龍麵) 1130日圓

公路休息站 那須野が原博物館

那須鹽原市 みちのえきなすのがはらはくぶつかん
市道 塩原街道線

西那須野塩原IC 3km

MAP附錄②26 E-4

☎0287-36-0949

在博物館學習自然及歷史吧!

介紹那須野が原自然、歷史與文化的「那須野が原博物館」，這裡會舉辦各類主題的企劃展與體驗教室。目的為宣傳地區資訊與促進跨世代交流。

🕐9:00～16:30(17:00打烊) 休週一(逢假日則開館)；1年有1次10天左右的臨時休館 ¥博物館票價普通300日圓，大學、高中生200日圓，中小學生100日圓(20人以上有團體折扣) 所那須鹽原市三島5-1 P94輛

見 展示著能學習到那須野が原開拓歷史的珍貴資料。不時也有舉辦展覽

玩 舉辦講座、體驗教室等各式各樣的活動。在親子體驗挑戰中，製作古早玩具，或是使用自然素材手作物品，能親子一起體驗製作物品的樂趣

看 展示著能學習到那須野が原開拓歷史的珍貴資料。不時也有舉辦展覽

手作餅乾 250日圓

其他也還有! **鬼怒川・鹽原周邊公路休息站**

公路休息站 湯西川

日光市 みちのえきゆにしがわ
121

今市IC 31km

在豐富多樣的溫泉設施中休息一下

為鐵道車站與公路休息設施合一的設施。1樓有食堂、賣店、免費的足湯；2樓有放流的不住宿溫泉(9:30～20:00，閉館21:00／泡湯費510日圓)。是讓舟車勞頓的身體休息一下的絕佳地點。

☎0288-78-1222 MAP附錄②18 E-1
🕐9:00～17:00、餐廳10:30～15:00 休不定休 所日光市西川478-1 P54輛

公路休息站 湧水の郷 しおや

鹽谷町 みちのえきゆうすいのさとしおや
461

矢板IC 12km

使用名水打製的蕎麥麵和日光連峰的景觀，很有魅力

當地產的蕎麥粉，加上名水百選中的尚仁澤湧泉，所打製出來的蕎麥麵為必吃的一道料理。日光連峰與高原山的群山也相當美麗，在這裡能享受到隨著季節與時間變化的山景。

MAP附錄②18 F-4
☎0287-41-6101 🕐9:00～17:00、直賣所8:30～17:00、餐廳11:00～15:00、飲食館10:00～16:00 休餐廳為週二休(飲食館則視店鋪而異) 所鹽谷町船生3733-1 P102輛

日光・那須周邊 公路地圖

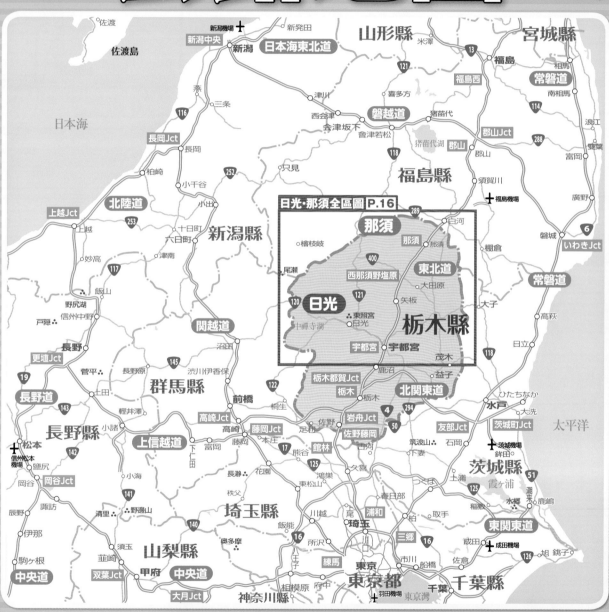

NIKKO &
NASU
ROAD MAP

contents

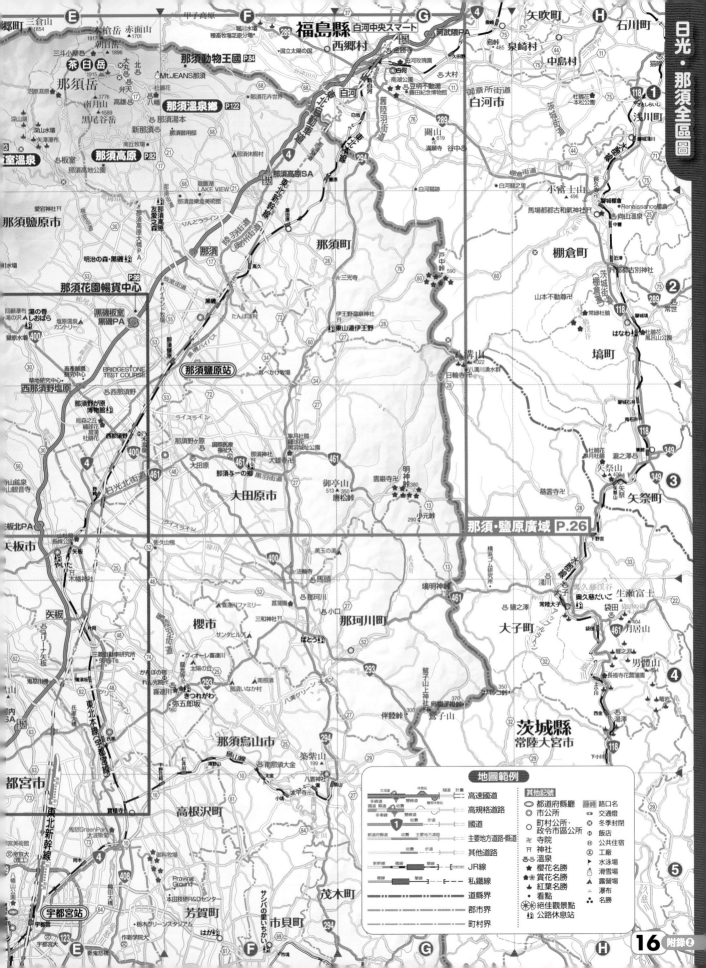

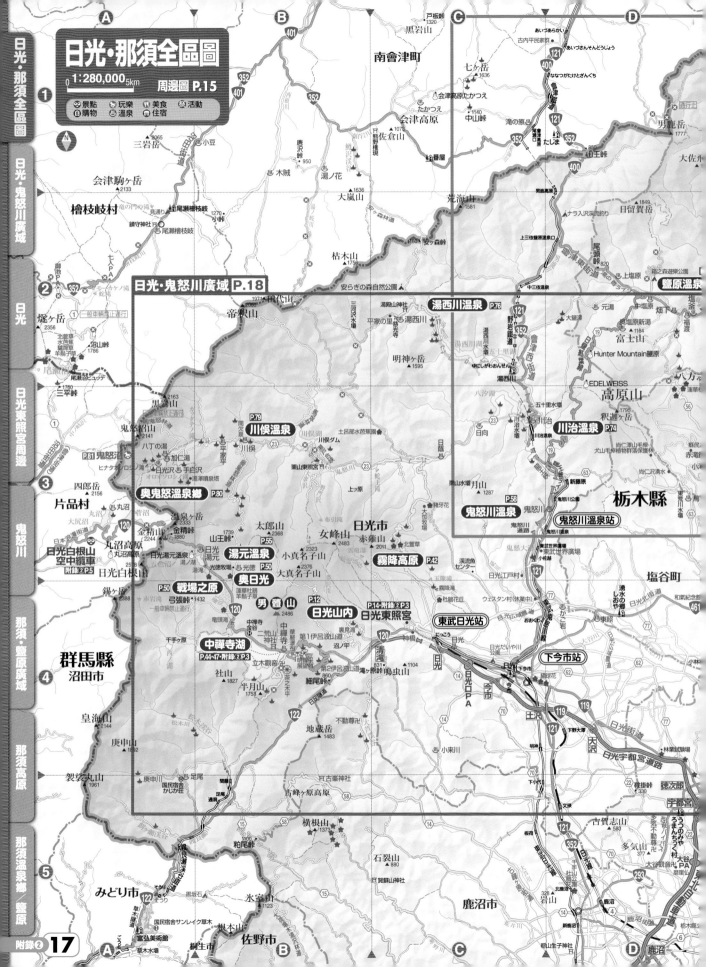

日
光
・
鬼
怒
川
廣
域

日
光

日
光
東
照
宮
周
邊

鬼
怒
川

那
須
・
鹽
原
廣
域

那
須
高
原

那
須
溫
泉
鄉
・
鹽
原

日光・那須全區圖

1:280,000 5km

周邊圖 P.15

◎ 景點　✿ 玩樂　Ⓗ 美食　祭 活動
Ⓢ 購物　♨ 溫泉　⛩ 住宿

日光・鬼怒川廣域 P.18

南會津町

湯西川溫泉 P.76

川俁溫泉 P.79

鬼怒沼 P.81

奧鬼怒溫泉鄉 P.80

川治溫泉 P.74

栃木縣

鬼怒川溫泉 P.58

鬼怒川溫泉站

片品村

湯元溫泉 P.55

霧降高原 P.42

日光市

戰場之原 P.50

奧日光 P.50

日光山內 P.12

日光東照宮 P.14·附錄②P.3

東武日光站

群馬縣
沼田市

中禪寺湖 P.44·47·附錄②P.3

下今市站

塩谷町

みどり市

鹿沼市

佐野市

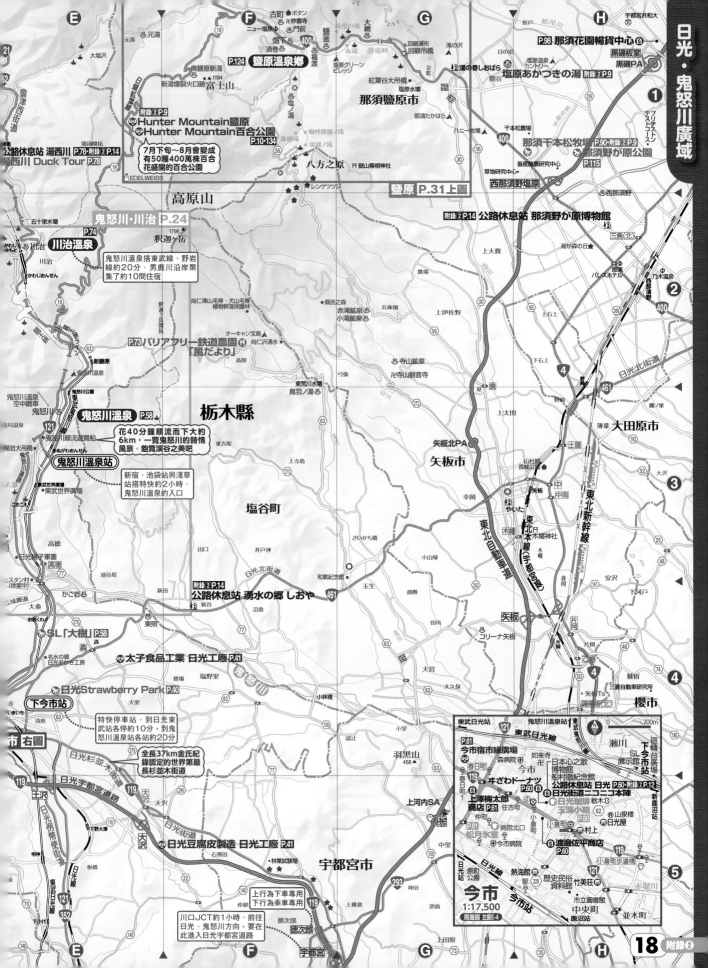

E F G H

P.98 那須花園暢貨中心
黒磯板室
黒磯PA

湯の香しおばら
塩原あかつきの湯 附錄②P.9

古町
ニュー塩原前
門前 塩釜
龍化の滝
大網
回転釜布
回顧用橋
滝の沢
折戸

P.124 鹽原溫泉郷

奥鹽原新湯
新湯爆裂火口跡 富士山 1184
畑下
須巻
福渡
布滝 潜竜峡
塩原グリーン
ビレッジ
紅葉谷大吊橋
塩原水址

那須鹽原市

那須たかはら

那須千本松牧場 P.90・附錄②P.9

Hunter Mountain鹽原
Hunter Mountain百合公園 P.10・134
附錄②P.9

7月下旬～8月會變成
有50種400萬株百合
花盛開的百合公園
EDELWEISS

八方之原
鐵山嶂根神社
雷霆ノ滝

西那須野が原公園 P.115

西那須野塩原

鹽原 P.31上圖

高原山

附錄②P.14 公路休息站 那須野が原博物館

鬼怒川・川治 P.24
釈迦ヶ岳 1795

川治溫泉 P.74

川治
かわじおんせん
川治

鬼怒川溫泉搭東武線、野岩
線約20分。男鹿川沿岸聚
集了約10間住宿

上大貫
農場

尚仁澤山毛櫸・犬山毛櫸
植物群落保護林

新藤原

P.73 バリアフリー鉄道農園
「風だより」
尚仁沢湧水
オーキャン宝島
高原

縣民之森
赤滝鉱泉
小滝鉱泉

兵庫畑
上伊佐野

下石上

大田原市

薄葉
長峰公園

新鹿沼前
鬼怒川公園
空中纜車
鬼怒川

鬼怒川溫泉 P.58

栃木縣

寺山鉱泉
卍寺山観音寺

弓張

東荒川水庫
鳥羽之湯

上太田

中

野崎

鬼怒川溫泉站

花40分鐘順流而下大約
6km，一覽鬼怒川的詩情
風景。飽覽溪谷之美吧

上寺島

矢板北PA

矢板市

やいた
東北本木幡神社

東北新幹線

新宿、池袋與淺草
站搭特快約2小時。
鬼怒川溫泉的入口

塩谷町

山口
井戸神

小山帚

和氣紀念館

玉生

さいかち橋

小室帚

東武世界廣場

高徳

日光猴子軍園
高德

道谷原
新田

附錄②P.14
公路休息站 湧水の郷 しおや
461

越畑

田所

コリーナ矢板

矢板Ts

4

櫻市
三菱自動車研究所

SL「大樹」 P.53

東照

太子食品工業 日光工廠 P.41

登場
塩野室

大宮

大久保

日光Strawberry Park P.40

下今市站

特快停車站。到日光東
武線各停約10分，到鬼
怒川溫泉各站約20分

小林橋

小室

羽黒山 458

証辻

東武日光站 121
鬼怒川溫泉站

今市宿市緑廣場

瀬川
SL展示館
下今市站

0 200m

全長37km金氏紀
錄認定的世界第最
長杉並木街道

如来寺

P.61
春日町

井ざわドーナツ

公路休息站 日光 P.60・附錄②P.12
日光街道ニコニコ本陣

119
日光珈琲
玉澤小路 P.60

山樂樓
日光屋

上澤梅太郎
商店 P.61

小倉町

119
渡邉佐平商店 P.60

日光豆腐皮製造 日光工廠 P.41

上河内SA

松月氷室

病院北口

小倉町歩道橋

宇都宮市

市立今市病院

日光線
日光駅
原町
公園

日光街道
今市
1:17,500
今市站

熱海館
歷史民俗
資料館
竹美社

市立圖書館
中央町

鹿沼站
並木町

上行為下車專用
下行為乘車專用

川口JCT約1小時。前往
日光、鬼怒川方向，要在
此進入日光宇都宮道路

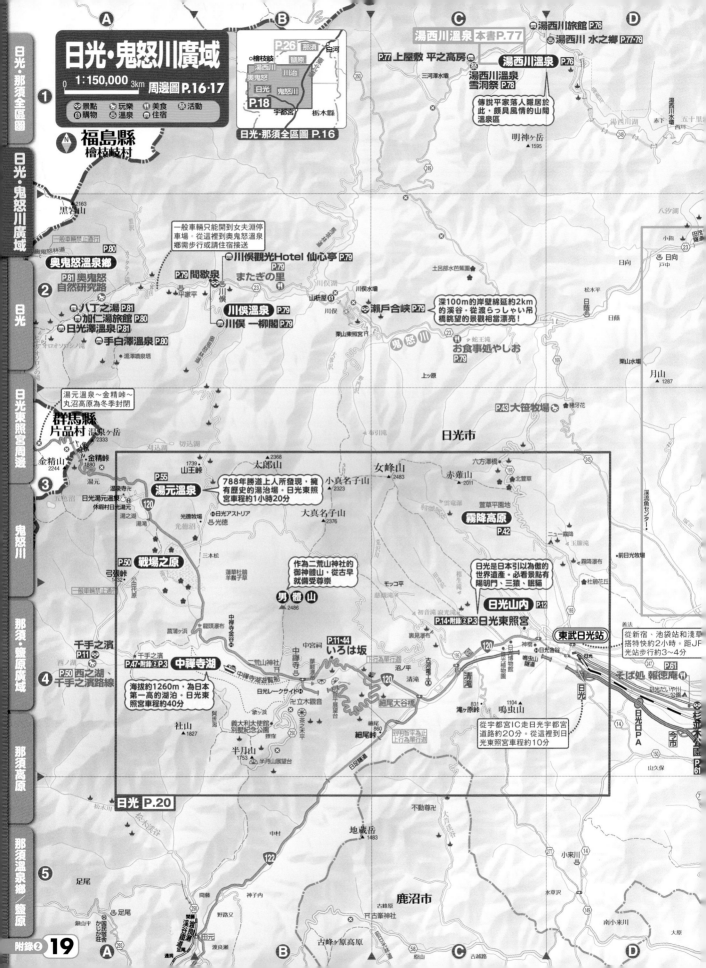

日光·那須全區圖
日光·鬼怒川廣域
日光
日光東照宮周邊
鬼怒川
那須·鹽原廣域
那須高原
那須溫泉鄉/鹽原

日光·鬼怒川廣域

1:150,000　周邊圖 P.16·17

0　3km

😊景點　🎡玩樂　🍴美食　祭活動
🛍購物　♨溫泉　🏨住宿

P.26 那須
白河
湯西川　川治　鹽原
奧鬼怒　日光　鬼怒川
宇都宮　栃木縣

日光·那須全區圖 P.16

福島縣
檜枝岐村

一般車輛只能開到女夫淵停車場。從這裡到奧鬼怒溫泉鄉需步行或請住宿接送

湯西川溫泉 本書P.77
湯西川旅館 P.76
湯西川 水之鄉 P.77·78

P.77 上屋敷　平之高房
湯西川溫泉 P.76

湯西川溫泉 雪洞祭 P.78

傳說平家落人隱居於此，頗具風情的山間溫泉區

明神ヶ岳 ▲1595

奧鬼怒溫泉鄉 P.80

P.81 奧鬼怒自然研究路

川俁觀光Hotel 仙心亭 P.79
P.79 間歇泉
またぎの里 P.79

八丁之湯 P.81
加仁湯旅館 P.80
日光澤溫泉 P.81
手白澤溫泉 P.80

川俁溫泉 P.79
川俁 一柳閣 P.79

瀨戶合峽 P.79

深100m的岸壁綿延約2km的溪谷。從渡らっしゃい吊橋眺望的景觀相當漂亮！

お食事處やしお P.79

湯元溫泉～金精峠～丸沼高原為冬季封閉

群馬縣
片品村
溫泉ヶ岳 ▲2333

金精山 ▲2244

大笹牧場 P.43

日光市

湯元溫泉 P.55

788年勝道上人所發現，擁有歷史的湯治場。日光東照宮車程約1小時20分

女峰山 ▲2483

霧降高原 P.42

戰場之原 P.50

作為二荒山神社的御神體山，從古早就備受尊崇

男體山 ▲2486

日光是日本引以為傲的世界遺產。必看景點有陽明門、三猿、眠貓

日光山內 P.12

日光東照宮

東武日光站

從新宿、池袋站和淺草搭特快約2小時。距JR日光站步行約3～4分

千手之濱 P.11

西之湖、千手之濱路線

中禪寺湖

千手之濱 P.47

いろは坂 P.11·44

海拔約1260m，為日本第一高的湖泊。日光東照宮車程約40分

日光 P.20

從宇都宮IC走日光宇都宮道路約20分。從這裡到日光東照宮車程約10分

そば處 報德庵 P.61

鹿沼市

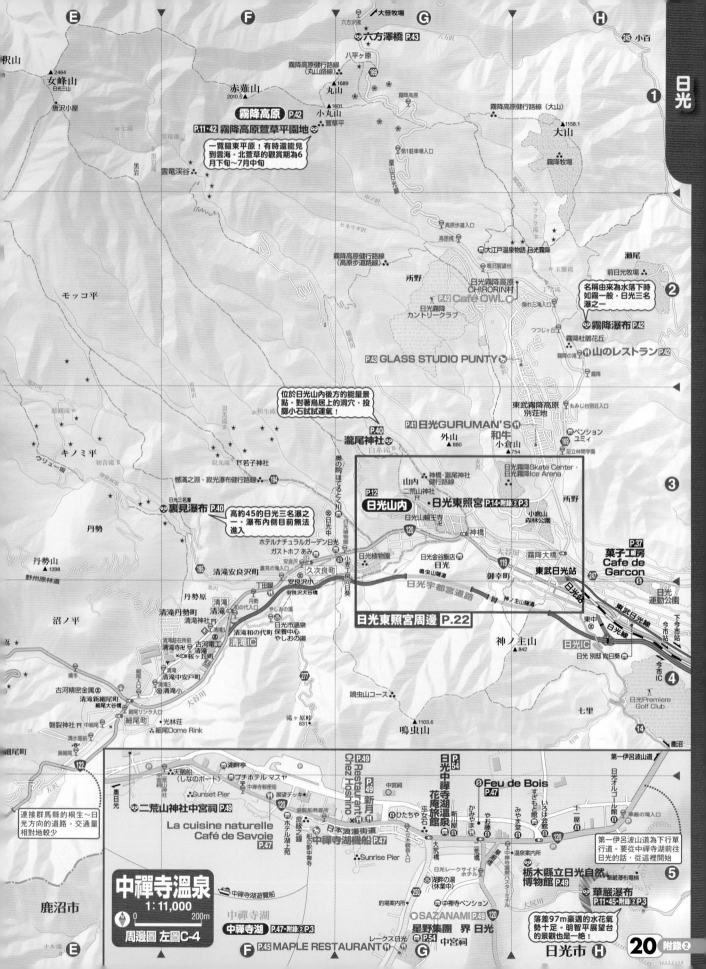

日光・那須全區圖

日光・鬼怒川廣域

日光

日光東照宮周邊

鬼怒川

那須・鹽原廣域

那須高原

那須溫泉鄉／鹽原

片品⌂

湯元溫泉

1:7,000
0 ——— 100m
周邊圖 左圖 A-1

🅝

湯・溫泉寺 附錄②P.5
P.51 源泉

穿過步道前往源泉小屋。湧出有著優質美肌效果的乳白色濁湯

スパビレッジカマヤ
ホテル越後屋
ひかり荘
紫雲荘
湯本湖邊旅館

P.55
奧日光湯之森 P.55
奧日光森之飯店

源泉の宿 ゆの香
湯の湖荘
奧日光深山賓館
ホテル山月
つるやの隅旅亭
釜屋ガーデンハウス

湯元園地
あんよの湯 P.51
湯元 板屋

溫泉神社

花の季
レクチャーホール

奧日光おおるり山荘

ゆ宿
美や川

旅館組合案內所

附錄②P.5 奧日光小西飯店
奧日光高原飯店

日光湯元
パークハウス

湯の家旅館
湯の釣事務所

ほのかな宿 樹林 P.55

日光湯元旅客服務中心
湯之湖1周Q&A路線

白根橋

湖畔ひろば

乗船處
湖畔前

日光市
湯元

日光湯元レストハウス

湯元山のレストハウス
(僅滑雪季節)
湯元金谷ロッジ
(僅滑雪季節)

休暇村日光湯元 P.55

湯元露營場

湖畔橋

砂浜

冬季(單行道)
以外車輛禁止通行 120

下水處理場

兔島自然研究路

湯之湖 P.51・附錄②P.5

作為釣姬鱒、虹鱒等的釣魚景點也很受歡迎。解禁期間為每年5～9月

中禪寺湖

葛西善藏文學碑

金精道路

日光

1:53,000
0 ——— 1km
周邊圖 P.19

🅝

😊景點　😄玩樂　🍴美食　🎣活動
🛍購物　♨溫泉　🏨住宿

山王峠

山王帽子山　2977▲

三岳

日光湯元 溫泉神社⛩
湯元溫泉 P.55

湯元溫泉 右圖

擁有非共同浴場的罕見溫泉寺。溫泉街裏頭也有源泉湧出的湯小屋

切込湖・刈込湖路線

(日光林道)

兔島

湯之湖 附錄②P.5
湯之湖1周Q&A路線

光德バンガロー
光德
コートクコラール🏨

約1小時能走完的3km散步路線，可盡情享受自然風光

湯滝レストハウス

小滝

P.51光德牧場

日本浪漫街道

光德溫泉
日光阿斯特里拉店

小田代橋

光德沼

光德入口

戰場之原
P.11・50・附錄②P.3

小田代原

青木橋
休憩所

戰場之原展望台

三本松

小田代原

120

三本松茶屋 P.51

赤沼車庫

高山
1667.7▲

赤沼分岐
湯川マス釣場

赤沼茶屋

赤沼自然資訊中心 P.51

石楠花橋
しゃくなげ橋

小田代原路線 P.51

探訪戰場之原的起點。有免費可停140輛的停車場。夏季時期常有壅塞的狀況

日光三山
男體山
奧宮 2486

作為二荒山神社的御神體山，從古早就備受尊崇

日光市

竜頭の橋

日光三名瀑

菖蒲ヶ濱、千手ヶ濱
健行路線

水產研究、教育機構
魚與森之觀察園

菖蒲ヶ濱

龍頭瀑布 P.47

戰場之原路線 P.50

竜頭滝

奧日光 P.50

觀音薙

菖蒲ヶ浜レストハウス

遊覽船乗船處

菖蒲ヶ浜露營場

😊Coffee House Yukon P.49

中禪寺金谷飯店前

中禪寺金谷飯店 P.54

舒適的湖畔路線

中禪寺湖溫泉旅館 四季彩 P.54

奧日光ホテル四季彩入口
中禪寺湖自然研究路

大庫

第一伊呂波山道為下行道。要從中禪寺湖前日光的話，從這裡展開旅程

菖蒲ヶ濱、
千手ヶ濱
健行路線

千手ヶ浜

冠石

赤岩

丸山

般若瀧

第一伊呂波山道

明智平
展望台 P.45
明智平
空中攬車
P.45・附錄②

中禪寺溫泉 右圖

120

120

有四個停靠處，定期船有2種路線。從湖上眺望男體山與白根山的雄壯之姿吧

松ヶ崎

大日崎

中禪寺 😊中禪寺 P.47

華嚴瀑布💧
日光三名瀑

明智平

明智隧道

P.11・44

伊呂波山

千手ヶ浜第2

俵石

梵字岩

白岩

中禪寺湖遊覽船

中禪寺湖畔 BOAT HOUSE P.47

大崎

中禪寺湖北岸路線

聖野リゾート
中禪寺湖入口

250

日光山中禪寺入口

明智平道

第二伊呂波山道

半山
健行路線

至明智平為止，上行為單行道。賞楓季節休假日會塞車

上野島

中禪寺湖
歌之演停車場

中禪寺湖機船 P.47
中禪寺湖機船

😊日光山中禪寺
立木觀音 P.49

茶之木平

落差97m豪邁的水花氣勢十足。從明智平展望台眺望的景觀也是一絕！

英國大使館別墅
紀念公園

復原19世紀英國別墅的建築，也有附設咖啡廳

P.48英國大使館別墅紀念公園

P.48 義大利大使館
別墅紀念公園

八丁出島

半月山
健行路線

篭石

中禪寺湖 P.47・附錄②P.3

上野島

小寺ヶ崎

第1停車場

茶ノ木平遊步道入口

社山
1826.7▲

狸窪

中禪寺湖展望台

半月峠

P.46半月山展望台

第2停車場

阿世潟峠

半月山
1753.2▲

足尾町

半月山

地藏滝

日光隧道

薬師岳
1420

細尾峠

至足尾

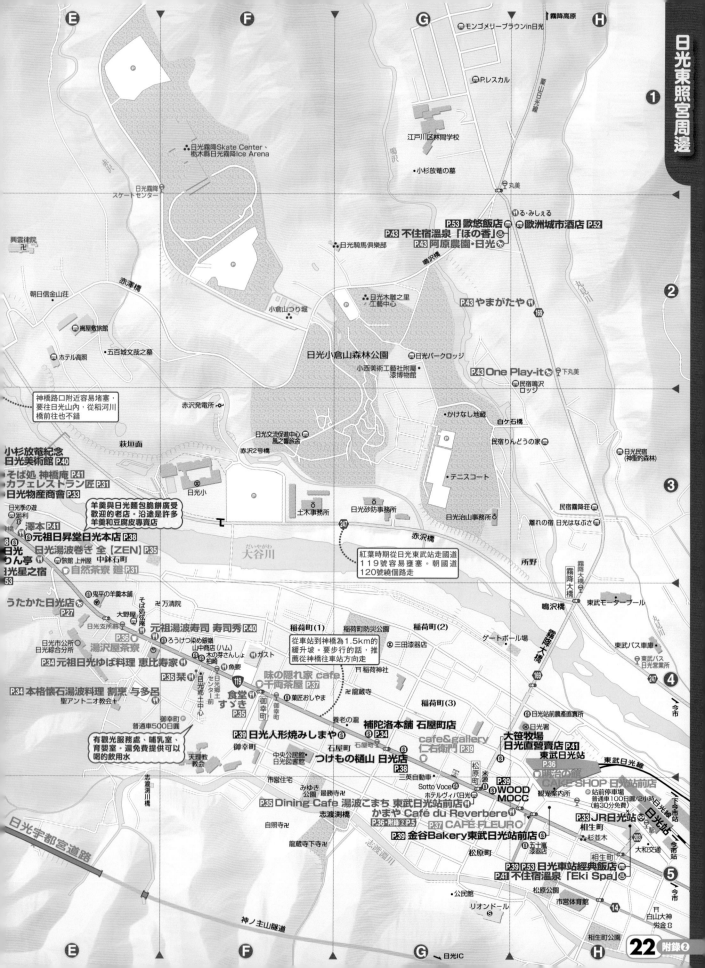

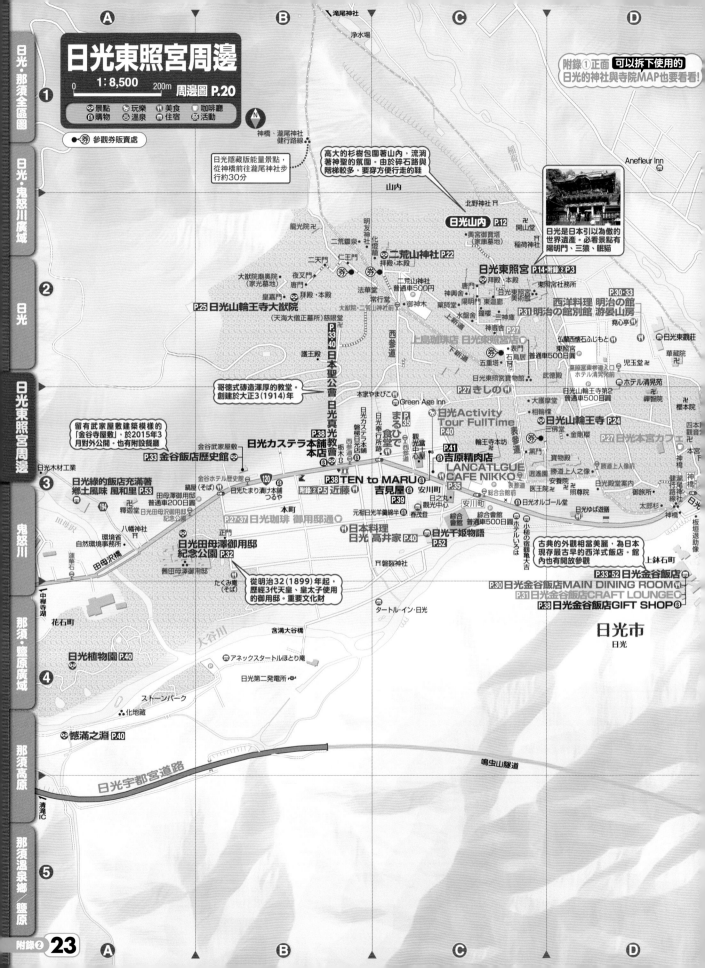

日光東照宮周邊

1:8,500
0　　200m
周邊圖 P.20

景點　玩樂　美食　咖啡廳
購物　溫泉　住宿　活動

券 參觀券販賣處

附錄①正面 可以拆下使用的 日光的神社與寺院MAP也要看看!

日光隱藏版能量景點，從神橋前往瀧尾神社步行約30分

高大的杉樹包圍著山內，流淌著神聖的氛圍。由於碎石路與階梯較多，要穿方便行走的鞋

日光是日本引以為傲的世界遺產。必看景點有陽明門、三猿、眠貓

滝尾神社
浄水場

神橋・瀧尾神社健行路線

山內

北野神社

日光山內 P.12
奧宮御寶塔（家康墓地）
稻荷神社
開山堂

龍光院 卍
二荒靈泉
二天門
二荒山神社
仁王門
明友神社
化燈籠

大獸院廟奧院（家康墓地）
夜叉門
皇嘉門
拝殿・本殿

P.25 日光山輪王寺大獸院
（天海大僧正墓所）慈眼堂

護王殿

哥德式磚造渾厚的教堂。創建於大正3(1914)年

二荒山神社 P.22
拝殿・本殿

二荒山神社 普通車500円

法華堂
常行堂
御神木
大獸院・二荒山神社前

西參道

Anefleur Inn

日光東照宮 P.14·附錄②P.3
拝殿・本殿
唐門
日光東照宮
美術館
東照宮社務所
神輿舎
藥師堂 東迴廊
陽明門
鐘樓 三神庫
水盤舎
神廏舎 P.27
表門
下新道 普通車500円
五重塔 石鳥居
日光東照宮寶物館
武德殿

P.30·33
西洋料理 明治の館
P.31 明治の館別館 游宴山房
堯心亭
仏蘭西懐石ふじもと
日光東觀莊
児玉堂
華藏院
ホテル清晃苑
日光山輪王寺第2 普通車500円
輝智院
櫻本坊
四本龍寺
觀音堂入口

上島珈琲店 日光東照宮店

本家やまびこ
Green Age Inn

日光Activity
Tour FullTime P.40

P.35 まるひで食堂
日光カステラ本舗
磐梯もち本舗
栃木屋
富士屋観光中心
P.41 吉原精肉店

きしの P.27

日光山輪王寺 P.24
三佛堂
金剛櫻
日光本宮カフェ P.27

日光奉行所跡
輪王寺本坊
寶物殿
黑門
逍遙園
勝道上人像
日光殿案内
御旅所
大本坊

LANCATLGUE
CAFE NIKKO
P.35 表參道
日光珈琲 御用邸通

留有武家屋敷建築模樣的「金谷寺屋敷」，於2015年3月對外公開。也有附設餐廳

P.33 金谷飯店歷史館

金谷武家屋敷
日光木材工業
金谷ホテル歴史館

P.38 日光カステラ本店本店

日光緑的飯店充滿著鄉土風味 風和里 P.53
普通車200円
日光田母沢御用邸記念公園
釋迦堂
194

日光たまり漬本舗つるや

TEN to MARU P.38
近藤 附錄②P.5
吉見屋 P.39

本町

日光田母澤御用邸紀念公園 P.32
正門
田母沢橋
八幡神社
環境省
自然環境事務所
遠星
たくみ庵(そば)

從明治32(1899)年起，歷經3代天皇、皇太子使用的御用邸。重要文化財

日之丸
観光中心 安川町
春茂登
安川町
綜合會館 普通車500円
日光オルゴール堂
日光ゆば遊膳
太郎杉
小槇の宿観翠亭大吉
神橋
日光殿行路橋
板垣退助像
日光

日光Activity

日本料理
日光 高井家 P.40
日光千姬物語 P.52

磐裂神社

ホテルいろは

タートル・イン・日光

古典的外觀相當美麗，為日本現存最古早的西洋式飯店。館內也有開放參觀

上鉢石町
P.33·52 日光金谷飯店
P.30 日光金谷飯店MAIN DINING ROOM
P.31 日光金谷飯店CRAFT LOUNGE
P.38 日光金谷飯店GIFT SHOP

日光市
日光

日光植物園 P.40
アネックスタートルほとり庵
日光第二発電所

含滿大谷橋

ストーンパーク
化地藏

憾滿之淵 P.40

日光宇都宮道路

鳴虫山隧道

清滝IC

日光·那須全區圖
日光·鬼怒川廣域
日光
日光東照宮周邊
鬼怒川
那須·鹽原廣域
那須高原
那須溫泉鄉·鹽原

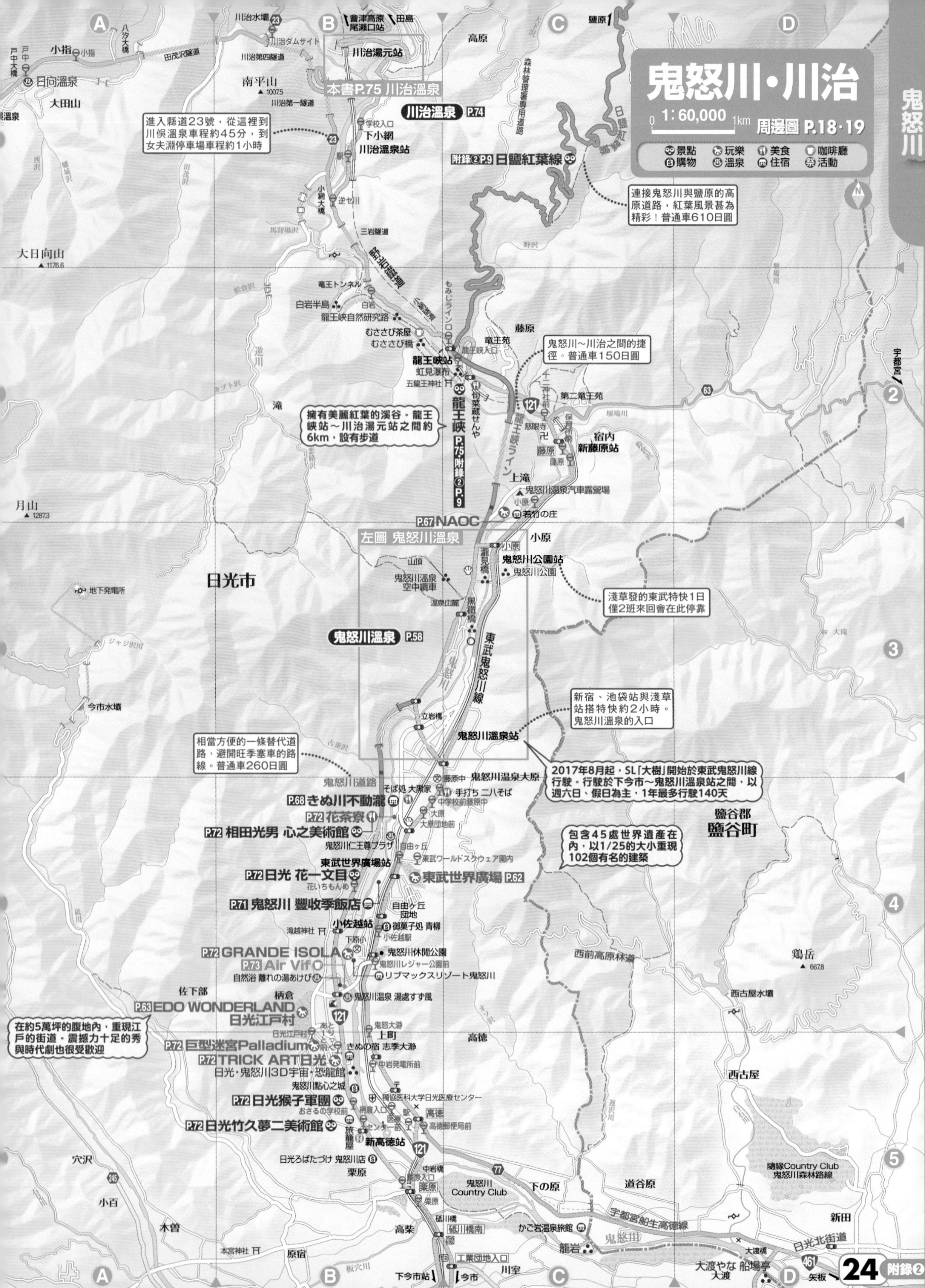

鬼怒川・川治

1：60,000

0 ___ 1km

周邊圖 P.18・19

😊景點　🎡玩樂　🍴美食　☕咖啡廳
🛍購物　♨溫泉　🏨住宿　🎪活動

- A八汐大橋
- 戸中大橋
- 小指→小指
- 川治水壩
- 會津高原 尾瀬口站 → 田島
- 高原
- 鹽原
- 川治第四隧道
- 川治湯元站
- 南平山 ▲1007.5
- 日向溫泉
- 大田山
- 溫泉
- 川治第一隧道
- 本書P.75 川治溫泉
- 進入縣道23號，從這裡到川俁溫泉車程約45分，到女夫淵停車場車程約1小時
- 川治溫泉 P.74
- 學校入口
- 下小網
- 川治溫泉站
- 附錄②P.9 日鹽紅葉線
- 森林管理署專用作業道路
- 連接鬼怒川與鹽原的高原道路，紅葉風景甚為精彩！普通車610日圓
- 大日向山 ▲1176.6
- 小網大橋
- 逆セリ川
- 三岩隧道
- 馬背場沢
- 竜王トンネル
- 白岩半島
- 白岩
- 龍王峽自然研究路
- むささび茶屋
- むささび橋
- 藤原
- 竜王苑
- 龍王峽站
- 虹見瀑布
- 五龍王神社
- 龍王峽入口
- 鬼怒川～川治之間的捷徑。普通車150日圓
- 宇都宮 → ②
- 第二竜王苑
- 121
- 63
- 擁有美麗紅葉的溪谷・龍王峽站～川治湯元站之間約6km，設有步道
- 龍王峽 P.75 附錄②P.9
- 仙岩茶屋 せんや
- 慈眼寺卍
- 宿內 新藤原站
- 月山 ▲1287.3
- 滝
- 上滝
- 鬼怒川溫泉汽車露營場
- 小原
- 若竹の庄
- P.67 NAOC
- 左圖 鬼怒川溫泉
- 山頂
- 瀬戸橋
- 小原
- 鬼怒川公園站
- 鬼怒川公園
- 鬼怒川溫泉空中纜車
- 溫泉山麓
- 淺草發的東武特快1日僅2班來回會在此停靠
- 日光市
- 地下発電所
- ジャジ戦沢
- 鬼怒川溫泉 P.58
- 溫泉山麓
- 東武鬼怒川線
- 新宿、池袋站與淺草站搭特快約2小時。鬼怒川溫泉的入口
- 今市水壩
- 立岩橋
- 古道沢
- 鬼怒川溫泉站
- 相當方便的一條替代道路，避開旺季塞車的路線。普通車260日圓
- 鬼怒川道路
- 鬼怒川溫泉大原
- そば処 大衆家
- 手打ち 二八そば
- 中学校前藤原中
- 2017年8月起，SL「大樹」開始於東武鬼怒川線行駛。行駛於下今市～鬼怒川溫泉站之間，以週六日、假日為主，1年最多行駛140天
- P.68 きぬ川不動瀧
- P.72 花茶寮
- 大原
- 鹽谷郡 鹽谷町
- P.72 相田光男 心之美術館
- 鬼怒川仁王尊プラザ
- 自由ヶ丘
- 東武ワールドスクウェア園內
- 東武世界廣場站
- 包含45處世界遺產在內，以1/25的大小重現102個有名的建築
- P.72 日光 花一文目
- 花いちもんめ
- 東武世界廣場 P.62
- 自由ヶ丘団地
- P.71 鬼怒川 豐收季飯店
- 御菓子処 青柳
- 小佐越站
- 滝越神社
- 下滝沢
- 小佐越駅
- 西前高原林道
- P.72 GRANDE ISOLA
- P.73 Air Vif
- 自然浴 離れの湯あけび
- 鬼怒川休閑公園
- 鬼怒川レジャー公園內
- リブマックスリゾート鬼怒川
- 鶏岳 ▲667.8
- 佐下部
- 柄倉
- 鬼怒川溫泉 湯處すすぎ風
- P.63 EDO WONDERLAND 日光江戸村
- 日光江戸村
- 在約5萬坪的腹地內，重現江戶的街道。震撼力十足的秀與時代劇也很受歡迎
- 121
- あと2km
- 上町
- きぬの宿 志季大滝
- 鬼怒川大滝
- 高徳
- 西古屋
- P.72 巨型迷宮Palladium
- P.72 TRICK ART日光
- 日光・鬼怒川3D宇宙・恐龍館
- 中岩発電所前
- 西古屋水壩
- 日光・鬼怒川點心之城
- 獨協医科大学日光医療センター
- P.72 日光猴子軍團
- おさるの学校前
- 高徳
- 高徳郵便局前
- P.72 日光竹久夢二美術館
- 旅館
- 彫刻
- センター前
- 新高徳站
- 121
- 日光ろばたづけ 鬼怒川店
- 栗原
- 中岩橋
- 77
- 道谷原
- 穴沢
- 小百
- 245
- 鬼怒川 Country Club
- 下の原
- 随縁Country Club 鬼怒川森林路線
- 新田
- 木曽
- 本宮神社前
- 原宿
- 砥川橋
- 砥川橋南
- 工業団地入口
- 下今市站
- 今市
- 川室
- 宇都宮船生高徳線
- 鬼怒田
- 龍岩
- かご岩溫泉旅館
- 大渡やな 船場亭
- 大渡橋 大渡
- 451 矢板 →
- 日光北街道
- A　B　C　D

24 附錄②

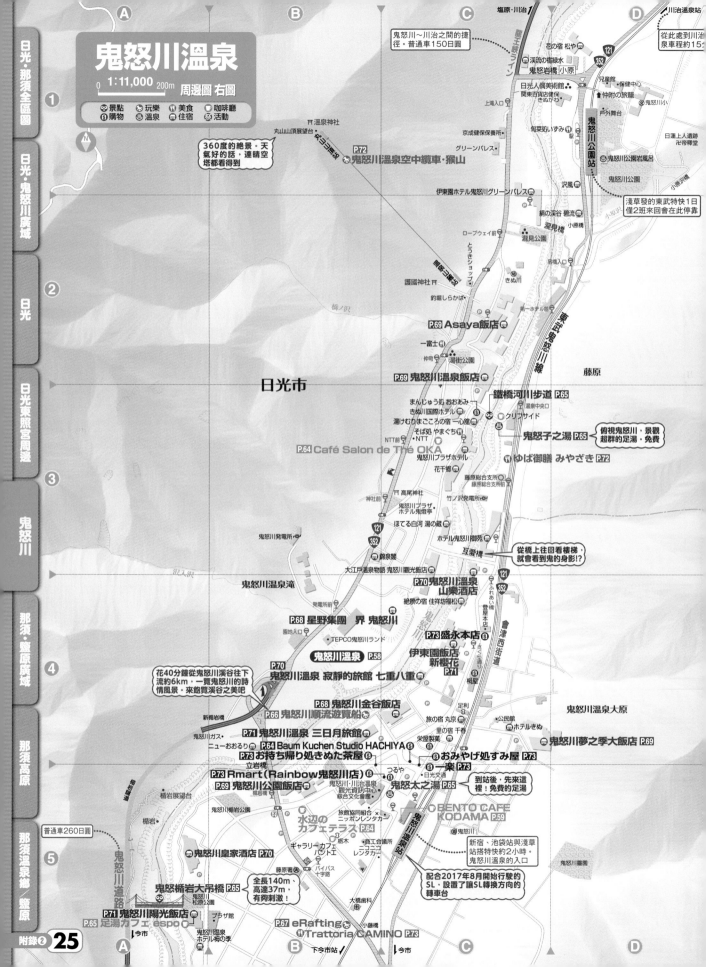

鬼怒川溫泉

1:11,000
0　　　200m
周邊圖 右圖

景點　玩樂　美食　咖啡廳
購物　溫泉　住宿　活動

鬼怒川～川治之間的捷徑‧普通車150日圓

從此處到川治溫泉車程約15分

360度的絶景‧天氣好的話,連晴空塔都看得到

鬼怒川溫泉空中纜車‧猴山 P.72

日光市

淺草發的東武特快1日僅2班來回會在此停靠

P.69 **Asaya飯店**

鬼怒川溫泉飯店 P.69

P.64 Café Salon de Thé OKA

鐵橋河川步道 P.65

鬼怒子之湯 P.65

俯視鬼怒川,景觀超群的足湯‧免費

ゆば御膳 みやざき P.72

從橋上往回看樓梯,就會看到鬼的身影!?

鬼怒川溫泉 山樂酒店 P.70

星野集團 界 鬼怒川 P.68

盛永本店 P.73

伊東園飯店 新櫻花 P.71

鬼怒川溫泉 P.58

鬼怒川溫泉 寂靜的旅館 七重八重 P.70

花40分鐘從鬼怒川溪谷往下流約6km,一覽鬼怒川的詩情風景‧來飽覽溪谷之美吧

鬼怒川金谷飯店 P.68

鬼怒川順流遊覽船 P.66

鬼怒川溫泉 三日月旅館 P.71

Baum Kuchen Studio HACHIYA P.64

お持ち帰り処きぬた茶屋 P.73

おみやげ処すみ屋 P.73

一楽 P.73

Rmart(Rainbow鬼怒川店) P.73

鬼怒川公園飯店 P.69

鬼怒太之湯 P.65

到站後,先來這裡!免費的足湯

鬼怒川夢之季大飯店 P.69

BENTO CAFE KODAMA P.59

鬼怒川皇家酒店 P.70

普通車260日圓

新宿、池袋站與淺草站搭特快約2小時。鬼怒川溫泉的入口

配合2017年8月開始行駛的SL,設置了讓SL轉換方向的轉車台

全長140m、高達37m,有夠刺激!

鬼怒楯岩大吊橋 P.65

P.71 **鬼怒川陽光飯店**

P.65 足湯カフェ espo

eRafting P.67

Trattoria CAMINO P.73

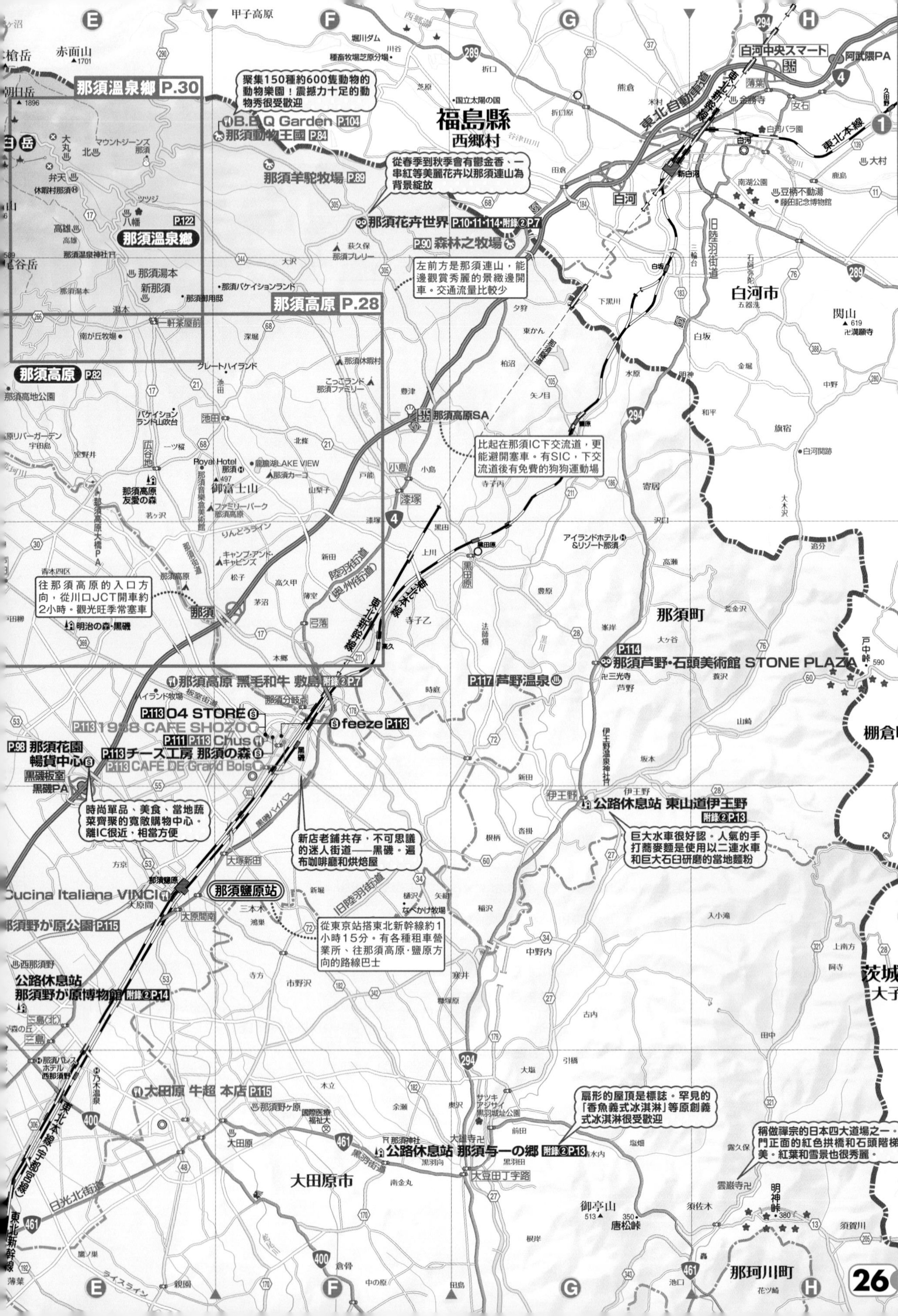
福島縣
西鄉村
白河市
那須町
棚倉町
茨城縣
大子町
大田原市
那珂川町
那須溫泉鄉 P.30
那須高原 P.28
那須高原 P.82
那須溫泉鄉 P.122
聚集150種約600隻動物的動物樂園！震撼力十足的動物秀很受歡迎
B.B.Q Garden P.104
那須動物王國 P.84
那須羊駝牧場 P.89
從春季到秋季會有鬱金香、一串紅等美麗花卉以那須連山為背景綻放
那須花卉世界 P.10・11・114・附錄② P.7
P.90 森林之牧場
左前方是那須連山，能邊觀賞秀麗的景緻邊開車。交通流量比較少
那須高原SA
比起在那須IC下交流道，更能避開塞車。有SIC，下交流道後有免費的狗狗運動場
往那須高原的入口方向，從川口JCT開車約2小時。觀光旺季常塞車
明治の森・黒磯
那須高原 黒毛和牛 敷島 附錄② P.7
P.113 04 STORE
P.113 1988 CAFE SHOZO
P.111 P.113 Chus
P.113 チーズ工房 那須の森
P.113 CAFE DE Grand Bois
feeze P.113
P.98 那須花園暢貨中心
時尚單品、美食、當地蔬菜齊聚的寬敞購物中心。離IC很近、相當方便
新店老鋪共存，不可思議的迷人街道──黒磯。遍布咖啡廳和烘焙屋
P.117 芦野溫泉
P.114 那須芦野・石頭美術館 STONE PLAZA
公路休息站 東山道伊王野 附錄② P.13
巨大水車很好認。人氣的手打蕎麥麵是使用以二連水車和巨大石臼研磨的當地麵粉
那須鹽原站
Cucina Italiana VINCI
那須野が原公園 P.115
從東京站搭東北新幹線約1小時15分。有各種租車營業所、往那須高原・鹽原方向的路線巴士
公路休息站 那須野が原博物館 附錄② P.14
大田原 牛超 本店 P.115
公路休息站 那須与一の郷 附錄② P.13
扇形的屋頂是標誌。罕見的「香魚義式冰淇淋」等原創義式冰淇淋很受歡迎
稱做禪宗的日本四大道場之一。山門正面的紅色拱橋和石頭階梯很美。紅葉和雪景也很秀麗。
雲巌寺
東北自動車道
東北新幹線
東北本線
旧陸羽街道
陸羽街道（奥州街道）
日光北街道
白河中央スマート
阿武隈PA
黒磯板室
黒磯PA
那須
白河
新白河
黒磯
黒田原
白河関跡
関山 619
満願寺
豆柄不動湯
明神峠 380
戸中峠 590
御亭山 513
唐松峠 350
茶臼岳
朝日岳
赤面山 1701
三本槍岳
御富士山 497
那須湯本
新那須
大丸
弁天
高雄
八幡

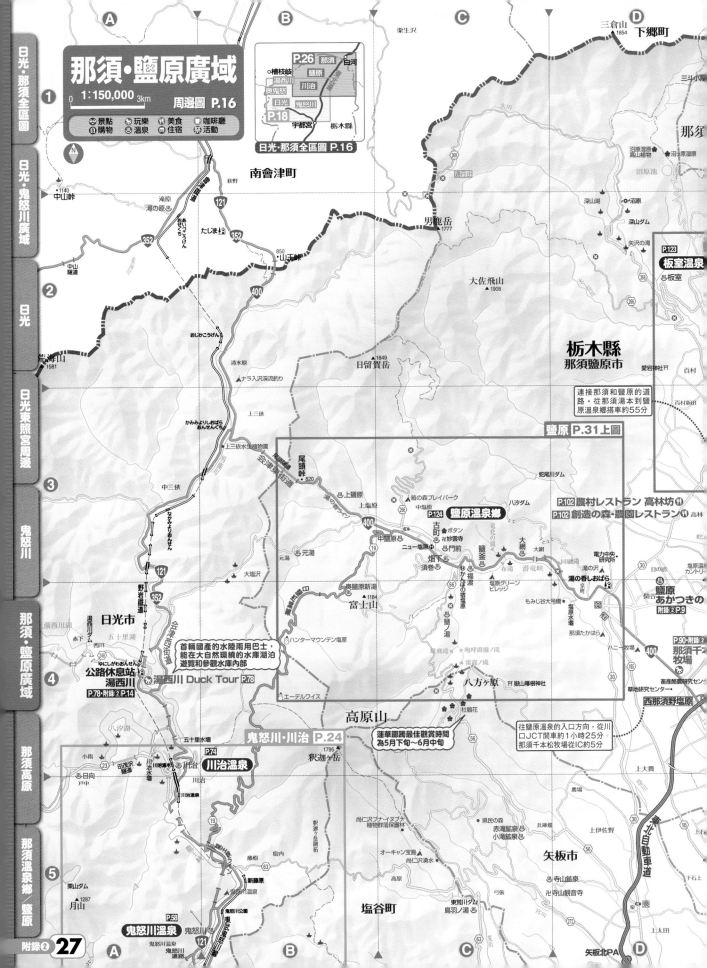

那須・鹽原廣域

1:150,000　3km

周邊圖 **P.16**

景點	玩樂
美食	咖啡廳
購物	溫泉
住宿	活動

日光・那須全區圖 **P.16**

P.26 那須　白河
鹽原
湯西川　川治
奧鬼怒
日光　鬼怒川
P.18　宇都宮　栃木縣

日光・那須全區圖
日光・鬼怒川廣域
日光
日光東照宮周遂
鬼怒川
那須・鹽原廣域
那須高原
那須溫泉鄉／鹽原

南會津町

栃木縣
那須鹽原市

鹽原 **P.31**上圖

三倉山 1854　下郷町

板室溫泉 **P.123**

連接那須和鹽原的道路。從那須湯本到鹽原溫泉鄉搭車約55分

P.102 農村レストラン 高林坊
P.102 創造の森・農園レストラン

P.124 鹽原溫泉鄉

首輔國產的水陸兩用巴士，能在大自然環繞的水庫湖泊遊覽和參觀水庫內部

公路休息站 湯西川
P.78・附錄② P.14

湯西川 Duck Tour **P.78**

エーデルワイス

高原山

鬼怒川・川治 **P.24**

P.74

川治溫泉

蓮華躑躅最佳觀賞時間為5月下旬～6月中旬

從鹽原溫泉的入口方向，從川口JCT開車約1小時25分。那須千本松牧場從IC約5分

那須千本松牧場

西那須野鹽原

矢板市

塩谷町

鬼怒川溫泉 **P.58**

矢板北PA

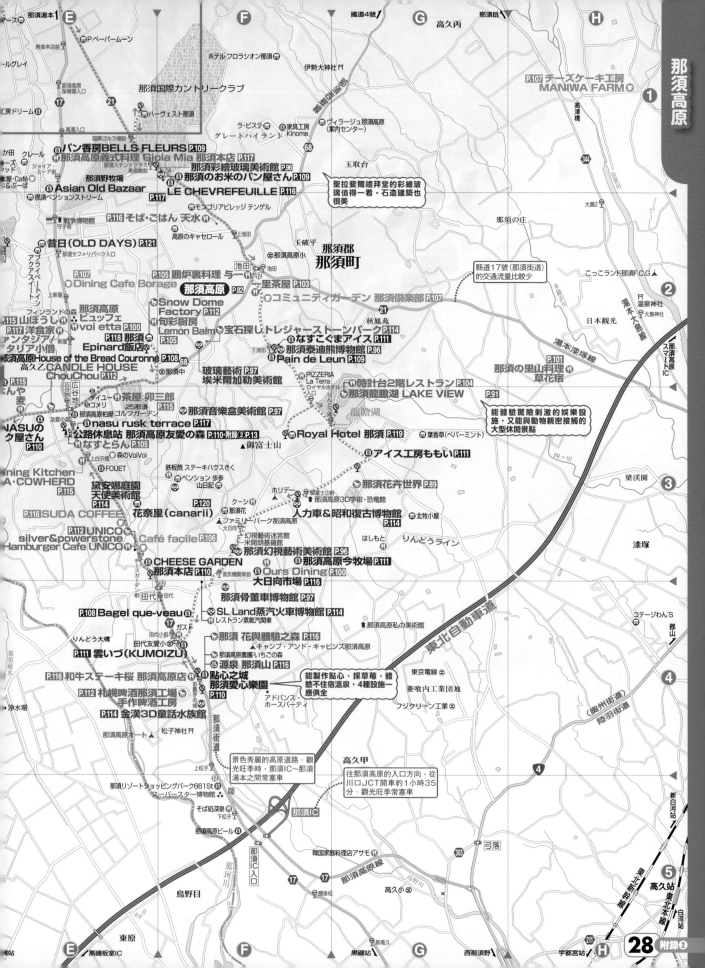

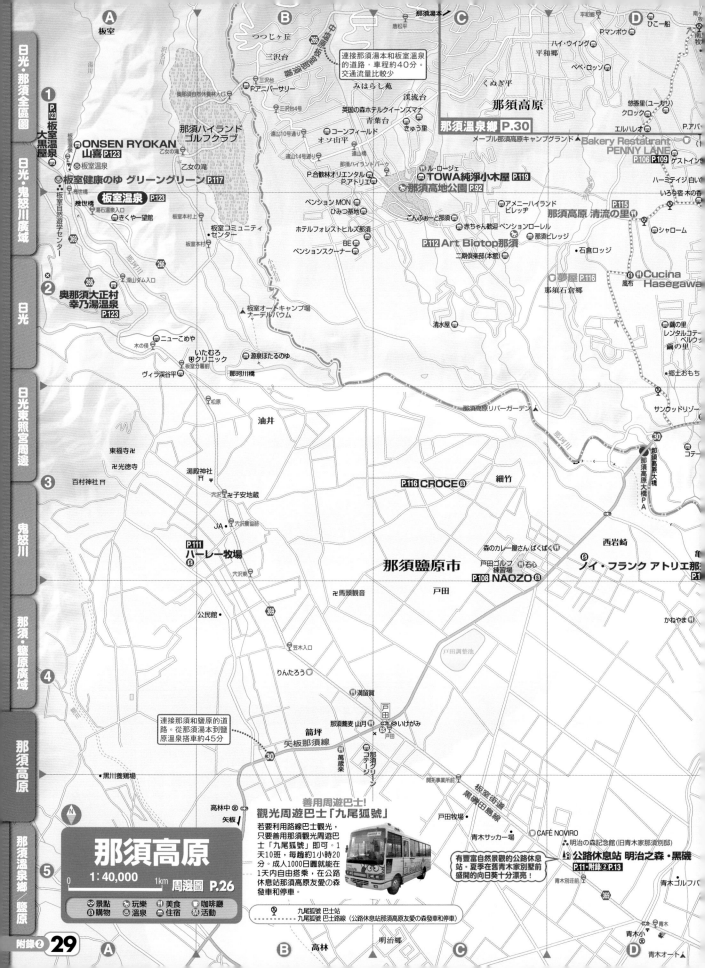

那須湯本

板室

つつじヶ丘

三沢台

三沢台

P.アニバーサリー

三沢台4号

那須ハイランド
ゴルフクラブ

乙女の滝

乙女の滝

ONSEN RYOKAN
山喜 P.123

板室健康のゆ グリーングリーン P.117

板室温泉 P.123

きくや一望館

板室コミュニティ
センター

板室本村上

板室本村

奥那須大正村
幸乃湯温泉 P.123

深山ダム入口

板室オートキャンプ場
ナーデルバウム

ニューこめや

木の俣

いたむろ
クリニック

源泉ほたるのゆ

ヴィラ渓谷平

那珂川橋

松原

油井

東福寺

光徳寺

百村神社

湯殿神社

穴沢 子安地蔵

JA 穴沢農協前

P.111
ハーレー牧場

穴沢東

馬頭観音

公民館

笠松入口

りんたろう

黒川養鶏場

那須ハイランドパーク

P.合歓林オリエンタル
P.アトリエ

ペンション MON

ひみつ基地

ホテルフォレストヒルズ那須

BE

ペンションスクーナー

連接那須湯本和板室温泉
的道路，車程約40分。
交通流量比較少

英国の森ホテルクイーンズマナ

青葉台

きゅう里

コーンフィールド

オソ山平

遠山10号通り

遠山4号通り

ル・ロージェ

TOWA純淨小木屋 P.119

那須高地公園 P.92

こんふぉーと那須

赤ちゃん歓迎ペンションローレル

P.112 Art Biotop那須

二期倶楽部(本館)

那須ビレッジ

みはらし苑

渓流台

那須高原

那須温泉郷 P.30

メープル那須高原キャンプグランド

アメニーハイランド
ビレッジ

那須高原 清流の里 P.115

那須石倉郷

夢屋 P.116

風布

Bakery Restaurant
PENNY LANE P.106 P.109

ゲストイン

ハーミテイジ 白い

いろり宿 木の香

石倉ロッジ

シャローム

Cucina
Hasegawa

繭の里
レンタルコテ
ベルウ
繭の里

郷土おもち

サンウッドリゾー

那須高原リバーガーデン

P.116 CROCE

細竹

森のカレー屋さんぱくぱく

戸田ゴルフ
練習場

P.108 NAOZO

石心

西岩崎

那須高原大橋

那須高原大橋PA

コテ

ノイ・フランク アトリエ那
P.1

かねやま

那須鹽原市

戸田

戸田調整池

連接那須和鹽原的道
路。從那須湯本到鹽
原溫泉搭車約45分。

矢板那須線

箭坪

那須蕎麦 山月

いけがみ

戸田

那須ダリン
コテージ

萬歳楽

那須グリーン
コテージ

開拓事業所前

板室街道

黒磯田島線

戸田牧場

青木サッカー場

CAFÉ NOVIRO

明治の森記念館(旧青木家那須別邸)

公路休息站 明治之森・黒磯
P.11 附錄2 P.13

青木別荘前

青木小

青木

青木オート

青木ゴルフ

高林中

矢板

那須高原

1:40,000

0　　　　1km

周邊圖 P.26

善用周遊巴士！
觀光周遊巴士「九尾狐號」

若要利用路線巴士觀光，
只要善用那須觀光周遊巴
士「九尾狐號」即可。1
天10班，每趟約1小時20
分。成人1000日圓就能在
1天內自由搭乘，在公路
休息站那須高原友愛の森
發車和停車。

有豐富自然景觀的公路休息
站。夏季在舊青木家別墅前
盛開的向日葵十分漂亮！

景點　玩樂　美食　咖啡廳
購物　溫泉　住宿　活動

九尾狐號 巴士站
九尾狐號 巴士路線 (公路休息站那須高原友愛の森發車和停車)

日光・那須全區圖
日光・鬼怒川廣域
日光
日光東照宮周遊
鬼怒川
那須・鹽原廣域
那須高原
那須溫泉郷・鹽原

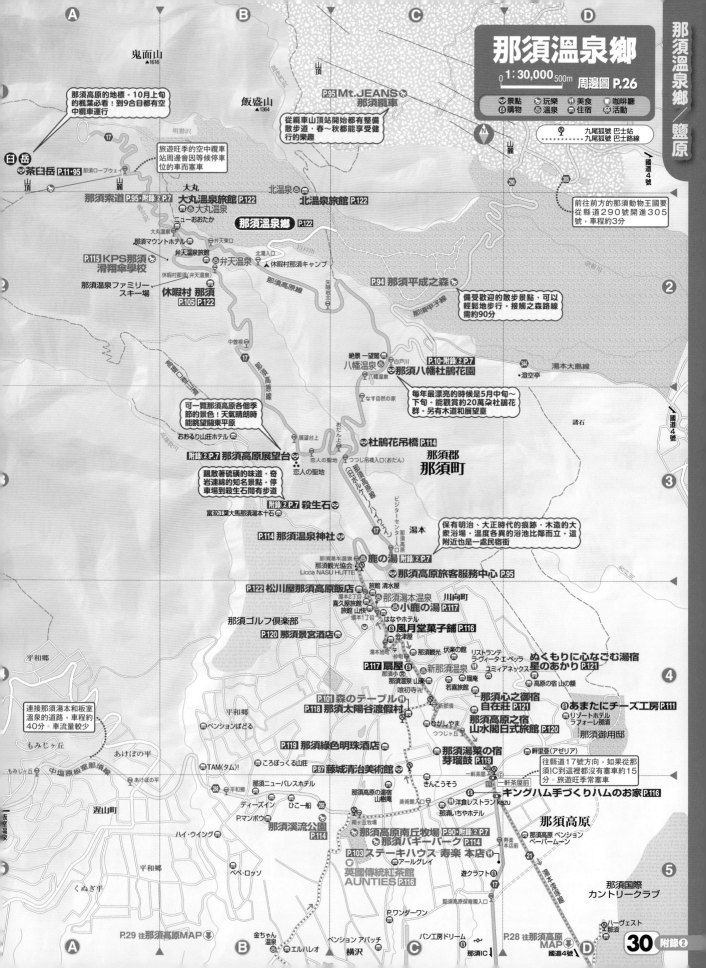

那須溫泉鄉

1:30,000　0 500m

周邊圖 P.26

景點　玩樂　美食　咖啡廳　購物　溫泉　住宿　活動

九尾狐號 巴士站
九尾狐號 巴士路線

鬼面山 ▲1616

飯盛山 ▲1364

白岳
山頂
茶臼岳 P.11·95 那須空中纜車

那須高原的地標，10月上旬的楓葉必看！到9合目都有空中纜車運行

旅遊旺季的空中纜車站周邊會因等候車位的車而塞車

P.95 Mt.JEANS 那須纜車

從纜車山頂站開始都有整備散步道，春～秋都能享受健行的樂趣

前往前方的那須動物王國要從縣道290號開進305號，車程約3分

國道4號

那須索道 P.95·附錄②P.7 那須ロープウェイ

大丸溫泉旅館 P.122 大丸溫泉

北溫泉旅館 P.122

那須溫泉鄉 P.122

P.115 KPS那須 滑翔傘學校

休暇村 那須 P.105 P.122

弁天溫泉旅館 弁天溫泉

那須平成之森 P.94

備受歡迎的散步景點，可以輕鬆地步行。接觸之森路線需約90分

絕景 一望閣
八幡溫泉 P.10·附錄②P.7 那須八幡杜鵑花園

每年最漂亮的時候是5月中旬～下旬，能觀賞約20萬朵杜鵑花群。另有木道和展望臺

可一覽那須高原各個季節的景色！天氣晴朗時能眺望關東平原

P.附錄②P.7 那須高原展望台

杜鵑花吊橋 P.114

那須郡 那須町

親散著硫磺的味道，奇岩連綿的知名景點。停車場到殺生石間有步道

附錄②P.7 殺生石

保有明治、大正時代的痕跡，木造的大眾浴場。溫度各異的浴池比鄰而立。這附近也是一處民宿街

P.114 那須溫泉神社

鹿の湯 附錄②P.7

那須高原旅客服務中心 P.95

Licca NASU HUTTE

P.122 松川屋那須高原飯店

小鹿の湯 P.117

風月堂菓子舖 P.116

P.120 那須景宮酒店

那須ゴルフ倶楽部

ぬくもりに心なごむ湯宿 星のあかり P.121

P.117 扇屋

P.101 森のテーブル
P.118 那須太陽谷渡假村

那須心之御宿 自在荘 P.121

あまたにチーズ工房 P.111

那須高原之宿 山水閣日式旅館 P.120

P.119 那須綠色明珠酒店

那須湯菜の宿 芽瑠鼓 P.119

連接那須湯本和板室溫泉的道路，車程約40分。車流量較少

P.119 藤城清治美術館

往縣道17號方向，如果從那須IC到這裡都沒有塞車約15分，旅遊旺季常塞車

キングハム手づくりハムのお家 P.116

那須高原

那須溪流公園 P.114

那須高原南丘牧場 P.90·附錄②P.7
那須パギーパーク P.114

P.103 ステーキハウス 寿楽 本店

英國傳統紅茶館 AUNTIES P.116

那須国際 カントリークラブ

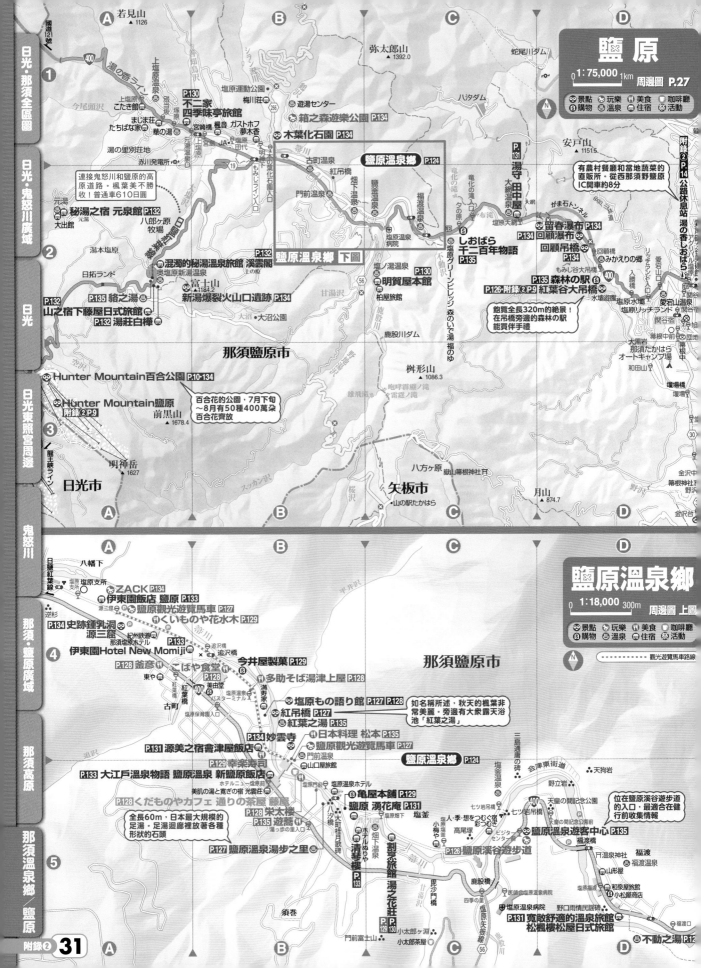

人人出版
旅遊書的專家

提供最多樣選擇的書系，最豐富滿足的日本好伴旅

哈日情報誌系列

散步好朋友系列

人人遊日本系列

日本小伴旅系列

叩叩日本系列

休日慢旅系列

部落格網址：
http://www.jjp.com.tw/jenjenblog/

f Find us on
人人出版・人人的伴旅

日本神社與寺院之旅

從日本為數眾多的神社與寺院中精挑細選，並分門別類呈現給讀者。編輯超推薦此生必訪！

精美的大張圖片，好美！還有詳細解說、參訪＆交通資訊、周遭的觀光景點。

介紹日本知名的大型祭典、神社與寺院的建築知識、宗派等，美感度＆知識性含金量都超高！！眾目亮睛！

一輩子一定要去一次！

修身 休憩

祈福 療癒

人人趣旅行
What am I feeling here？

日本
神社與寺院之旅

Shrines and Temples with Scenic Views in Japan

一輩子一定
要去一次！

紅葉、白雪、山水、庭園
精選日本絕美神社與寺院！

超美大圖搭配詳細好懂的說明！
美感度＆知識性兼具！
更有詳細地圖和周邊觀光景點指南

人人出版

行程範例、交通方式、參拜重點、
伴手禮、重要祭典、周邊景點…
依季節、依主題走訪超過130間的神社與寺院！
超經典的參拜探訪指南

系列姊妹作：
《日本觀光列車之旅》《日本絕景之旅》
定價450元

CONTENTS 1

日光·那須
鬼怒川·鹽原

霧降高原的北萱草（→P.42）

日光東照宮的陽明門（→P.16）

2大特別附錄

可以拆下使用！

附錄❶
日光的神社與寺院MAP
→背面為
[日光、那須完整詳解地圖]

附錄❷
去看看這景色！
美景兜風 & 公路地圖BOOK
[附有景點導覽小幫手]

 路線❶ 日光～奧日光　路線❷ 那須高原　路線❸ 鬼怒川～鹽原

＼ 請詳細閱讀下列事項 ／

◆本書刊載的內容為2017年10月～2018年1月期間採訪、調查的資訊。

餐飲店菜單和商品內容、費用等各種資訊，有可能於本書製作中或出版後出現變動，也可能因為季節性的變動或臨時公休等因素造成無法利用的情況。此外，若消費稅調整也會造成各項費用的異動，因此，依設施不同本書有些標示的費用可能為未稅價格。敬請於消費之前，事先再次確認。因本書刊載內容而造成的糾紛和損害等，恕敝公司無法提供補償，確認上述事項後再行購買與利用本書。

◆各類資訊以下列基準刊登

☎…電話號碼

本書標示的是各設施的洽詢用號碼，因此可能會出現非該處號碼的情況。使用衛星導航等設備查詢地圖時，可能會出現和實際不同的位置，敬請注意。

🕐…營業時間、開館時間

營業時間、開館時間為實際上可以使用的時間。原則上餐飲店為開店到最後點餐時間；各項設施則是標示開館至可以入館的最晚時間。最後點餐時間也有標記為L.O.的情況。

🚫…休息日

原則上只標示公休日，省略過年期間、黃金週、于蘭盆節和臨時休息等情況。

¥…費用、價格

●各種設施的費用，基本上標示1位成人的含稅費用。

●有些菜單或商品會標示價格，原則上為含稅價格，但依設施不同，有些標示的價格並未含稅。

●住宿費用標示的是該飯店一般客房的費用。有附餐時，標示的費用為2人1房時，1人的費用。原則上標示的費用皆包含服務費、消費稅，但隨季節、週間或週末及房型的不同，費用會有所異

動，預約時請務必確認。

📍…所在地

各設施的所在位置。若是自然環境，只能標示大致的位置，設定衛星導航時還請多留意。

🚉…交通方式

原則上標示最近的車站。所需時間為粗估時間，有可能隨著季節與天候、鐵路運行時刻更改而變動。特別是冬季請留意充裕一點的時間。

🅿…停車場

無論是付費或免費，只要有停車場，皆標示可停車數。若無停車場則標示「無」。若須付費則會另外標記。

◆關於本書介紹的料理、商品

餐飲店的菜單、價格為採訪時的資訊，依時期不同，會有內容、價格上的變動。關於書中介紹的商品，會依售完等事由而有異動或停止販售的情況。此外，本書中也有介紹關於酒的商店等店家。酒駕是違法行為，特別是開車的駕駛們請多加留意。

◆本書的標示圖分為以下類別。

 景點　 玩樂　 美食　 咖啡廳　 購物　 溫泉　 住宿

就算你不是鐵道迷也心動！

豐富精采圖片讓你已置身在列車之旅中。

以地圖方式呈現周邊景點，為列車之旅量身打造專屬兩天一夜小旅行。

介紹多達67款的觀光列車，列出詳細乘車資訊，一目了然讓你輕鬆上手，選擇喜歡的列車去搭乘吧！

系列姊妹作：
《日本絕景之旅》
《日本神社與寺院之旅》

定價450元

▶ 行程範例、票務資訊、延伸旅遊、乘務員才知道的職人推薦…超完備的日本觀光列車搭乘指南

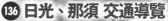

檢視區域的位置與人氣景點！

日光、那須是這樣的地方！

位於栃木縣內北邊的日光、那須區域，擁有豐富自然景觀且觀光區分布廣泛。富涵歷史的日光、能親近動物們的那須等地區，一年四季都能讓人玩得盡興。

處處皆是動物景點！高原避暑氣氛

想去這裡！

P.84

那須動物王國
能夠與各種動物接觸的動物景點

那須高原
P.82
●なすこうげん

那須區域地處於涼爽的高原上，是相當受歡迎的度假區。除了有多彩多姿、能夠接觸到羊駝的動物景點之外，這裡還齊聚了能品嘗那須新鮮高原蔬菜的餐廳、景色優美的咖啡廳、遊樂園、具有個性的美術館。再更深入往內走的話，還有溫泉呢！

美食

P.106
高原露天咖啡廳
在景色優美且漂亮的咖啡廳，悠閒地獲得療癒

P.100
高原蔬菜餐廳
在這裡的餐廳能吃到好吃的、那須大地孕育的新鮮蔬菜

購物

P.110
高原伴手禮
必買的御用邸起司蛋糕、牧場的乳製品等，請帶著高原的美味回去吧

還有這些！敬請享受
那須高原健行…P.94
那須花園暢貨中心…P.98

P.118
那須高原的住宿
為您介紹設施齊全，讓家庭旅行充滿歡樂的那須高原住宿

其他住宿在這裡
那須溫泉鄉的住宿… P.122
板室溫泉的住宿… P.123

被雄偉自然包圍，具有歷史的溫泉區

美食

P.129
TOTE燒
邊走邊吃也方便的當地美食。享受每家店各有的味道吧

鹽原溫泉鄉
●しおばらおんせんきょう
P.124

在受到諸多文人喜愛的溫泉區──鹽原，有座紅葉谷大吊橋，從位於上游的鹽原溫泉鄉橫跨至下游的鹽原水壩，在此可享受溪谷的美景。搭乘名物──TOTE馬車（觀光遊覽馬車），悠閒移動的同時，一邊享受當地美食吧。

想去這裡！

P.126
紅葉谷大吊橋
鹽原溪谷最大、全長320m的吊橋。從橋上觀望的景色最為精采！

P.130
鹽原溫泉鄉的住宿
在文豪們也喜愛的、具有歷史的溫泉悠閒地度過吧

區域速懂Q&A

Q.請告訴我區域的特徵！
A.由於位於栃木縣北部的高原及山丘地帶，此區域被遠離日常塵囂的大自然環繞。此外，不論哪個區域都有溫泉散布，所以住宿推薦住溫泉旅館。

Q.帶孩子去也能玩得開心嗎？
A.那須區域為孩子也能玩得開心的景點。可以親近各種動物、在高原及主題樂園盡情嬉鬧。當然也有許多大人能玩得愉快的景點。

Q.最佳旅遊季節為？
A.最佳旅遊季節為楓紅最美的秋天。不過該季必然會相當擁擠，想要悠哉地旅遊的話，也推薦避暑勝地──夏季的高原。季節的美景請見→P.10

溫泉、秘湯、休閒。
充滿活力地度假吧

鬼怒川

P.56 ●きぬがわ

從淺草或新宿有直達的特急列車，是交通非常方便的溫泉區。鬼怒川溪谷沿岸，除了有各種水上活動之外，也有主題樂園。周邊具代表性的秘湯有奧鬼怒溫泉鄉，還有川治、湯西川、川俁等個性豐富的溫泉區。

想去這裡！

P.58
SL「大樹」
東武鬼怒川線的下今市站～鬼怒川溫泉站之間，睽違50年，SL再次運行！名為「大樹」的SL從2017年8月開始行駛

P.66
鬼怒川水上活動
藉由「鬼怒川順流遊覽船」等活動，充滿活力地飽覽溪谷之美吧

P.63
EDO WONDERLAND 日光江戶村
在這個主題樂園，能夠享受到穿越至江戶時代的氣氛。吉祥物Nyan-mage也相當受歡迎。每天都會舉辦各式各樣的秀！

P.68
鬼怒川溫泉的住宿
出了鬼怒川溫泉站，就是大型旅館並列的一大溫泉街

其他的住宿在這裡

務必一見修繕完畢的
日光東照宮陽明門！

日光

P.28 ●にっこう

世界遺產——日光的神社與寺院之中，特別是經歷睽違40年進行的大規模修復，並於2017年3月完成修繕的陽明門，請務必一見。健康的鄉土料理——豆腐皮，在門前町尋找伴手禮等也有許多樂趣。也推薦大家在廣闊的濕原上，能和高山植物、野鳥相遇的戰場之原健行。

此區域的住宿在這裡

P.34
豆腐皮美食
享受懷石料理、義大利麵等各種品嘗鄉土食物的方式吧

P.50
戰場之原
日本屈指可數的濕原地，木棧道設置完善，能舒適地在此散步。

購物

P.38
日光的伴手禮
從長期受喜愛的名品到可愛雜貨，想要的東西好多好多！

還有這些！敬請享受

想去這裡！

P.14
日光東照宮
日光的神社與寺院之中心。以修繕完畢的陽明門為首，有許多值得一見的地方！

地圖標示：

新潟縣　福島縣
群馬縣　日光・那須 栃木縣　茨城縣
埼玉縣
東京都　千葉縣

郡山
那須
白河
茶臼岳
那須溫泉鄉
那須動物王國
那須高原
那須高原スマートIC
會津田島
福島縣
板室溫泉
那須花園暢貨中心
那須
那須鹽原
上三依塩原溫泉口
鹽原溫泉
黑磯板室
黑磯
野岩鐵道
湯西川溫泉
湯西川溫泉
西那須野鹽原
那須鹽原
西那須野
鹽原
川俁溫泉
川治湯元
川治溫泉
龍王峽
鬼怒川
奧鬼怒溫泉鄉
鬼怒川溫泉
鬼怒川溫泉
矢板
栃木縣
東北自動車道
東北新幹線
宇都宮線
氏家
湯元溫泉
EDO WONDERLAND 日光江戶村
東武世界廣場
矢板
中禪寺湖
日光東照宮
東武日光
日光
烏山
烏山線
寶積寺
群馬縣
伊呂波山道
下今市
大沢
上河內スマートIC
德次郎
茨城縣
清瀧
日光
今市
日光宇都宮道路
日光
足尾
間藤
東武宇都宮線
宇都宮
高德線
茂木
桐生
新鹿沼
鹿沼
東武宇都宮
宇都宮線
栃木都賀Jct
栃木
新栃木
大宮
下館
佐野藤岡IC
北關東自動車道

去看看這景色吧！

季節美景

以擁有關東屈指可數的大自然景色為傲的日光、那須區域，有能享受自然交織出的四季風景，因而受到許多觀光客的青睞。享受只有在這個區域才有的自然美景吧。

那須 春

地毯般鋪滿大地的花海
值得一見的絢麗
那須花卉世界的鬱金香

以觀光農園型植物園聞名的那須花卉世界。距那須高原僅車程20分，是短途的矚目景點，常聚集許多觀光客。尤其是五月份色彩豐富、盛開綻放的鬱金香，甚是精彩。想在這整片繽紛的鬱金香中散步。

最佳旅遊季節
5月上旬～中旬
許多種類的鬱金香綻放盛開。由於比其他花卉種類的開花期短，洽詢後再前往拜訪吧。

在這裡可看到
那須花卉世界➡P.114

鹽原 夏

約50種、400萬朵
芬芳的百合花包圍
Hunter Mountain
百合公園的百合花

白樺早開區域、百合花迴廊、吊椅纜車下方等，劃分為五個區域，依時節可見到各種不同的百合花風貌。尤其是吊椅纜車下方的區域，可從纜車往下俯瞰綻放的百合花，享受全長1000m、約10分鐘左右的空中散步。

最佳旅遊季節
7月中旬～8月下旬
顏色絢麗，優雅的香氣飄盪在園內，同時享受大自然的景色。7月中旬開始進入賞花時期。

在這裡可看到
Hunter Mountain
百合公園➡P.134

那須 春

香氣風景100選
20萬株的杜鵑花美景
那須／八幡杜鵑花園

八幡杜鵑花園園區的廣大腹地位於海拔1100m的那須高原中段，腹地約23公頃的園區內大概有20萬株的山杜鵑及蓮華杜鵑盛開綻放。也獲選入環境省指定「香氣風景100選」中，不是只能觀賞而已，還能享受撲鼻花香。

最佳旅遊季節
5月中旬～下旬
木棧道的健行路線，整頓完善容易走，開花時期就算是平日也很熱鬧。

在這裡可看到
八幡杜鵑花園➡附錄②P.7

日光

秋

為秋日增添鮮活色彩的
紅葉與壯麗的瀑布之姿

華嚴瀑布的紅葉

說到日光，有許多的賞楓景點，而其中的華嚴瀑布是人氣景點之一。瀑布周邊滿布樹葉翻紅的林木，位置海拔高且氣溫變化劇烈，在此可欣賞到紅、黃鮮明的色彩與宏偉瀑布的攜手演出。

最佳旅遊季節
10月上旬～下旬
由於觀賞時期較短，加上遠道而來的觀光客，可想而知會相當壅塞。建議做好提前抵達的心理準備。

在這裡可看到
明智平展望台➡P.45
華嚴瀑布➡P.45

那須

秋

如燃燒般紅葉之中
聳立著獨具風情的山峰

茶臼岳的紅葉

最佳旅遊季節
9月下旬～10月中旬
時期會依該年的情況而提前或延後，9月下旬開始染上顏色，最佳賞景時期為10月上旬～中旬。

在這裡可看到
那須空中纜車➡P.95

那須連峰之一。楓樹、合花楸、日本吊鐘花等的樹葉轉為鮮明的紅、黃色。那須連峰的主峰——茶臼岳，從山腹到9合目有空中纜車運行，纜車車廂眺望的景色絕佳，是廣受歡迎的景點。

冬

日光

被寂靜包圍
冰與雪的世界

戰場之原的冬日景色

最佳旅遊季節
12月下旬～3月上旬
每年10月下旬至11月降下初雪，12月積雪。請做好萬全的禦寒措施。

在這裡可看到
戰場之原➡P.50

占地400公頃，位於日光國立公園內的濕原。座落於海拔1400m的高地，積雪的冬天，有別於適合健行的初夏與秋日，另有一番風情，要探訪寂靜的戰場之原，則推薦清晨時段前往。

日光、那須季節月曆

	2月	1月	12月	11月	10月	9月	8月	7月	6月	5月	4月	3月
日光	-3.9℃	-4.1℃	-1.0℃	4.0℃	9.1℃	14.9℃	18.7℃	17.7℃	13.7℃	9.9℃	5.0℃	-0.7℃
那須	-1.6℃	-1.8℃	1.2℃	6.1℃	11.4℃	17.1℃	21.0℃	19.8℃	16.1℃	12.6℃	7.8℃	1.6℃

平均氣溫

日光
最佳賞景時期10月中旬～下旬
伊呂波山道的紅葉➡P.44

那須
最佳賞景時期8月上旬～下旬
公路休息站 明治の森・黑磯的向日葵➡附錄②
P.13

那須
最佳賞景時期7月下旬～10月上旬
那須花卉世界的鼠尾草➡P.114

日光
最佳賞景時期6月下旬～7月中旬
霧降高原萱草平園地的北萱草➡P.42

日光
最佳賞景時期6月上旬～下旬
戰場之原的羊鬍子草➡P.50

日光
最佳賞景時期6月上旬～下旬
千手之濱的九輪草➡P.50

那須
最佳賞景時期5月上旬～下旬
公路休息站 明治の森・黑磯的油菜花➡附錄②
P.13

氣溫出自：日本氣象廳。最佳賞景時期為往年的概略基準。

日本引以為傲的**世界遺產**

日光的神社與寺院

日光東照宮、二荒山神社、日光山輪王寺（包含大猷院）——二社一寺散布於日光境內。朝著登錄為世界遺產，莊嚴的能量景點世界出發！

進化其1

陽明門，公開！
從2013年開始修繕，2017年甫完工。聚集大批參拜遊客前來一睹陽明門嶄新的面貌。
請見 ➡ **P.16**

↑2017年修繕完畢的日光東照宮「陽明門」。華麗的裝飾與建築之美讓人看得入迷

日光東照宮

●にっこうとうしょうぐう　➡ **P.14**

供奉江戶時代的初代將軍——德川家康的神社。廣大的腹地內從陽明門、五重塔、拜殿等豪華絢爛的建築，到三猿、眠貓的雕刻，國寶與重要文化財不勝枚舉。想連位於奧宮的家康墓地，都毫無遺漏地走一回。

↑本殿的表門「唐門」，特徵是使用「胡粉」塗白裝飾而成

所謂的日光山內是❓

日光東照宮、二荒山神社、日光山輪王寺（包含大猷院），合起來稱為「二社一寺」，而神社與寺院所在一帶就稱為日光山內，1999年103處建築物群（國寶9棟、重要文化財94棟）及其周圍的自然、文化景觀，以「日光的神社與寺院」登錄為世界遺產。

交通方式為❓

🚌 從車站前往的話　※至JR、東武日光站的交通方式請見 P.28

從JR、東武日光站，到日光山內的入口「神橋」路口約1.5km。**步行約30分左右，搭巴士約10分**。推薦利用來回於神社與寺院必遊之處的「世界遺產巡遊巴士」。去程或回程時採步行移動，逛逛日光市區也很不賴。

🚗 開車前往的話　※至日光IC的交通方式請見 P.28

從**日光宇都宮道路「日光IC」**到「神橋」約2.6km，車程8分左右的距離。由於神橋路口車多擁擠，也可從稻荷川橋進入東照宮。二社一寺的各設施雖有停車場，不過東照宮大停車場特別容易壅塞。遇到這樣的情況，就利用二荒山神社的停車場，或市營停車場之類的吧。

停車場詳細資訊請見
➡ **P.26**

從車站到神橋為緩上坡。步行則推薦從神橋往車站方向走

二荒山神社　日光東照宮
稻荷川橋
日光山輪王寺
日光山內
日光山輪王寺大猷院　●日光金谷飯店
日光市役所●〒
日光綜合支所　〒神橋
日光市區
東武日光站
JR日光站
東武日光線
日光市區
日光宇都宮道路
日光IC

日光區域簡略MAP

日光山內經典路線

所需時間4～5小時

💬 最擠的是**日光東照宮！**
飯店CHECK OUT時間開始的上午10點起，多為壅擠的狀態。若體力充沛，推薦一早就先前往東照宮參拜。

START JR、東武日光站
↓ 世界遺產巡遊巴士10分，勝道上人像前下車即到
日光山輪王寺　——— 需時60分
↓ 步行3分
日光東照宮　——— 需時80分
↓ 步行10分
二荒山神社　——— 需時40分
↓ 步行3分
日光山輪王寺大猷院　——— 需時60分
↓ 大猷院、二荒山神社前搭世界遺產巡遊巴士16分
GOAL JR、東武日光站

二荒山神社
●ふたらさんじんじゃ　→P.22

1200多年前勝道上人開日光山以來，成為山岳信仰的中心神社。求姻緣或祈求開運等，非常靈驗。靈峰二荒山（現在的男體山）山頂有奧宮，中禪寺湖有中宮祠坐鎮。

→以出自同根的「夫婦杉」為首，三大御神木在此久候

←主祭神為「大己貴命」，為掌良緣與開運的神明

進化其2
三猿&眠貓修繕完畢
在日光東照宮之中，最受矚目的國寶「眠貓」、重要文化財的「三猿」也相繼在2016年與2017年修繕完畢。
請見 →P.18

日光山輪王寺
●にっこうざんりんのうじ　→P.24

開創超過1250年的古剎，為天台宗三本山之一。雖然本堂的三佛堂正在修繕中，但仍可參觀內部與御本尊。除擁有大猷院、慈眼堂、常行堂之外，還有許多支院，全體統稱為輪王寺。本書介紹三佛堂周邊的建造物。

↑起源於日光開山之祖──勝道上人創建的四本龍寺

↑結束4年間的修繕，2016年公開亮相的御本尊

[地圖]
收費區域
收費
二荒山神社
部分收費
日光山輪王寺大猷院
日光東照宮
收費
日光山輪王寺
收費
額外收費區域
神橋

也看看
附錄①
日光的神社與寺院MAP

日光山輪王寺大猷院
●にっこうざんりんのうじたいゆういん　→P.25

第3代將軍──德川家光的墓地，由第4代將軍家綱建立。面對東照宮的方向建造。依家光的遺言「不得超越家康的墓地」，因而少用艷麗的配色及雕刻。建築以黑、金、紅色為基調，呈現出與色彩多樣的東照宮不同的美感。

←由4體夜叉像守護的夜叉門，別名又稱為「牡丹門」

←仁王門的兩側，立有身長3.2m的仁王像

神橋
●しんきょう
→為二荒山神社的建造物，搭建於日光山內入口的紅色橋梁。參觀費用成人300日圓

休息咖啡廳及御朱印等
「更愉快地享受＋α」情報請見 P.27

超值優惠票券&交通資訊
「參拜的基本知識」請見 P.26

⑥ 神廄舍　重文
（しんきゅうしゃ）

NEW
三猿
（さんざる）
2017年公開
請見➡P.18

牽繫神馬的神廄舍外觀有修繕完畢的猿之雕刻列於其上。以「勿看、勿言、勿聽」聞名的三猿就是在這裡！

網羅必見之處
參拜路徑
60分鐘路線

Start

① 表參道
（おもてさんどう）

走吧，往世界遺產！

↑成列的杉樹，以及深處可見的一之鳥居，醞釀出神聖的氛圍。走在其中心情也趨於平靜

供奉德川家康的
職人技藝寶庫

（にっこうとうしょうぐう）

日光東照宮

作為御祭神受供奉的是德川初代將軍——德川家康。主要的社殿為第3代將軍——家光重建的，包含國寶8棟、重要文化財34棟在內，有55棟建築並列。沉醉在這閃耀著炫麗色彩、豪華絢爛的空間裡吧。

📞0288-54-0560
MAP附錄②23 C-2
🕗8:00~16:30（11~3月為~15:30）🈺無休 💴參觀費用成人1300日圓、中小學生450日圓🏠日光市山内2301🚃JR、東武日光站搭東武巴士往中禅寺湖方向10分，西參道下車，步行10分。或搭世界遺產巡遊巴士9分，表參道下車即到 **P**200輛（收費）

---

⑤ 三神庫　重文
（さんじんこ）

↑獨特的大象雕刻「想像之象」位在上神庫
請見➡P.19

③ 五重塔　重文
（ごじゅうのとう）

↑心柱、十二支的雕刻，務必一見。與日光東照宮分開收費，需另付參觀費用
請見➡P.21

② 石鳥居　重文
（いしとりい）

↑元和4（1618）年，九州筑前藩主黑田長政獻納的鳥居。與鶴岡八幡宮、京都八坂神社並稱日本三大石鳥居。高9m，柱直徑約為3.6m

④ 表門　重文
（おもてもん）

↑日光東照宮最初的門，安置有「阿吽」的仁王像
請見➡P.19

成願杉

奧宮區域
有長長的石階，要登上來得看體力夠不夠。多花30分，時間抓寬裕些來看看吧。

⑭ 奧宮拜殿
⑬ 石階
⑩ 拜殿・本殿
透塀　祈禱殿
⑨ 唐門
⑫ 東廻廊（眠貓）
⑪ 神樂殿

神輿舍 ⑮
本地堂（藥師堂）（鳴龍）⑯
鼓樓
⑧ 陽明門
迴轉燈籠
飛躍的獅子
輪藏
鐘樓
上神庫
⑤ 三神庫（想像之象）
唐銅鳥居 ⑦
水盤舍
中神庫
西淨
上新道
神廄舍（三猿）⑥
下神庫
④ 表門
三猿在這裡
⑤ 五重塔 ③
② 石鳥居
① 表參道

眠貓在這裡
陽明門在這裡

日光東照宮
參拜路徑MAP

參觀券販賣處
從表門開始為收費區域

⑨ 唐門 國寶

↑「拜殿、本殿」的表門——唐門
也飾有漂亮的雕刻之美
請見 ➡P.20

⑧ 陽明門 國寶

NEW

陽明門
ようめいもん
2017年公開
請見 ➡P.16

為東照宮的主要景點，是日本具代表性的美門之一。經過「平成大修理」，於2017年公開。集結了江戶初期的職人技藝，超過500個雕刻，相當值得一見。

⑩ 拜殿・本殿 國寶

↑ 由本殿、石之間、拜殿所構成，舉行例祭等祭典的重要場所。拜殿的天花板上，排列了有100條龍的畫
請見 ➡P.20

⑦ 唐銅鳥居 重文

➡日本第一個青銅鳥居，第3代將軍——家光耗費金2000兩完成的。建在本殿與陽明門的直線上

東照宮第一的能量景點

⑪ 神樂殿 重文

➡前為舞台、後為準備後台的建物，在春天的例大祭，八乙女會在此跳神樂舞。為東照宮內少見的純和風建築

⑫ 東廻廊 國寶

NEW

眠貓
ねむりねこ
2016年公開
請見 ➡P.19

與奧宮相連的參道前方，在東廻廊靜靜佇立的眠貓雕刻。要注意一下雕刻意外的小且位在高處。被牡丹花包圍，曬著日光打著盹。

+30分 進一步探索

奧宮區域 **請見 ➡P.21**

⑬ 石階段

↑從東廻廊延續至奧宮，總共有207階樓梯。用一整片岩石砌成的踏腳石，不用擔心會因霜柱等造成階梯劣化

⑭ 奧宮拜殿
おくみやはいでん

↑家康墓地的奧宮中有奧宮拜殿之外，還有鑄鐵拔門、奧宮寶塔等

⑮ 神輿舍 重文
しんよしゃ

➡受納春秋渡御祭（5月18日、10月17日）時使用的家康、豐臣秀吉、源賴朝的神輿。天花板的美麗天女像僅在神輿抬出的時候才看得到（無法進入）

⑯ 本地堂(藥師堂) 重文
ほんじどう(やくしどう)

➡天花板上有生動的墨繪龍圖「鳴龍」。在畫下敲擊拍子木，就會傳出有如鳴叫的聲響
請見 ➡P.21

辛苦您了 **Goal**

要更深入學習的話

❶ 語音導覽是好夥伴！

在祈禱受付所可租借語音導覽（費用500日圓），會詳細解說境內35個項目，是非常方便的工具。如果想要更加詳細的說明，就要洽詢公認導覽員，為您導覽整個日光的神社與寺院。

↑公認導覽員接待1～20名左右的遊客，2小時6000日圓。
日光殿堂案內協同組合
☎0288-54-0641
（需預約）

❷ 去看看寶物館吧

日光東照宮的新寶物館於2015年開幕。陳列家康的遺愛品、朝廷或大名獻上的貢品等貴重的展示物。這裡也有能享受陽明門虛擬實境影像的戲院。設有咖啡廳的1樓可免費進入。

↑入館費為成人1000日圓、兒童400日圓

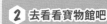

復活！陽明門
（ようめいもん）

檢視華麗的彫刻

鬼瓦 おにがわら
為防邪惡之物入侵，從頂點怒目盯視著周圍。

龍與息 りゅうといき（またはそく）
上名為龍，下名為息的靈獸。雖然看來相似，但息的上唇有鼻孔。

江戶時代的建築美與藝術之結晶在此

獲授宮中正門之名，集結江戶初期傳統技術的東照宮象徵──「陽明門」。經塗漆修復及金箔裝飾，呈現至今以來最豪華的模樣。一定要花時間觀摩一番。

國寶
陽明門 ●ようめいもん
約380年前建造的壯麗之門，經「平成大修理」，睽違4年，於2017年重新亮相。超過500個雕刻，以及鮮豔的色彩，相當值得一見。因為看一整天都不會膩，而有「日暮門」之稱。

陽明門在這裡

陽明門小知識

◆ **門與鳥居的直線上為能量景點**
與江戶城、久能山、富士山有很深的淵源，且匯集了運氣的日光東照宮。尤其是從「唐銅鳥居」正中間看去可見到陽明門位於其中的位置，頭上可仰望北極星，是最強的能量景點。

◆ **至今最厲害，江戶的耐震性能**
採用可吸收、分散地震的搖晃與衝擊，如積木般縱橫組成的「斗栱結構」。完成的設計也相當值得一看。

◆ **門上的人物是個謎！**
安置坐鎮陽明門左右的隨身像門衛。所持家紋並非德川家的葵紋，而是名為「木瓜」的家紋。有一說法說這位是德川家的參謀──天海大僧正＝明智光秀。

◆ **陽明門永遠未完成？**
以「完成是崩壞的開始」的考量為基礎，陽明門刻意保持在未完成的狀態。穿過門下的左側，從裡面數來第二根「除魔逆柱」的花紋──屈輪紋是反的。

←逆柱的花紋是反的。
→這邊是正常的柱子花紋。

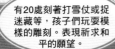

唐子遊 からこあそび

有20處刻著打雪仗或捉迷藏等，孩子們玩耍模樣的雕刻。表現祈求和平的願望。

目貫之龍 めぬきのりゅう

飛翔在天空，白色的身體上閃耀著金色的鬍鬚和爪子。

麒麟 きりん

帶來幸運的靈獸，擁有龍頭鹿身。

唐獅子 からじし

以獅子為原型，透過想像創造出的靈獸。每一隻的張嘴方式皆不同。

中國故事與仙人 ちゅうごくのこじやせんにん

政治家周公及仙人等，描繪了許多古代中國的人們。

迴廊的雕刻 かいろうのちょうこく

門左右延伸的迴廊上，排列著松樹、牡丹等吉祥的雕刻作品。

陽明門修繕HISTORY

陽明門的保存修繕工程是從2013年7月開始的。集結了技術純熟的人員、技法、材料等，盡可能地修繕至與建築當時相同的狀態。將雕刻一個一個卸下，重新塗漆，運用顏料上色，一直到重新裝上為止，完全手工作業。

before

↑修繕前，經過風吹日曬，顏料剝落，且有些地方的顏色黯淡

↑唐子的上色現場。使用天然顏料仔細地完成

after 修繕完畢

↑整體重新上色，色彩鮮艷，給人明亮的印象。金箔的光輝相當美麗！

昇龍 與 降龍

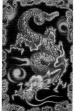

門的通路天花板上描繪的龍。據說原本的畫是狩野探幽所作，經過昭和及平成的大修理，成了現在的模樣。

日光東照宮

三猿＆眠貓

さんざる ／ ねむりねこ

與恢復鮮豔色彩的雕刻們面對面

在擁有大量雕刻作品的日光東照宮中，三猿＆眠貓特別有人氣。這裡也修繕完畢，剛回復至鮮豔色彩的狀態。趁著雕刻嶄新時，一定要先來看看。

三猿　さんざる　2017年公開　重文

據說在陰陽五行思想中，猿可守護馬匹遠離疾病，因而在神殿舍裝飾了雕刻。透過8面16隻猿，描繪出猿的一生，講述人生的故事。其中第二面的「三猿」，表達「勿看、勿言、勿聽」，非常有名。

從猿的一生習得人生教訓

二 幼年期

易受影響的幼年期，教養時不讓其「見、說、聽」壞事，僅讓其體驗美好的事物。

三 少年期

坐著的猿，象徵著還未能獨當一面的少年。思考往後的人生，差不多該奮起自立了。

一 母子

描繪母猿與子猿親暱的樣子。媽媽的手遮在額頭上觀察四周，思慮孩子的將來。

四 青年期
描繪與親近的友人一同胸懷希望、仰望天空的青年期。一邊夢想著自己的將來，一邊朝著社會展翅。

三猿在這裡呦
神廄舍　しんきゅうしゃ
神馬的特徵是純白的毛皮，為服侍神明的神聖之馬。飼育此白馬的神廄舍之長押（門框裝飾橫木）上，並列著猿的雕刻。
運氣好的話，能見到神馬！

八 懷孕

有了孩子，經過懷孕，成為父母。描繪生命永續傳承的意象。

五 分岔路

似是安慰著因失敗而洩氣的同伴之場景。展現相互鼓勵，走在人生道路上的模樣。

六 憂思

煩惱戀愛與結婚的時期，一方為堅定結婚的決心，一方仍在迷惘中。

七 結婚

終於結婚的猿猴們。表現「只要兩人合力，就能越過人生的波瀾」。

三猿＆眠貓 修繕 HISTORY

三猿＆眠貓的修繕，於2016年6月同時開始。將全部的雕刻卸下，檢查受損狀態，洗去舊顏料。並重新塗上底漆、顏料，小心仔細地裝飾上金箔。

before
→2016年11月修繕後亮相，被指出「看起來像眼睛像是睜開半瞇的樣子」，2017年1月再次修正
→整體顏色黯淡，表面也有部分剝落
after

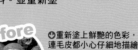
before
↓重新塗上鮮豔的色彩，連毛皮都小心仔細地描繪
→顏料脫落，處處可見雕刻的底色
after

→小損傷抹平，把作為顏料底色的漆重複塗抹

→專門上色的技術人員，迅速運筆將顏料塗上

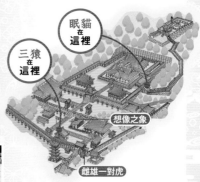
眠貓在這裡
三猿在這裡
想像之象
雌雄一對虎

18

眠貓 ねむりねこ

2016年公開 國寶

位於往供奉家康的奧宮參道前方，守護墓地般坐著的貓咪雕刻。據聞為傳說的名匠左甚五郎所作。在神社裡有貓咪的雕刻是非常罕見的。

睡著？醒著？

換個角度看的話…

果然是在盯著獵物！？

在背面有麻雀呦

眠貓的背面為麻雀的雕刻。也可解讀為就算在貓咪天敵的附近，麻雀也能安心遊玩，象徵和平之世。

邀人前往奧宮 日本最知名的 貓咪雕刻

眠貓在這裡呦

東廻廊 ひがしかいろう

以陽明門為中心，往東西延伸的迴廊之東側。眠貓位於連接進入奧宮入口上方的正中央。由於位在高處，注意別遺漏而錯過了。

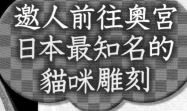

日圓

將神明的保佑帶回家！

三猿的護身符，可在神殿舍旁的內番所購買。奧宮限定的眠貓護身符，則要在奧宮拜殿旁的護身符販賣處購買。

眠貓吊飾 **500日圓**

悠閒的眠貓模樣可愛。會帶來好消息

也有奧宮限定眠貓護身符！

繪馬型吊飾 **300日圓**

繪馬型的吊飾也相當受歡迎。掛在包包上將神明的保佑隨身帶著吧

三猿籤 **100日圓**

令人心動的可愛插圖。放入錢包中帶著走吧

三猿吊飾守 **700日圓**

方便的附繩吊飾。應該會帶來幸運

附鈴三猿 **300日圓**

守護馬匹遠離疾病的三猿，因此成為祈求健康的護身符。價格實惠，令人欣喜

三猿人生守 **各700日圓**

長期熱銷的三猿護身符。想3種都收集

雄為虎、雌為豹？

雌雄一對虎 しゆういっついのとら

因為家康是生於寅年，所以東照宮處處可見老虎的雕刻。其中尤以位於表門的虎與豹最為有名。江戶初期認為豹為雌虎，因而被稱為「雌雄一對虎」。

在這裡呦

表門 おもてもん

購買參拜券後，第一個通過的地方便是這裡。日光東照宮的第一道門，除了「阿吽」仁王像之外，獅子、貘等裝飾了多達82個靈獸雕刻。

重文

環繞神聖的氛圍 不可思議的大象們

想像之象 そうぞうのぞう

著名的日本畫家──狩野探幽僅憑耳聞資料描繪出的底稿，因而被稱為「想像之象」。耳朵與尾巴外觀呈現與現實大象不同的獨特模樣。

也去看看 這些雕刻們吧

在這裡呦

三神庫 さんじんこ

穿過日光東照宮的表門，眼前就並列著3棟校倉造建築。從右起分別是下神庫、中神庫、上神庫，收納祭典的道具及御神寶。「想像之象」就在上神庫的側面上方。

重文

必看景點大集合

散布在廣大腹地內的建物都是國寶和重要文化財。若時間允許，想要一個個細細巡視一番。

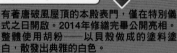

恙 つつが

唐獅子的一種，守夜的靈獸。以金輪環扣住足部使之能留守在門上一般

纖鮮
細活
的的
雕屋
刻頂
共與
同
演
出

唐門 からもん 【國寶】

有著唐破風屋頂的本殿表門，僅在特別儀式之日開啟。2014年修繕完畢公開亮相。整體使用胡粉——以貝殼做成的塗料塗白，散發出典雅的白色。

舜帝朝見之儀 しゅんていちょうけんのぎ

27人並列的雕刻，描繪謁見中國古代傳說中的皇帝——舜帝時的情況

鶴 つる

描繪張開翅膀的鶴姿。也有傳聞說某航空公司的商標是來自於此

昇龍 のぼりりゅう

以寄木細工精巧地展現出驚人的龍之姿態

降龍 くだりりゅう

和昇龍一樣，以寄木細工製作出栩栩如生的降龍

本殿、拜殿 ほんでん・はいでん 【國寶】

在有99疊大的拜殿天花板上，並列著狩野探幽以及其一派所繪的100條龍圖。本殿有54隻獏的雕像，包含了祈求和平之願。

一定要先看看
拜殿天花板的繪畫

⬆本殿正在進行平成大修理。布幕遮蓋的部分也是

從本殿前唐門左右延伸的東西透塀也相當值得一見。延伸總長達160m，花鳥的雕刻非常漂亮。

本殿、拜殿的護身符

龜甲花紋
健康護身符
800日圓
紀念東西透塀完成而作的護身符

御鎮座400年祭紀念
御鈴 **1000日圓**
紀念家康400回忌的護身符

昇殿參拜紀念守 御香守
各500日圓
庇佑會持續直到香味消失

在龍頭下敲擊拍子木就會不可思議地響起鳴叫聲

鳴龍 在這裡呦

本地堂（藥師堂）
ほんじどう（やくしどう）

據說家康為藥師如來轉世，因此供奉原本的佛（本地），也稱為藥師堂。日光東照宮中規模最大的建物。

鳴龍 重文
なきりゅう

本地堂（藥師堂）內的天花板上裝飾著震撼的墨繪龍圖。縱6m、橫15m，滿滿地繪於34片檜板上，在畫下敲打拍子木，就會響起高亢的龍之聲。昭和36（1961）年左右曾一度消失，日本畫家堅山南風將其復原。

本地堂(藥師堂)的護身符

鈴鳴龍守 1000日圓
全七色，從中挑出喜歡的吧。也有限定色。

日本引以為傲的世界遺產 日光的社寺與寺院

日光東照宮

↷相反的葵紋

本來是這樣！

十二支的雕刻 じゅうにしのちょうこく

十二生肖動物的雕刻裝飾在第一層的牆面上，入口上方的是寅、卯、辰，各代表了家康、秀忠、家光。

↑辰年生的家光為左側的辰

↑德川第2代軍秀忠為卯

↑寅年寅刻生的家康為寅的雕刻

耐震的建築美與雕刻美攜手演出

迴轉燈籠 かいてんとうろう

點火便會轉動的荷蘭製燈籠。為東印度公司所贈送的燈籠，但德川家的葵紋圖樣上下顛倒了。似乎因為是外國製作的，便被容許了。

心柱 しんばしら

以耐震耐風為目的，塔中心懸吊著心柱，維持10cm左右懸浮的狀態。東京晴空塔也運用了相同的構造。

五重塔 ごじゅうのとう 重文

由下往上1～4層為和式，最上面的第5層為唐式的塔，高約35m。慶安3（1650）年由若狹國小濱藩主──酒井忠勝獻納建成的。曾一度因火災消失，於文政元（1818）年重建。參觀費300日圓

諸多隱藏名勝！

就算沒有看板或標記，仍有諸多值得一看的地方，這就是東照宮。不僅只有木雕，也請檢視石像等地方。

飛躍的獅子

被稱為「飛躍的獅子」的石像，與石柱是一體的，防止石柱傾倒。逗趣的姿勢相當吸引人氣。

原本的兜石在這裡

兜石 龜？

↑境內有許多像龜的石頭，稱為「兜石」。用來隱藏東照宮祭禮時，插立幡旗的孔洞。

↑遊逛寶塔的路途中，向位在樹根的祠呈上願望之事吧。

所願之事吧。

杉樹樹齡600年的「杉一」。

奧宮 おくみや 重文

家康墓地的奧宮也列有拜殿、門等重要文化財。據說家康的遺骨便是埋葬於此，想試著走到最深處的奧宮寶塔。

↑唐銅製的奧宮寶塔下方，家康的神棺埋葬於此。

21

二荒山神社

ふたらさんじんじゃ

為日光信仰起始的神社，御神體為二荒山（現在的男體山）。供奉的主祭神為二荒山神「大己貴命」，作為祈求良緣、開運的景點也相當有人氣。有獨特的試運處，一定要去參觀神苑區域。

☎0288-54-0535
MAP附錄②23 C-2
🕐8:00～17:00（11～3月為9:00～16:00）
休無休
💴神苑入場成人200日圓、中小學生100日圓
所日光市山內2307
交JR、東武日光站搭東武巴士往中禪寺湖方向10分，西參道下車步行7分。或搭世界遺產巡遊巴士13分，大猷院・二荒山神社前下車即到
P50輛（收費）

透過杉＋楢的日文諧音—「喜歡的話」，祈求良緣到來！

結緣樹
えんむすびのき

祈求良緣

穿過神社入口的大鳥居，就會看到杉木與楢樹交疊生成的巨大姻緣樹。賦予「杉（好き:喜歡）楢（なら:的話）就在一起」的意思，據說會帶來良緣。

夫婦杉 めおとすぎ

↑同根生出的兩棵巨樹，令人聯想到關係融洽的夫婦。祈求夫妻圓滿吧

親子杉 おやこすぎ

↑3棵樹的根合一生長，令人聯想到親子的模樣，非常符合家庭圓滿的願望

↑結緣樹在神門外

良緣祈願板札
りょうえんきがんいたふだ

二荒山神社的繪馬，竟有附上粉紅色的愛心圖樣。單戀的人也好、兩情相悅的人也好，將夢想中的幸福未來寫入願望中吧。

↓心型繪馬
一枚500日圓

↑在御神木前並排成列的樣子相當壯觀！

拜殿
はいでん

重文

無華麗雕琢，散發出簡樸的氛圍，作為日光的神社與寺院是相當少見的。拜殿裡頭的本殿為元和5（1619）年德川第2代將軍秀忠建造完成，因而是色彩鮮明的安土桃山樣式建物。

↑狛犬的腳底下有「良」與「緣」的記號

↓本殿進行修繕工程中，持續到2021年為止。可參拜

從神門步行13分

神橋
しんきょう

重文

位於日光山內入口，紅色的橋「神橋」為二荒山神社的建造物。長28m，距離水面高10.6m。過去為神事或將軍社參等時候才會使用，現在則是大家都能走的橋。參觀費300日圓。

地點請檢視
➡P.13

只有秋天才能享受到

日光良緣祭典
にっこうよいえんまつり

每年9月中旬～11月舉行的活動，在拜殿前會有「穿越笹之輪」登場。依照指示穿過輪環，寫下結緣札，祈求良緣。戀愛、工作、金錢運等，祈求各種善緣吧。

↑結良緣札200日圓。寫下願望後繫在笹之輪上吧

↑第一次穿過後往左繞，第二次穿過往右繞，第三次從正面穿過進行參拜

結良緣守1000日圓。通常是水藍色的，不過祭典期間會有限定的粉紅色登場

神苑 しんえん

收費區域 200日圓

位於境內深處的神苑，有非常多的神社、靈驗景點、試運處。宛如神祇的主題樂園，十分有趣。

化燈籠 ばけとうろう 重文

有江戶時代，護衛神社的武士把燈籠誤認為怪物，而對著燈籠揮砍的故事，因而獲得此名。

→近看就會看到無數的刀痕！

緣結之笹 えんむすびのささ 祈求良緣

→把願望寫在「良緣笹之結札」（200日圓）上綁起來吧

朋友神社 みともじんじゃ 重文

供奉學問與智慧之神「少名彥名命」的朋友神社。旁邊有「緣結之笹」，據說可締結男女、工作、人際等善緣。

↑御祭神為學問及智慧之神——少名彥名命

→醸酒廠也相當深信

大國殿 だいこくでん 重文 祈求開運

主祭神「大己貴命」又名「大國樣」，是招來幸福的神明，被視為等同於七福神的大黑天，供奉於大國殿內。收藏有大國的板面繪畫、太刀等物品。

→揮動金色的小槌，將好運拿到手吧

二荒靈泉 ふたられいせん 祈求青春

將恒例山流出的湧泉水「藥師之靈水」與瀨尾神社的「酒之泉」引流匯合。對預防眼疾和抗老相當靈驗。

→使用專用寶特瓶把水帶回家吧

稍作休息♪ あずまや

在二荒靈泉旁的茶店稍作休息。請試試使用靈泉水沖泡的抹茶和涼粉。

☎0288-54-0535
🕙10:00～15:00 休無休
🏠日光市山內2307

抹茶400日圓。請和點心一起享用

快樂試運1

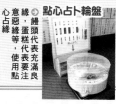

運氣良好！就算3次只要成功1次就是

試運擲環

心意緣，饅頭代表蛋糕緣等，使用要注意

點心占卜輪盤

遙拜所 ようはいじょ

從遠處禮拜神體的場所。有小型的男體山、女峰山、太郎山，可自由參拜。

↑刺於遙拜所的「良緣劍」。拍到反射太陽光的照片，會有好事發生？

快樂試運2

↑從樹齡550年的御神木中間帶著願望穿過

穿越御神木胎內

良緣愛心投擲

→將願望寫在愛心板上，瞄準緣柱丟吧。1個200日圓

神苑

良緣愛心投擲
あずまや
遙拜所
穿越御神木胎內
二荒靈泉
朋友神社
大國殿
試運擲環・點心占卜
緣結之笹
日枝神社
神輿舍
化燈籠
神樂殿
本殿（非公開）
親子杉
拜殿
手水舍
夫婦杉
神苑需收費。參觀券販賣處在這裡
神門
穿越笹之輪
祈禱入口・御朱印受付
社務所
授與所
緣結樹
大鳥居
良緣祈願板札
樓門

二荒山神社MAP

免費&收費區域 逛一圈 40分

三佛堂

重文

さんぶつどう

有著全日本罕見的天台密教形式御堂，為日光山的總本堂。日光山內最大的木造建築。供奉日光三社權現本地佛的御本尊。至2019年為大修理期間，因此有巨大的鷹架屋覆蓋著。

座御本尊齊聚於日光最大的木造建築中

➡以木雕坐像來說，是日本國內屈指可數的大小。已修繕完畢，並於2016年末復座

攝影禁止

約7.5公尺！

馬頭觀音 ばとうかんのん

形相忿怒，除了破除煩惱之外，也保佑交通安全。代表家族中的孩子。

阿彌陀如來 あみだにょらい

在人臨終之際前來迎接，引領至西方淨土。代表家族中的母親。

千手觀音 せんじゅかんのん

擁有千手的救濟之佛，實際上是42隻手。在代表家族的三佛之中，扮演父親的角色。

日光山輪王寺

にっこうざんりんのうじ

奈良時代，天平神護2（766）年勝道上人開日光山，建造四本龍寺為起始。在平安時代空海等高僧來山之事傳開，自此作為關東一大靈場而繁盛。

☎0288-54-0531

MAP附錄②23 C-3

🕐8:00～16:30（11～3月為～15:30） 🈹無休 ¥三佛堂單獨成人400日圓、中小學生200日圓；寶物殿、逍遙園成人300日圓、中小學生100日圓（與大猷院通用的輪王寺券成人900日圓、中小學生400日圓） 所日光市山內2300

🚌JR、東武日光站搭東武巴士往中禪寺湖方向8分，神橋下車步行5分。或搭世界遺產巡遊巴士6分，勝道上人像前下車即到

Ｐ100輛（收費）

日光山輪王寺MAP

免費&收費區域逛一圈 約**60**分

- 大護摩堂
- 武德殿
- 糸割符燈籠
- 相輪棟
- 護法天堂
- 三佛堂
- 黑門
- 參觀受付所
- 收費區域 三佛堂
- 金剛櫻
- 額外收費區域 寶物殿·逍遙園
- 參觀券販賣處就在這裡
- 紫雲閣
- 寶物殿
- 信徒會館
- 逍遙園
- 表參道
- 勝道上人像

逍遙園額外收費300日圓

護身符 Check

梵字護身符 2000日圓

用梵字設計守護干支的本尊之名。項鍊型

七福神護身符 500日圓

從洞中探視，就能看到七福神。日式吊飾型

逍遙園

しょうようえん

秋季點燈活動

每年10月25日至11月15日，會舉辦「逍遙園點燈活動」。可享受到染上色彩的紅葉與燈光的共同演出（17:00～20:00；成人500日圓，晝夜入替制）

有模仿琵琶湖的池塘，為「池泉迴遊式」庭園，據說是由江戶時代小堀遠州所造。春有常綠杜鵑，秋有紅葉等，是個能透過四季盡情享受豐富自然之美的地方。

日光山輪王寺大猷院

にっこうざんりんのうじたいゆういん

供奉第3代將軍家光的佛教美術世界

完成東照宮重建的家光，其墓地特意遵照他「不得超越祖父」的意願打造。延續至本殿的路上設置了許多門，雖不大肆鋪張，但華麗的裝飾仍值得一見。

☎0288-54-0531
MAP 附錄②23 B-2
🕐8:00～16:30（11～3月為～15:30）　休無休　¥參觀費成人550日圓、中小學生250日圓（與輪王寺通用的輪王寺券成人900日圓、中小學生400日圓）
所日光市山內2300　交JR、東武日光站搭東武巴士往中禪寺湖方向10分，西參道下車步行5分。或搭世界遺產巡遊巴士13分，大猷院・二荒山神社下車即到
P無

世界遺產 日光的社寺與寺院

日本引以為傲的世界遺產

日光山輪王寺／日光山輪王寺大猷院

---

① 仁王門 〈重文〉

におうもん

進入大猷院的第一個門，切妻造、銅葺屋面的八腳門。守在門左右的仁王像嘴型分別為「阿」與「吽」。

穿過門朝本殿去!

→嘴巴閉著的「吽形」仁王像──「金剛力士像」

② 二天門 〈重文〉

にてんもん

日光的神社與寺院中最大的門。因為安置了持國天、廣目天，而被稱為二天門。特徵為色彩鮮明的八腳入母屋造。

以美麗的牡丹裝飾夜叉所守護的門

③ 夜叉門 〈重文〉

やしゃもん

切妻造的樓門，正面、背面的左右納有4座夜叉，鎮護靈廟。處處飾有牡丹的唐草雕刻，又稱為「牡丹門」。

東	南	西	北
阿跋摩羅 あばつまら	**毘陀羅** びだら	**犍陀羅** けんだら	**烏摩勒伽** うまろきゃ
綠身，腰掛白虎皮，肩上繫金色披掛。表情相當勇猛。	赤身金衣相當奪目。膝蓋意外地露出鯰魚的臉。	右手持斧，忿怒的形相，氣勢十足。鞋子是圓點圖樣的靴子風。	為全日本稀有的佛像。手持的弓箭為破魔箭的起源。

④ 唐門 〈重文〉

からもん

高3m，門面寬1.8m，為大猷院中最小的門。有著鮮明的色彩及精緻的雕刻，散發高雅的氛圍。

⑤ 拜殿・相之間・本殿 〈國寶〉

はいでんあいのまほんでん

位於大猷院的中心，保有建造時的模樣。使用大量的金彩，也被稱為「金閣殿」。裡面可見到狩野探幽繪製的唐獅子、覆蓋天花板的140張龍圖等。

⑥ 皇嘉門 〈重文〉

こうかもん

內有家光的墓地（非公開）。採用中國明朝的建築樣式「龍宮造」，因此也被稱為「龍宮門」。

神明保佑之物

家光公 2000日圓
飄盪伽羅香味的線香。當作香點來享受也OK。

龍神破魔箭 3000日圓
仿造烏摩勒伽所持之箭的破魔箭。刻有昇龍，據說能驅惡成願。

日光山輪王寺大猷院MAP

逛一圈 60分

大猷院廟奧院
⑥皇嘉門　龍光院
鐘樓　③夜叉門
④唐門　鼓樓
⑤拜殿・相之間・本殿　寶庫
②二天門　御水舍
①仁王門　番所

全區域收費
參觀券販賣處在這裡

日光參拜是有訣竅的！
參拜的基本知識

日光是可從首都圈出發享受一日遊的好地方，最適合週末出遊。雖說不遠，但沒有事先做好準備就出發是失敗之源。服裝、票券資訊、巴士路線等，在出發前將知曉的資訊先記在腦海中吧。

---

② 活用優惠套票券吧

活用票券，依自己想去的地方，以單獨的參觀券為基礎，搭配寶物館等的套票、輪王寺券等。日光山輪王寺本堂（三佛堂）和大猷院兩處都要去的話，推薦購買「輪王寺券」。

【票價一覽】　※一般票價。高中小學生費用不同

神社寺院名	參觀、入館費用		套票
日光東照宮	本社區域	1300日圓	2100日圓
	寶物館	1000日圓	
	五重塔內部	300日圓	—
日光山輪王寺	三佛堂	400日圓	輪王寺券 900日圓
	大猷院	550日圓	
	逍遙園、寶物殿	300日圓	—
二荒山神社	本社	—	—
	神苑	200日圓	—

---

③ 利用巴士的話 世界遺產巡遊手形較優惠

巡遊日光的神社與寺院的巴士路線有兩條。搭乘東武巴士往中禪寺湖方向（往湯元溫泉、奧細尾）。或是使用從表參道逆時針巡遊神社與寺院周邊的「世界遺產巡遊巴士」。購買「世界遺產巡遊手形」則可一日不限次數搭乘東武巴士日光的JR日光站～東武日光站～西參道入口～蓮華石區間，以及「世界遺產巡遊巴士」。

⬆世界遺產巡遊手形500日圓。可在JR、東武日光站購得

---

① 服裝＋1件為基本穿著

由於早晚與白天溫差大，會需要多帶一件上衣

冬：最低氣溫也有下達0度的時候，戴手套跟圍巾吧

夏

日光的神社與寺院附近海拔約634m。與晴空塔高度相同，就算是盛夏，最高氣溫大多在25度上下。紅葉季節過後氣溫驟降，由於隆冬相當寒冷，禦寒需準備萬全。因為碎石路、階梯多，所以穿著容易行走的服裝與鞋子去吧。

---

④ 先確認停車場吧

除了賞楓季節，人多壅塞時也會從離東照宮近的停車場開始爆滿。使用二荒山神社等日光山內裡頭的停車場也是一個辦法。也有把車子停在JR、東武日光站前面或市區之後，再搭公車或步行移動的方法。

日光區域停車場MAP

賞楓季節要有塞車的覺悟
中禪寺湖等奧日光紅葉開始的十月起，國道119號、120號預估會塞車。由於神橋路口會較壅塞，所以活用替代道路繞道吧。

更加愉快地享受+α

神橋步行2分

日光本宮カフェ ●にっこうほんぐうカフェ

離神橋非常近，改造約300年前神職人員住所而成的咖啡廳。地板使用二荒山神社的日光杉木，神社與寺院改造的職人所塗裝的裝潢，令人感受到世界遺產之趣。從紅豆湯等甜品到中餐、咖啡，菜單也相當豐富。

↑「本宮カフェ特製蛤蜊巧達湯in皇家吐司」1100日圓

☎0288-54-1669　MAP附錄②23 D-3
🕙10:00～16:00　休週四　所日光市山內2384　P4～5輛

就算是搭車或巴士前往，日光散策的基本就是步行。事先了解疲累時的休息景點。此外，還可收集二社一寺的御朱印、穿和服散步等，找出自己專屬的享受方式吧。

① 檢視休息咖啡廳

東照宮、輪王寺等有從神社與寺院步行可到的咖啡廳。由古民宅改裝成的店鋪，也有許多擁有歷史的店面，應該在紓解旅行疲累的同時，也能悠閒地放鬆。

日光東照宮即到

きしの

店家建造在日光山內的近中央處——東照宮的石鳥居旁，約有130多年。豆腐皮定食、豆腐皮蕎麥麵等餐點的菜單當然不用說，還能享受到抹茶與和菓子（700日圓）的喫茶菜單。悠閒放鬆後，想看看店門口擺放的伴手禮。

☎0288-54-0974　MAP附錄②23 C-3
🕙9:00～15:30（物產為～16:00）
休不定休　所日光市山內2281-3　P無

日光山輪王寺步行8分

日光珈琲 御用邸通 ●にっこうこーひーごようていどおり

由鐵皮屋頂加上格子門的古風店面，是改造大正末期～明治初期的古早商家而成的。梁柱皆保持在當時的狀態。使用自家烘焙豆的手工咖啡，蛋糕就不用說了，使用天然冰製作的「刨冰」也廣受好評。假日還有要排隊的情況。

➡P.37

日光東照宮即到

上島珈琲店 日光東照宮店 ●うえしまこーひーてんにっこうとうしょうぐうてん

位於日光東照宮寶物館1樓的咖啡廳，每個人都能輕鬆利用。透明玻璃的店裡有著摩登的氛圍，菜單則有令人懷念的喫茶菜單。和正統濾布手沖咖啡（440日圓）一起搭配輕食或甜點享用吧。

☎0288-25-6811　MAP附錄②23 C-2
🕙8:00～17:00（11～3月為～16:00）　休不定休
所日光市山內2301日光東照宮寶物館1F　P無

③ 以和服之姿在日光散步！

JR、東武日光站與神橋之間的參道，除了有餐飲店、伴手禮物品店之外，也有租借和服的店家。因為能輕鬆租借來觀光用，一定要試試挑戰和服喔。

うたかた日光店 ●うたかたにっこうてん

活用和服製造商的強項，能以經濟實惠的價格出租原創和服。不僅能從豐富的花色中選擇，連小物配件及穿著都能一手包辦。由於1日方案還包含世界遺產——神橋的渡橋券，因此請一定要拍下紀念照。

☎0288-53-6465　MAP附錄②22 E-4
🕙9:30～18:00　休不定休　所日光市中鉢石918　💮JR、東武日光站搭東武巴士往中禪寺湖方向4分，日光支所前下車即到　P5輛

基本方案

嘗試體驗	1小時1620日圓	※需電話或網路預約。髮型造型+1620日圓
1日租借	4104日圓（～17:30）	

↑在日光七五三和服租借攝影也相當有人氣

→在店旁的停車場，然後出去觀光也OK

←顧客可將車子停放

② 試著收集御朱印吧

所謂御朱印是可獲取參拜證明的重要御印。參拜完畢之後，在各神社寺院的御朱印所申請吧。僅日光東照宮一處之內也有東照宮、奧宮、本地堂（藥師堂）多處御朱印所，整個日光山內逛一圈也有20個左右。也有期間限定的御朱印。

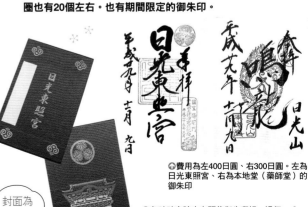

↑費用為左400日圓、右300日圓。左為日光東照宮、右為本地堂（藥師堂）的御朱印

→各神社寺院也有販售御朱印帳。這個是日光東照宮陽明門完成紀念御朱印帳
※也有可能售完

封面為陽明門

日光

にっこう

被世界遺產及大自然包圍的一大觀光區

除了世界遺產日光東照宮以外，還有中禪寺湖、霧降高原等雄壯的自然、鄉土料理、溫泉等有各式各樣的遊樂方式。

1999年登錄為世界遺產，2017年修繕完畢的國寶——陽明門。從那時開始，日光東照宮就有許多來自世界各地的觀光客造訪。

CONTENTS

是這樣的地方!

①世界性觀光區

以日光東照宮為首，有相當多歷史、文化性質的遺產，是個自然環境豐富又能享受到溫泉的世界級觀光區。

②春夏秋冬的美景

市內的地形有高地差異，在海拔高的地方夏天涼爽，而冬天也有到零度以下的時候，因此能夠享受到四季轉換的各種美景。

③有許多活用好水製作的美食

當地的河魚、豆腐皮、山菜料理、蕎麥麵等，在這裡能吃到許多活用清淨好水製作而成的美食。

洽詢 日光市觀光協會 ☎0288-22-1525

矚目

搭東武特急輕輕鬆鬆的交通方式

2017年開始行駛的新型車輛500系（暱稱「Revaty」），從淺草往日光、鬼怒川方向無須換車。
詳細請見P.136

鐵道

淺草站		新宿站	東京站
東武特快「華嚴號」「Revaty華嚴號」1小時50分 ¥2800日圓	東武特快「鬼怒號」「Revaty會津號」＋東武日光線（下今市站轉乘）1小時50分 ¥2800日圓	JR・東武直通特急「日光號」2小時 ¥4000日圓 ※也停靠池袋站、大宮站	JR東北新幹線＋JR日光線（宇都宮站轉乘）1小時50分 ¥5580日圓
	下今市站	池袋站 大宮站	宇都宮站
東武日光站		日光站	

車

川口JCT
東北自動車道約103km
宇都宮IC
日光宇都宮道路約25km
日光IC
日光宇都宮道路約6km
清瀧IC

奧日光
おくにっこう **P.50**

高山植物寶庫的戰場之原，以及充滿負離子的湯瀑布相當值得一見。湯之湖湖畔湧出的日光湯元溫泉也別錯過！

霧降高原
きりふりこうげん **P.42**

有著自然環境的廣大區域。代表此地的北萱草最佳景賞時期為每年6月下旬至7月中旬。

日光市區
にっこうしがい **P.30**

世界遺產的日光山內位於日光市區，有許多觀光景點。林立著復古建築、餐飲店、伴手禮店。

中禪寺湖
ちゅうぜんじこ **P.44**

為兩萬年前男體山噴發形成的堰塞湖，為日本海拔第一，位於高處的湖泊。中途有「華嚴瀑布」和「伊呂波山道」。

日光區域 遊覽要點

從車站出發搭巴士移動最方便！還有優惠的FREE PASS

JR、東武日光站往山內移動搭巴士最方便。若購買「世界遺產巡遊手形」500日圓，就能1日不限次數搭乘巡遊景點的世界遺產巡遊巴士。

賞楓季節要注意塞車！

尤其是伊呂波山道會大塞車，所以要提早行動。此外，也有不走東北自動車道，車開到關越道沼田IC時，從那裡轉國道120號，從奧日光側進去的路線。

市區內散步要租借自行車

想要充滿活力地遊覽的話，推薦使用租借自行車。日光Activity Tour FullTime（→P.40）等，市區內有幾處可租借。

日光區域巴士路線圖

（往湯元溫泉方向的班次中1日有15班會經過光德溫泉）

湯元溫泉
湖畔前
湯滝入口 — 光德沼
光德溫泉・日光アストリアホテル **70分1650日圓**

光德入口
三本松 — 赤沼車庫
西ノ湖入口 — 赤沼 **64分1500日圓**
石楠花橋 — 滝上
小田代原 — 竜頭の滝 **61分1400日圓**
千手ヶ浜 **30分300日圓** — 菖蒲ヶ浜

85分1700日圓

菖蒲遊覽船發着所
中禅寺金谷ホテル前
奧日光ホテル四季彩入口
丸山
大崎
二荒山神社中宮祠
中禅寺郵便局
船の駅中禅寺
立木觀音入口

凡例

東武巴士日光　日光營業處 ☎0288-54-1138
━ JR日光站～大笹牧場（4～11月行駛，12～3月僅到霧降の滝）
━ JR日光站～奧細尾
━ JR日光站～湯元溫泉
━ 中禅寺溫泉～半月山（季節行駛）
━ JR日光站～大猷院・二荒山神社前～JR日光站（世界遺產巡遊巴士）
※週六日、假日暨年末初會變更路線

日光交通（低汙染巴士）☎0288-54-1154
━ 赤沼車庫～千手ヶ浜（4月下旬～11月行駛）
※搭乘1次300日圓
━ 東武日光線・JR日光線

10分200日圓 從東武日光站出發巴士所需時間與費用
10分200日圓 從中禅寺溫泉出發巴士所需時間與費用
10分200日圓 從赤沼車庫出發巴士所需時間與費用

中禪寺湖 星野リゾート 界 日光入口
3分150日圓 立木觀音前

半月山 — 中禅寺湖展望台
20分520日圓 — 茶ノ木平遊步道入口
イタリア・英國大使館記念公園入口
中禅寺溫泉
45分1150日圓
歌が浜遊覽船發着所
イタリア・英國大使館別荘
立木觀音入口
5分210日圓

日光レークサイドホテル
明智平 **36分1100日圓**
（往中禅寺溫泉方向單行道）横手
馬返
華厳の滝入口
細尾リンク入口
細尾入口
細尾三丁目
奧細尾
清水屋前
中細尾

清滝駐在所前
清滝
清滝一丁目
15分470日圓
丹勢
裏見の滝入口
安良沢
和の代入口
やしおの湯
（往奧細尾方向的班次中1日有7班會經過やしおの湯）

蓮華石
日光植物園
日光田母沢御用邸記念公園

歴史民俗資料館
金谷ホテル
觀光センター前
東武觀光センター前
西参道・東武觀光センター前
總合会館前
7分310日圓

日光山內
大猷院・二荒山神社前
8分290日圓
東照宮東参道前
ホテル清見苑前
勝道上人像前
表参道
西参道
世界遺產巡遊巴士（1日FREE PASS 500日圓）

神橋
西参道・東武觀光センター前
神橋
日光支所前
5分200日圓
日光郷土センター前
御幸町
石屋町

大笹牧場 **45分1050日圓**
六方沢橋
霧降高原 **25分720日圓**
第1駐車場入口
高原歩道入口
高原橋
鳴沢
隠れ三滝入口
つつじヶ丘
霧降の滝 **7分330日圓**
霧降
もみじ平別荘入口
足立林間学園
丸美
下丸美
霧降大橋
日光霧降スケートセンター

新宿站・淺草站
東武バス日光營業所

東武日光站
JR日光站 — 宇都宮站
東武日光線
JR日光線

在復古宅邸享受奢華午餐！

也想享受古典建築

為日本洋食文化先驅的日光，作為外國人的避暑勝地，曾繁盛一時，在當時的復古建築中，品嘗傳統與先進同時擁有的日光風格美味午餐。

日光市區

にっこうしがい

是這樣的地方！

在JR、東武日光站到日光山內的「東町」，以及日光山內到日光田母澤御用邸紀念公園附近的「西町」，林立名物豆腐皮料理、和菓子、伴手禮店。

MAP 附錄②P.22
住宿資訊 P.52

洽詢
日光市觀光協會
☎0288-22-1525

ACCESS
請見P.28

這裡很復古
滿溢優雅氣質的食堂
將曾經的大廳改造為主要餐廳。仍保有明治～大正時代的氛圍

能感受到排場與風情的餐廳裝潢

日光金谷飯店
MAIN DINING ROOM
にっこうかなやホテルメインダイニングルーム

款待諸多來賓的老字號飯店（→P.33）之主要餐廳，餐廳內陳列的古典家具用品，讓人彷彿身在明治、大正時代。想在悠悠歷史中，品嘗一次看看這經外國人淬鍊孕育出的傳統料理。

☎0288-54-0001 MAP附錄②23 D-3
⏰7:30～9:30、11:30～14:30、18:00～20:00 休無休 日光市上鉢石町1300 JR、東武日光站搭東武巴士往中禪寺湖方向8分，神橋下車，步行3分 P60輛

→窗邊的座位，能夠一邊就近眺望正面入口附近的綠意，一邊享受美食

季節特別午餐
3600日圓
餐廳的自豪午餐，柔軟且肉質肥厚的虹鱒。主菜也能挑選季節料理

在古典空間和傳統法國菜相遇

歐姆蛋飯
1600日圓(稅另計)
番茄醬口味的雞肉飯，再配上在口中鬆軟散開的歐姆蛋

↑曾是美國貿易商的美麗洋樓

西洋料理
明治の館
せいようりょうりめいじのやかた

從格子窗戶能望見隨四季流轉變換景色的庭園。充滿綠意的洋樓餐廳。熟練的主廚展現手藝的是，孕育於明治時代具有歷史的西式料理。餐廳提供了讓人吃了懷念又暖心的餐點，並備有許多利用當地食材所作的料理。

MAP附錄②23 D-2
☎0288-53-3751
⏰11:00～19:30(11月下旬～4月上旬為11:30～) 休無休 日光市山內2339-1 JR、東武日光站搭東武巴士往中禪寺湖方向8分，神橋下車，步行5分 P80輛

在古風宅邸享受奢華午餐！

復古咖啡廳在這裡

カフェレストラン匠
●カフェレストランたくみ

感覺彷彿身在大正、昭和時期，店內滿溢樹木溫度的懷舊氣氛。料理涵蓋範圍從和食到定食都有。在1樓能買到日光金谷飯店Bakery的麵包。

MAP 附錄②22 E-3
☎0288-54-1108
🕐11:30～16:00 (18:00打烊) 休不定休 所日光市上鉢石町1024 交JR、東武日光站搭東武巴士往中禪寺湖方向8分，神橋下車即到 P15輛

➡排列著古典家具用品，相當賞心悅目

豆腐皮焗烤套餐
1500円(稅另計)

自然茶寮 廻
●しぜんさりょうめぐり

舊美術藝廊改造成的古民宅咖啡廳。使用日光產的自然栽培及無農藥的有機蔬菜，作出對身體溫和的菜單相當受歡迎。重新發現日光大地的美味。

➡店內的天花板上留有日本畫的藝術空間

感謝自然恩惠定食
1400日圓

☎080-9343-0831 **MAP** 附錄②22 E-3
🕐11:30～17:30 (冬季為～16:30) 休週四 所日光市中鉢石町909-1 交JR、東武日光站搭東武巴士往中禪寺湖方向4分，日光支所前下車，步行3分 P8輛

日光金谷飯店
CRAFT LOUNGE
●にっこうかなやホテルクラフトラウンジ

位於老牌飯店1樓的咖啡廳，在這裡能吃到重現大正時代食譜的百年咖哩飯。2017年3月重新開幕。

MAP 附錄②23 D-3
☎0288-54-0001
🕐9:30～17:00 (百年咖哩飯的供應為11:00～) 休無休 所日光市上鉢石町1300 交JR、東武日光站搭東武巴士往中禪寺湖方向8分，神橋下車，步行3分 P60輛

➡輕鬆休閒又舒適放鬆的氛圍

百年咖哩飯
2100日圓～

蛋包飯
2000日圓(稅另計)
鬆鬆軟軟剛煎好的雞蛋，與花了數週熬煮的多蜜醬汁完美搭配

花費心力製作的傳統多蜜醬汁

明治の館別館 游晏山房
めいじのやかたべっかんゆうあんさんぼう

建於「西洋料理 明治の館」(→P.30)裡頭的姊妹店。在這裡能品嘗到多種活用花費數週熬煮而成的多蜜醬汁所製作的洋食菜單。有歷史的古風建築氣氛也相當出眾。享受雅緻的時光吧。

☎0288-53-3751 **MAP** 附錄②23 D-2
🕐11:00～19:30 (11月下旬～4月上旬為11:30～) 休週三 (逢假日、旺季則營業，需洽詢) 所日光市山內2339-1 交JR、東武日光站搭東武巴士往中禪寺湖方向8分，神橋下車，步行5分 P80輛

這裡很復古
古典的別館
將過去在別墅工作的女僕房間改造而成。有著美麗綠意的庭園與潺潺水聲的舒適空間

這裡很復古
石造的洋樓餐廳
把留聲機介紹到日本的美國貿易商之別墅。飄盪著文明開化氛圍的明治時代宅邸

在林木環繞的洋樓品嘗真正的洋食滋味

← 調見所的柱子與天花板使用御科林的木曾檜木

← 被稱為御玉突所的撞球室，鑲木地板相當漂亮

留有明治時期的風情 日光

復古建築

從明治時期開始作為避暑之地使用，在大正時期非常熱鬧的日光。現在也有許多保有往日情懷的建築，讓人感受到舊時代美好的氣氛。

魅力 1 跨越3個時代的 名建築

以紀州德川家宅邸為基礎，融合3個時代的建築樣式。高規格的書院造，鋪上地毯的調見所等，洋溢著和洋折衷的風雅。

大正

↑裝飾的繪畫、釘子裝飾蓋等，仿梅而造的御學問所，被稱為梅之間。

江戶

明治

●にっこうたもざわごようていきねんこうえん

日光田母澤御用邸紀念公園

明治32（1899）年，營造來作為大正天皇的御靜養所用。以1棟的地板面積有1360坪，總共106室為傲，是國內最大的木造建築。為江戶～大正時期建築樣式並存的建物，受指定為國家重要文化財。能接觸到皇室文化。

☎0288-53-6767　MAP附錄②23 A-3
🕐9:00～16:00　休週日（逢假日則翌日休，GW等則無休）
💴成人520日圓，中小學生250日圓　日光市本町8-27
🚃JR、東武日光站搭東武巴士往中禪寺湖方向12分，日光田母沢御用邸記念公園下車即到　P113輛

留存了排場與傳統的國內最大木造建築

魅力 2 連細節也講究的 職人技術

復原工程相關人員稱為「木材的寶石箱」的調見所被列為首選，投入了最好的材料與技術，想要凝神細看這些只有御用邸才有的細節。

開關

↑復古摩登的照明開關設計排成一列

榻榻米

↑榻榻米的邊緣花紋也銜接貼合的高超技術

釘子裝飾蓋

↑依位置與功用，各個房間都有別出心裁的釘子裝飾蓋

照明

↑玻璃熔金顯色而成的美麗吊燈

魅力 3 四季轉換的 庭園 之美

四季景色各異的美麗庭園也務必一見。春天有據說樹齡400年的枝垂櫻，秋天則是遍地整齊劃一的紅葉，秋天以楓樹為中心，各種樹木的紅葉如約好了一般，非常漂亮。

春

↑透過御學問所的圓窗看見的櫻花非常華美

秋
↑秋天以楓樹為中心，各種樹木的紅葉相當鮮艷

伴手禮 CHECK
御用邸巧克力
以邸內使用的釘子裝飾蓋為形象製作，高雅的味道（12入1300日圓）

日光金谷飯店

日本現存最古早的西式飯店

明治6（1873）創立，為日本現存最古早的西式飯店。最開始是外國人專用的住宿，為避暑度假村先驅般的存在。住宿登記簿中，也留有愛因斯坦等國際著名人士的名字。

📞0288-54-0001　**MAP** 附錄②23 D-3
🕐自由參觀　**休**無休　**所**日光市上鉢石町1300　🚌JR、東武日光站搭東武巴士往中禪寺湖方向8分，神橋下車，步行3分　**P**60輛
住宿請見→P.52

這裡也 CHECK

傳承金谷飯店的歷史，登錄為有形文化財「金谷侍屋敷」

●かなやホテルれきしかん

金谷飯店歷史館

開放金谷飯店的前身──「金谷Cottage Inn」的建築。開業於明治6（1873）年，為外國人專用的住宿，英國旅行家伊莎貝拉·伯德曾將此地寫入書中，因而有許多外國人到訪。

📞0288-50-1873　**MAP** 附錄②23 B-3
🕐9:30～16:30（12～3月為10:00～14:30）　**休**無休（12～3月為不定休）　**¥**成人400日圓，兒童200日圓　🚌日光市本町1-25　JR、東武日光站搭東武巴士往中禪寺湖方向11分，金谷ホテル歷史館下車即到　**P**10輛

→由於原為武家宅邸，當時被稱為「侍屋敷」
↑在隔壁的Cottage Inn Restaurant品嘗麵包菜單

魅力 2

別出心裁 的趣味之處

各自隱藏著深奧故事的裝飾品與裝潢也務必一見。尋找通往時間旅行的護照，前往館內探索！

紅色燈飾

→位於餐廳前樓梯的紅色燈飾，目前仍在使用

格間繪

→小食堂的格子天花板上畫有色彩鮮艷的格間繪

眠貓

→在東照宮大家熟知的眠貓，金谷飯店這裡也有！

餐廳

→過去曾為大廳的主要餐廳（→P.30）

BAR

→流淌著爵士樂的BAR「DACITE」，請品嘗看看原創雞尾酒

服務櫃檯

→位於過去曾是地下室的區域，有著渾厚感的服務櫃檯

魅力 1

令人感受到歷史的 風範

140年悠長年月孕育出的獨特結構，有點異次元空間的感覺。天花板高度依樓層各有不同主題十分有趣，怎樣都看不膩。

還有這些！ 遊覽日光復古建築

大正時代開始作為避暑勝地而繁盛起來的日光，至今在街道上仍散布著別具風情的建築。一邊散步一邊探訪看看吧。

日本聖公會 日光真光教堂
●にっぽんせいこうかい にっこうしんこうきょうかい

從明治到大正，由身為建築設計師、傳教師、教育者而留下足跡的加丁納所設計。為石造渾厚的哥德式建築。
詳細請見→P.40
MAP 附錄②23 B-3

西洋料理 明治の館
●せいようりょうり めいじのやかた

曾為初次將留聲機進口至日本的美國貿易商之別墅建築。現則作為餐廳營業中，以懷舊洋食菜單廣受好評（詳細請見→P.30）。
MAP 附錄②23 D-2

日光物產商會
●にっこうぶっさんしょうかい

創業於明治38（1905）年的伴手禮店。相當具有風情的本館建築為國家的登錄有形文化財。現在1樓為伴手禮店暨日光金谷飯店Bakery，2樓為カフェレストラン匠（詳細請見→P.31）。
MAP 附錄②22 E-3

JR日光站
●ジェイアールにっこうえき

大正浪漫氣氛飄盪的新文藝復興式木造車站建築。現今仍在使用。過去一等車候車室（White Room）的大型吊燈值得一探究竟。
MAP 附錄②22 H-5

側邊欄：日光　日光復古建築　鬼怒川　那須高原　鹽原溫泉鄉

喜歡哪個!? 豆腐皮

絕品!! 美食

被推舉為來訪日光的話，想要先吃一次的鄉土料理——豆腐皮料理。想細細品嘗的人推薦正式全餐，想輕鬆享受的人推薦經濟實惠的創意菜單。

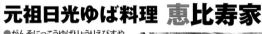

Why 豆腐皮??

1 為何不是"湯葉"而是"湯波"？

在京都，從邊緣往上提起成為一片的豆腐皮，稱為「湯葉」；而在日光，豆腐皮是從中央往上提起成折成一半，皺褶看來就如同波浪一般，因此寫成「湯波」！

2 為何說到日光就想到"豆腐皮"？

據說豆腐皮源自日光山修行僧侶的素食料理。因此經由在地方上也拿來招待參拜者，現在也有不少店家有供應豆腐皮料理。

味覺、視覺都獲得極大滿足，耗時完成的豆腐皮懷石料理

湯波上午餐 4320日圓
一道一道上菜，因此能享受到剛完成的料理。全7道。

元祖日光ゆば料理 惠比壽家

●がんそにっこうゆばりょうりえびすや

創業100年以上，現在為第4代經營的豆腐皮名店。以生豆腐皮為首，運用煮、炸等多種料理方式，能夠享受到口感與味道完全不同的豆腐皮料理。全餐有3種，2310日圓起。

↑沿著日光街道，入口在左手邊深處

↑44疊的和室，寬敞排列著10張桌子

MAP 附錄②22 F-4
☎0288-54-0113
🕚11:30～14:30（16:00打烊）
休週二
所日光市下鉢石町955
交JR、東武日光站搭東武巴士往中禅寺湖方向3分，日光鄉土中心前下車即到
P15輛

本格懷石湯波料理 割烹 与多呂

●ほんかくかいせきゆばりょうりかっぽうよたろ

第2代老闆提供的是將豆腐皮滋味發揮到極限的正統懷石料理。獲得「味道絕佳，外觀也令人感動」的好評。忙碌時期也有13時半左右就售完的情形，所以最好要預約。豆腐皮午餐3000日圓起。

↑地點位於從大馬路走進來的巷子裡
↑除了大會場，也備有包廂，還有輪椅也OK的房間

☎0288-54-0198 **MAP** 附錄②22 E-4
🕚11:00～20:00※售完打烊
休週三 所日光市下鉢石町965
交JR、東武日光站搭東武巴士往中禅寺湖方向3分，日光鄉土中心前下車，步行2分 P30輛

正統派

運用傳統技法製作的全餐料理，能夠心滿意足地品嘗豆腐皮

盡情享受運用和之技法完成的驚艷豔豆腐皮料理

補陀洛本舖 石屋町店

●ふだらくほんぽいしやまちてん

把天然高湯炊煮的紅豆飯用半生的豆腐皮捲起來。也可內用。

豆腐皮捲 400日圓
（可預約）

MAP 附錄②22 G-4
☎0288-53-4623
🕚9:30～17:00 休不定休
所日光市石屋町406-4
交JR、東武日光站步行10分
P4輛

小吃推薦! 邊走邊吃 & 甜點♥

推薦給只想嘗一下豆腐皮的人 & 介紹最適合當作飯後甜點的豆腐皮甜點♪

A全餐 4620日圓
全部9道料理中，豆腐皮料理多達6道。分成4次，在做好時上菜。

豆腐皮與和牛攜手
演出絕品創作壽司卷

豆腐皮卷御膳 2160日圓
和牛與山葵的豆腐皮卷,加
上本日小菜3樣,自製溜醬油
醃菜等共7道

日光湯波卷き 全【ZEN】
●にっこうゆばまきぜん

以栃木縣的食材為主,提供融合法式與日式的創
作料理。依據當天食材調配製作的創作料理,風
味深厚讓人忍不住咂嘴。也想好好享受用心搭配
的講究器皿。

MAP 附錄②22 E-3
☎0288-53-3470
🕐11:00～19:30(20:00打烊) ※售完打烊
休週二
所日光市上鉢石町1007
🚌JR、東武日光站搭東武巴士往中禪寺湖方向4分,
日光支所前下車,步行2分
P無

⬆使用大量使用木材的時髦外觀

⬆能直接看見外面的岩石是一大亮點

まるひで食堂
●まるひでしょくどう

位於西參道入口的食堂老店。人氣第一高的是
「元祖豆腐皮丼」。以醬油為基底的勾芡中,
滿是豆腐皮。由於豆腐皮作得較有嚼勁,因此
能夠充分享受豆腐皮的口感。

☎0288-54-0250 MAP 附錄②23 C-3
🕐9:00～17:30 休無休 所日光市安川町10-24
🚌JR、東武日光站搭東武巴士往中禪寺湖方向10分,
西參道入口下車,步行1分 P26輛

⬅在店內用餐的話,將車子
停在此處前往山內觀光也OK

勾芡醬汁中滿是
分量多多的豆腐皮!

元祖豆腐皮丼 890日圓
調味較濃厚。附生豆腐皮、
豆腐皮湯、溜醬油醃菜的套
餐1370日圓

創意派
豆腐皮變身現代風!來檢視一下能
以實惠價格吃到的創意菜單吧

為豆腐皮與生義大利麵的
新口感所感動!

⬇位於御幸町路口轉角

添加豆腐皮的雙色義大利
麵豆漿奶油起司醬
義大利麵套餐 1600日圓
附生豆腐皮、豆腐皮卷、沙
拉、3種甜點、飲料

食堂すゞき
●しょくどうすずき

曾在東京名店、飯店進修過的主廚,在日光當地開了食堂。開業以來
15年,發展出肉類料理、義大利麵、拉麵等不分類別的菜單。不僅是
當地,也有很多遠道而來的粉絲。

☎0288-54-0662 MAP 附錄②22 F-4
🕐11:15～15:00(L.O.14:30)、17:30～21:00(L.O.20:30)、
週六～21:30(L.O.21:00)
休週三 所日光市御幸町581-2
🚌JR、東武日光站搭東武巴士往中禪寺湖方向4分,日光支所前下車,
步行1分 P6輛

LANCATLGUE CAFE NIKKO
●ランカトルグカフェニッコウ

在配置著骨董家具的店裡,能悠閒享受
午餐及甜點。

MAP 附錄②23 C-3
☎0288-53-1193
🕐12:00～17:00(有變更) 休週三、不定休
(臨時、冬季休) 所日光市安川町4-1 2F
🚌JR、東武日光站搭東武巴士往中禪寺湖方向
9分,總合会館前下車,步行2分 P無

豆腐皮布丁 450日圓
豆漿布丁上放豆腐皮

Dining Cafe 湯波こまち
東武日光站前店
●ダイニングカフェゆばこまちとうぶにっこうえきまえてん

漢堡、可樂餅等創意豆腐皮
菜單相當豐富。也可外帶。
MAP 附錄②22 G-5
☎0288-25-6616
🕐11:30～20:00(21:00打烊)
休不定休 所日光市松原町255
🚌JR、東武日光站步行5分
P5輛

照燒豆腐皮漢堡 300日圓
滿滿豆腐皮和洋蔥

從6種裡面選喜歡的！

➡使用湯澤屋秘傳的紅豆餡製成的紅豆醬，還有抹茶、草莓、煉乳、黑糖蜜、白糖蜜，可從中挑選喜歡的淋醬。紅豆餡配料＋150日圓

使用天然冰的刨冰
奢侈地淋上6種淋醬

期間
4月中旬〜
11月中旬
※冰用完打烊

‖‖經典人氣!!

⬆「日光紅豆蜜 附綠茶」780日圓。自家製的紅豆、寒天，加上味噌豆腐皮或厚皮煎餅作為配料。冬季無豆漿霜淇淋650日圓。

日光天然冰刨冰6種
全部淋上 **1450日圓**

2種850日圓、3種1000日圓、4種1150日圓、5種1300日圓。僅有6種全部淋上的能續一碗冰

品茶 ➡在頗具風情的地爐邊

湯沢屋茶寮
●ゆざわやさりょう

創業迎向第213年的老牌和菓子店直營的和風茶屋。2017年起刨冰菜單更新，讓顧客能享受到各種口味的淋醬。除此之外，也推薦名物——酒饅頭、豆漿羊羹等。

☎0288-54-0038 **MAP** 附錄②22 E-4
🕙10:00〜16:00（16:30打烊）
休不定休 🏠日光市下鉢石町946
🚃JR、東武日光站搭東武巴士往中禪寺湖方向4分，日光支所前下車即到
P3輛

➡好天氣時，戶外座位也相當受歡迎。旁邊併設有和菓子店

説到日光甜點♡

天然冰 ＆ 起司蛋糕

來訪日光的話絕對要吃的，便是以傳統作法製作的天然冰「刨冰」。細緻鬆綿的口感，吃過一次就會迷上的美味♡還有另一個經典甜點「起司蛋糕」也請別錯過♪

かまや風N.Y.起司蛋糕 **450日圓〜**

使用丹麥產的奶油起司。不使用小麥粉，甜度也比較低

⬇店鋪前設有停車場

與微苦咖啡非常相配 沉穩濃厚的滋味

明治の館 CAKE SHOP 日光站前店
●めいじのやかたケーキショップにっこうえきまえてん

「說到日光就是起司蛋糕」將此認知推廣至全國的名店——西洋料理明治の館（→P.30）的蛋糕店。為購買使用最高級的奶油起司所製作的起司蛋糕，連日有大批人潮來訪。因位於車站前，作為伴手禮也很棒。

☎0288-54-2149 **MAP** 附錄②22 H-4
🕙10:00〜18:00 休不定休
🏠日光市松原町4-3 🚃東武日光站即到；JR日光站步行3分 P無

⬆1樓為蛋糕店，2樓則是咖啡廳空間

かまや Café du Reverbere
●かまやカフェデュレヴァベール

名物——NIKKO丼及自家製蛋糕廣受好評的咖啡廳。使用嚴選素材的蛋糕，除了經典的起司蛋糕外，店內還隨時有數種季節商品陳列，和特調咖啡（360日圓〜）一同品嘗吧。

☎0288-54-0685 **MAP** 附錄②22 H-5
🕙11:00〜16:00（有依多數售完打烊的情形）
休不定休 🏠日光市松原町12-6
🚃東武日光站即到；JR日光站步行4分 P7輛

使用簡單的材料完成
口感滑順的極致逸品

ニルバーナ 432日圓
上層擠了檸檬的酸奶油，呈現清爽口感

味の隠れ家 cafe 千両茶屋
●あじのかくれがカフェせんりょうちゃや

2016年9月開幕的咖啡廳，烤番薯和濃厚優格相當有人氣。刨冰使用松月氷室的天然冰，有黑糖蜜黃豆粉與芒果兩種口味。僅烤番薯（1條400日圓）外帶OK。

↪位於御幸町號誌燈旁。圓形窗戶相當可愛

☎0288-53-2208　MAP附錄②22 F-4
⏱10:00～17:00　休不定休　所日光市御幸町601-3　🚃JR、東武日光站搭東武巴士往中禅寺湖方向5分，日光支所前下車，步行1分　🅿6輛

期間全年
※冰用完打烊

冰冰甜甜的烤番薯和香氣濃厚的黑糖蜜黃豆粉非常配

\\ 經典人氣!! //

↪「天使的甜點套餐 -彩-」850日圓。番薯、優格、飲料（咖啡或紅茶）一套

附烤番薯和風黑糖蜜黃豆粉
800日圓
滿滿自家製的黑糖蜜與現磨黃豆粉。附上高雅香甜的烤番薯

期間全年
※冰用完打烊

日光珈琲 御用邸通
●にっこうこーひーごようていどおり

咖啡廳改造大正末期至昭和初期建造的舊商家而成，是保有當時風情的舒適空間。悠閒地享受一杯杯細心使用自家烘培豆沖泡的咖啡，配上店家自豪的甜點吧。

草莓果肉滿滿分量十足的刨冰。

MAP附錄②23 B-3
☎0288-53-2335
⏱10:00～17:00（18:00打烊）　休週一（逢假日則翌日休）；每月第1、3週二　所日光市本町3-13　🚃JR、東武日光站搭東武巴士往中禅寺湖方向10分，西參道下車，步行3分　🅿7輛

↪格子門與藍色的暖簾，親切的門前町氛圍

刨冰 爽 栃乙女 淋煉乳　**864日圓**
日光四代目德次郎的天然冰。淋醬使用栃木產的草莓

\\ 經典人氣!! //

↪「蛋糕套餐（起司蛋糕）」1080日圓。細心手作的蛋糕微微帶有香草的香氣。可外帶

菓子工房 Cafe de Garcon
●かしこうぼうカフェドギャルソン

從日光站步行20分，位於日光運動公園內的蛋糕店。最有人氣的起司蛋糕，不起眼的外觀卻是香氣四溢，口感驚人地軟嫩。雖然基本上都是外帶，但也可於購買後在店內享用。

☎0288-25-3585　MAP附錄②20 H-3
⏱10:00～19:00　休週一　所日光市所野2833-2　🚃JR、東武日光站步行20分　🅿200輛（日光運動公園停車場）

講究酸味與香濃調合4種起司製作

↪地點位於心情能放鬆休息的公園內

Garcon Cheese
400日圓
因為僅烘烤表面的派皮，所以裡頭微微濕潤

CAFÉ FLEUR

1977年開業以來吸引眾多粉絲。除了2種起司蛋糕，輕食也相當豐富。烘烤型起司蛋糕不使用小麥粉，仔細地在上層抹上酸奶油。

MAP附錄②22 H-5
☎0288-54-3113
⏱9:00～17:00　休不定休　所日光市松原町12-1　🚃東武日光站即到；JR日光站步行3分　🅿無

↪由東武日光站穿過國道119號即到

起司蛋糕
800日圓
搭上咖啡或紅茶為套餐。單點為420日圓。僅完整蛋糕可外帶

盡情享受在當地持續40年受到喜愛的不變美味

數量限定販售！
百年咖哩變身為派

評比老字號和菓子店
奉上的三種麵包脆餅

可愛的御朱印
參拜樂趣UP！

越吃越順口
反覆熟成的漬物

自家製的絕品布丁

使用當地素材

日光的伴手禮

這個絕對要買!!

從車站前到日光山內的路上，有好多想逛的伴手禮店！買給自己也好，當成禮物也好，來找個喜歡的吧♪

C 日光金谷飯店GIFT SHOP的
「百年咖哩派」 1個324日圓

能輕鬆吃到金谷飯店的名物——百年咖哩變成的咖哩派。每天早上10時出爐並陳列於店面。由於一定會售完，絕對想吃到的人就先預約吧。

☎0288-53-1361　MAP附錄②23 D-3
🕗8:00～18:00 (有季節性變動)
休無休　所日光市上鉢石町1300
🚃JR、東武日光站搭東武巴士往中禪寺湖方向8分，神橋下車步行3分　🅿60輛

B 日光ぷりん亭的
「乙女布丁」 400日圓(前)
「日光布丁」 380日圓(後)

使用日光霧降高原大笹牧場的牛乳和日光產的雞蛋。口感滑順柔嫩。乙女布丁有滿滿的栃木產草莓果凍。2017年開幕。

☎0288-25-6186　MAP附錄②22 E-3
🕗10:00～16:00　休不定休
所日光市上鉢石町1017　🚃JR、東武日光站搭東武巴士往中禪寺湖方向8分，神橋下車即到　🅿無

A 元祖日昇堂日光本店的
「日光麵包脆餅」 (3包入) 660日圓

經濟實惠感滿溢的組合，包含砂糖、抹茶、楓糖口味的麵包脆餅。只有老字號和菓子店親手製作才能感受到食材高雅的味道。

☎0288-53-0534　MAP附錄②22 E-3
🕗11:00～16:00　休不定休
所日光市上鉢石町1038-1　🚃JR、東武日光站搭東武巴士往中禪寺湖方向8分，神橋下車即到　🅿1輛

F 日光カステラ本舖 本店的
「蜂蜜蛋糕店的起司蛋糕」
1400日圓

蜂蜜蛋糕名店經幾番反覆試錯作出的起司蛋糕，濃厚的奶油起司在口中融化的美妙堪稱絕品。接連出現和蜂蜜蛋糕兩種一併選購的人。

☎0288-53-6171　MAP附錄②23 B-3
🕗9:00～18:00 (視時節而異)　休無休
所日光市本町1-8　🚃JR、東武日光站搭東武巴士往中禪寺湖方向10分，西參道入口下車即到　🅿20輛

E つけもの樋山 日光店的
「醬油醃蕗蕎」 1包648日圓(右)
「蘿蔔」 1包540日圓(左)

於秘傳醬油中醃漬熟成的醃菜，完全無添加防腐劑、人工色素，只使用國產的原料製作。口感清脆且味道香濃有深度，作為伴手禮相當有人氣。

☎0288-53-5111　MAP附錄②22 G-4
🕗9:30～17:00 (12～4月為10:00～16:00)　休無休
所日光市石屋町414　🚃JR、東武日光站步行4分　🅿1輛

D TEN to MARU的
「御朱印帖」 1944日圓(左、右後)
「漆の御朱印帖」 4860日圓(正中間)

京都職人親手製作的御朱印帖。2018年起也加入了裝飾有漆與日光雕技法的新商品。參拜前一定要先入手。照片左的束帶為864日圓。

☎080-1224-8630　MAP附錄②23 C-3
🕗11:00～16:00 (有變更)　休不定休 (有臨時休)
所日光市安川町4-23　🚃JR、東武日光站搭東武巴士往中禪寺湖方向10分，西參道入口下車，步行2分　🅿無

鮮活的日光雕
小物收納盒上飾有

作為日光參拜紀念
挑個花色吉祥的小碟

※小碟花色視進貨而異

蜂蜜蛋糕店
講究的起司蛋糕

散發小麥香氣、
加入大量牛乳的吐司

在飯店早餐受到好評的
濃厚自家製果醬

勿看、勿言、勿聽
以日光三猿作成的人形燒

繪上品味洋溢的
日光郵戳商品

I 金谷Bakery東武日光站前店的
「皇家吐司」 小526日圓

從明治時期起延續傳統的「金谷麵包」專賣店。最有人氣的是這個吐司，當地人也常來光顧。要購買最好是早點來。

☎0288-54-1313 MAP附錄②22 H-5
🕐9:00〜18:00（視時期而異）
休無休 所日光市松原町1-7
🚃東武日光站即到；JR日光站步行3分 P無

L 日光人形燒みしまや的
「三猿與山茶花」 590日圓

與日光雕「三島屋」併設的人形燒店。微微濕潤富有彈力的外皮中，滿是滑順的紅豆餡。也可單買1個（三猿1個130日圓）。

☎0288-54-0488 MAP附錄②22 G-4
🕐9:30〜售完打烊 休週四
所日光市石屋町440
🚃JR、東武日光站步行10分 P1輛

H 日光車站經典飯店的
「胡蘿蔔番茄醬」 540日圓（右）
「蘋果醬」 540日圓（左）

於飯店早餐時供應的自家製果醬，可在GIFT SHOP購得。視季節而定，在自家菜園採收的草莓與番茄也會製成果醬販售。

☎0288-53-1000 MAP附錄②22 H-5
🕐7:00〜21:00 休無休
所日光市相生町3-1 JR日光站即到；東武日光站步行3分 P40輛

K 吉見屋的
「手鏡」 300日圓（右）
「徽章」 200日圓（正中間、左）

畫家香川大介的選貨店。在舊日光市內擁有風景印（郵戳）的郵局有五間，「日光本町郵局」的正是由香川設計。不容錯過的日光伴手禮。

☎0288-87-4032 MAP附錄②23 C-3
🕐11:00〜18:00 休週二（有冬季休）
所日光市安川町5-19 JR、東武日光站搭東武巴士往中禪寺湖方向10分，西參道入口下車，步行2分 P無

G cafe&gallery 仁右衛門的
「小碟」 756日圓（左） 1080日圓（右）

從全國窯戶精選的器皿、日雜貨等。無論男女老少都愛不釋手的小碟有久谷燒、瀨戶燒等各種類型。三猿的玻璃雕刻人氣也非常高。

☎0288-54-0382 MAP附錄②22 G-4
🕐10:00〜18:00（12〜3月為17:00）
休週三、每月第2、4週四 所日光市石屋町418-1 JR、東武日光站步行5分 P2輛

J WOOD MOCC的
「日光雕」 各4000日圓

職人一個個手工製作完成的日光雕小物收納盒，雕刻細膩的山茶花與櫻花相當出色。是能使用一輩子的逸品。除此之外還備有許多木製雜貨。

☎0288-54-0404 MAP附錄②22 G-5
🕐9:30〜17:30 休週三（逢假日則營業） 所日光市松原町9-2 東武日光站即到；JR日光站步行3分 P4輛

憖滿之淵 ●かんまんがふち
溪谷

景點

MAP 附錄②23 A-4

☎0288-22-1525
（日光市觀光協會）

散步於富奇景盛名的溪谷

由男體山噴發的熔岩侵蝕而成的溪谷之美，不愧被稱為奇景。能走看石佛等地的健行路線「憖滿之路」上，也有以蕎麥糰子為名物的茶店，以及不住宿溫泉「やしおの湯」。

所需時間 1小時

🚶自由參觀
📍日光市匠町
🚌JR、東武日光站搭東武巴士往中禪寺湖方向10分，西參道下車，步行20分
🅿13輛

←據說每次數量都會不同的「化地藏」

→來寧靜的溪谷散步吧

還有推薦這些！

日光市區
にっこうしがい

曯目景點

MAP 附錄② P.18・20・22　住宿資訊 P.52

介紹在附錄②
●日光白根山空中纜車 …… 附錄②P.5
●日光口PA ……………… 附錄②P.11

日光Activity Tour FullTime
自行車租借　MAP 附錄②23 C-3

●にっこうアクティビティツアーフルタイム

玩樂

☎070-4346-8506

透過自行車重新發現日光的魅力

租借各式自行車，並且提供能實際感受日光自然風光的自行車之旅。從遊覽市區到金精峠DOWNHILL皆可享受。

🕙10:00～16:00
休無休　💴登山自行車租借1日2000日圓，普通自行車租借1日1000日圓
📍日光市安川町4-23
🚌JR、東武日光站搭東武巴士往中禪寺湖方向10分，西參道下車即到
🅿無

↑能輕鬆前往隱藏版名勝

日光植物園
植物園　MAP 附錄②23 A-4

●にっこうしょくぶつえん

景點

☎0288-54-0206

約有2200種品種的植物樂園

能見到日光與世界各地的植物。園內達10萬6980m²的腹地也很適合散步。

🕙4月15日～11月30日為9:00～16:00（閉園為16:30）
休週一（逢假日則翌日休）
💴成人400日圓、兒童130日圓
📍日光市花石町1842
🚌JR、東武日光站搭東武巴士往中禪寺湖方向14分，日光植物園下車即到
🅿50輛

↑在廣大的園內享受森林浴吧

小杉放菴紀念日光美術館
美術館　MAP 附錄②22 E-3

●こすぎほうあんきねんにっこうびじゅつかん

景點

☎0288-50-1200

鑑賞日光出身畫家的畫作

主要展示活躍於明治、大正、昭和的日光出身畫家──小杉放菴之畫作。

🕙9:30～16:30（閉館為17:00）
休週一（逢假日則翌日休，有臨時休）
💴成人640日圓、大學生460日圓、高中生以下免費
📍日光市山內2388-3
🚌JR、東武日光站搭東武巴士往中禪寺湖方向8分，神橋下車，步行3分
🅿65輛（參觀美術館時1小時免費）

↓也推薦在綠意盎然的周圍散步

日光Strawberry Park
觀光農園　MAP 附錄②18 E-4

●にっこうストロベリーパーク

玩樂

☎0288-22-0615

日光產安心又好吃的草莓

減少使用化肥料，對有機肥料與減少農藥相當講究，栽培栃乙女等草莓。也有採草莓吃到飽跟販售果醬等商品。

🕙12月上旬～6月上旬為10:00～15:30（閉園為16:00）
休週二（逢假日則營業）
💴成人1500日圓～、兒童1000日圓～
📍日光市芹沼3581
🚌東武日光線下今市站搭計程車10分
🅿60輛

↑來吃嘗當季草莓吧

日本聖公會 日光真光教堂
教堂　MAP 附錄②23 B-3

●にっぽんせいこうかいにっこうしんこうきょうかい

景點

☎0288-54-3464

渾厚的哥德式教堂

於明治、大正時期，以建築設計師、傳教師身分活躍並留下足跡的加丁納所設計的教堂。

🕙9:00～17:00（11～2月為16:30）
休不定休（管理人不在時則不可參觀）
💴免費
📍日光市本町1-6
🚌JR、東武日光站搭東武巴士往中禪寺湖方向10分，西參道入口下車即到
🅿10輛

↑縣指定有形文化財

CLOSE UP! 前往能量景點吧！

→日光三名瀑之一

→現在內側不可通行

裏見瀑布 ●うらみのたき
MAP 附錄②20 F-3

☎0288-22-1525（日光市觀光協會）
🚶自由參觀　📍日光市丹勢町
🚌JR、東武日光站搭東武巴士往中禪寺湖方向16分，裏見の瀧入口下車，步行40分
🅿20輛

日光是能量景點的寶庫。裏見瀑布裡頭有不動明王像，以及據說將小石頭擲入洞裡，就會有好事發生的瀧尾神社「試運鳥居」，從這裡獲得能量吧。

瀧尾神社
●たきのおじんじゃ

MAP 附錄②20 G-3

☎0288-54-0535（二荒山神社）
🚶自由參觀　📍日光市山內2310-1
🚌JR、東武日光站搭東武巴士往中禪寺湖方向8分，神橋下車，步行30分
🅿10輛

→朝鳥居的洞投擲小石子吧

CLOSE UP!

去工廠參觀吧！

使用日光好水的豆腐工廠與豆腐皮工廠，可供參觀。學習各式各樣的製造工程，可試吃剛做好的產品。

太子食品工業 日光工廠
●たいししょくひんこうぎょうにっこうこうじょう MAP附錄②18 E-4
☎0120-707-102
🕐10:00～16:00(打烊)
休無休
¥免費參觀(豆腐製作體驗300日圓)
所日光市町谷739-1
🚃東武線下今市站搭計程車15分
P18輛

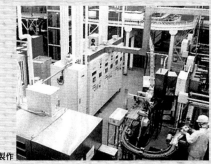
→可體驗豆腐製作

日光豆腐皮製造 日光工廠
●にっこうゆばせいぞうにっこうこうじょう MAP附錄②18 E-5
☎0288-26-4890
🕐商店9:00～17:00(參觀&體驗為週一～週六10:00～15:00之間，具體詳談)
休週日、假日(商店與試吃為營業)、特定週三
¥需洽詢
所日光市猪倉赤堀3589
🚃JR下野大澤站搭計程車10分
P50輛

→可試吃日光豆腐皮

壽司 MAP附錄②22 E-4

元祖湯波壽司 寿司秀 美食
●がんそゆばずしすしひで ☎0288-54-1300

把講究的豆腐皮作成壽司
使用2種豆腐皮，附有舞菇與豆腐清湯的「湯波壽司」1836日圓，是這裡才有的原創料理。新鮮的「岩魚壽司」1836日圓等也請一定要嚐嚐。

🕐11:00～19:00(售完打烊，需確認)
休不定休 ¥全豆腐皮御膳1512日圓
所日光市下鉢石町808 🚃JR、東武日光站搭東武巴士往中禪寺湖方向，日光郷土センタ前下車，步行4分 P5輛
→用豆腐皮取代軍艦卷的海苔

割烹 MAP附錄②23 B-3

日本料理 日光 高井家 美食
●にほんりょうり にっこうたかいや ☎0288-53-0043

二社一寺的僧侶與神職人員也享用過
創業於文化2(1805)年為老店中的老字號，在此能品嘗到日光當季的美味。獨棟的店舖具有日式房屋的風情，也有隨四季流轉的美麗庭園。

🕐12:00～14:00、17:00～20:00(需預約) 休不定休 ¥午餐5000日圓～、晚餐7000日圓～(稅、服務費另計) 所日光市本町4-9 🚃JR、東武日光站搭東武巴士往中禪寺湖方向10分，西參道下車，步行3分 P8輛
→生魚片、天婦羅等，活用豆腐皮滋味的「豆腐皮懷石午餐」5000日圓～(稅、服務費另計)

蕎麥麵 MAP附錄②22 E-3

そば処 神橋庵 美食
●そばどころ しんきょうあん ☎0288-54-1108

蕎麥麵與豆腐皮搭配相得益彰
在有歷史的建築中能品嘗到蕎麥麵。推薦放入不少大片豆腐皮的豆腐皮蕎麥麵。

🕐11:00～17:00
休不定休
¥全豆腐皮便當2160日圓
所日光市上鉢石町1024
🚃JR、東武日光站搭東武巴士往中禪寺湖方向8分，神橋下車即到
P13輛
→「豆腐皮蕎麥麵」1080日圓

鰻魚 MAP附錄②22 E-3

澤本 美食
●さわもと ☎0288-54-0163

以秘傳醬汁為傲的鰻魚盒飯
只使用嚴選自國內產的鰻魚，用炭火燒烤鰻魚的專賣店。柔嫩的鰻魚與代代傳承的秘傳醬汁非常匹配。

🕐11:30～13:40
休不定休 ¥鰻魚盒飯2600日圓 所日光市上鉢石町1037-1
🚃JR、東武日光站搭東武巴士往中禪寺湖方向8分，神橋下車即到
P10輛
→位置在日光街道旁

乳製品 MAP附錄②22 G-4

大笹牧場 日光直營賣店 購物
●おおざさぼくじょう にっこうちょくえいばいてん ☎0288-54-0033

販賣使用稀有牛乳製作的乳製品
位於霧降高原的大笹牧場(→P.43)之直營店，售有使用稀有瑞士黃牛牛乳製作的生乳醬及霜淇淋。內用也OK。

🕐9:00～17:00
休週三(逢假日則翌日休)
所日光市松原町6-4
🚃東武日光站即到；JR日光站步行3分 P10輛
→「生乳醬」650日圓

牛排 MAP附錄②20 H-3

日光GURUMAN'S和牛 美食
●にっこうグルマンズ わぎゅう ☎0288-53-3232

極致的和牛牛排
專賣岩手縣前澤產最高級黑毛和牛的牛排專賣店。針對各種肉質、脂肪分別細心煎烤，以最好的狀態提供給顧客食用。

🕐11:00～14:00、17:30～19:30(需預約) 休週三(逢假日則翌日休) 所日光市所野1541-297 🚃JR、東武日光站搭東武巴士往霧降高原或大笹牧場方向5分，丸美下車，步行5分 P20輛
→牛排全餐，午餐為4752日圓～

不住宿溫泉 MAP附錄②22 H-5

不住宿溫泉「Eki Spa」 溫泉
●ひがえりおんせん えきスパ ☎0288-53-1000

在車站前飯店的溫泉放鬆一下吧！
位於日光車站經典飯店(→P.53)內，自家源泉的天然溫泉。男女各有2個室內浴池與露天浴池。

🕐11:00～23:00
休無休
¥成人700日圓、兒童500日圓
所日光市相生町3-1
🚃JR日光站即到；東武日光站步行3分
P40輛
→觀光歸途中順道來一下也很好

精肉店 MAP附錄②23 C-3

吉原精肉店 購物
●よしはらせいにくてん ☎0288-54-3304

引起排隊人潮的絕品炸雞塊！
使用無投藥、以植物性飼料飼養的那須雞所作成的炸雞塊，可用杯子外帶(400日圓)。柔軟又多汁的味道相當受歡迎。

🕐10:30～17:30
休週三
所日光市安川町4-4
🚃JR、東武日光站搭東武巴士往中禪寺湖方向10分，西參道下車即到
P無
→每一塊都很大

絕景&人氣景點一日玩透！

高原爽快兜風

開車奔馳在霧降高原道路上，享受高原兜風吧。日光三名瀑的霧降瀑布，能看見北萱草簇生的萱草平、絕景的六方澤橋，還有可接觸動物的大笹牧場等，是能夠享盡大自然的爽快路線。

是這樣的地方！

在從日光市區稍微走遠一些的高原，享受絕佳景色吧。接觸大自然及牧場的動物們，體驗感動！在綠意包圍的場所，也盡情享受只有在當地才有的美味吧。

享受花與瀑布絕景的度假勝地

霧降高原
きりふりこうげん

MAP 附錄②P.20
住宿資訊 P.52

洽詢
日光市觀光協會
0288-22-1525
東武巴士日光 日光營業處
0288-54-1138

ACCESS

巴士｜JR·東武日光站 —東武巴士→ 霧降高原
所需時間／25分 費用／720日圓

車｜日光宇都宮道路 日光IC 119 169 霧降高原
所需時間／30分 5km

兜風路線

行駛時間／約1小時30分
行駛距離／約43km START

10:00 日光宇都宮道路 日光IC
↓ 約5.2km
10:30 1 霧降瀑布
↓ 約190m
11:00 2 山のレストラン
↓ 約1.9km
12:20 3 Café OWL
↓ 約6.1km
13:00 4 霧降高原萱草平園地
↓ 約1.7km
15:00 5 六方澤橋
↓ 約6.9km
15:20 6 大笹牧場
↓ 約17.9km
17:00 7 不住宿溫泉「ほの香」
↓ 約2.9km
19:00 日光宇都宮道路 日光IC GOAL

兜風要點

★ 最好在北萱草開花的6月中旬到7月中旬前往。花從早到傍晚都會開著，可放心觀賞。
★ 誠如其名為多霧地區，所以開車時要多加小心。

---

4 從霧降高原萱草平園地一覽關東平原

●きりふりこうげんキスゲだいらえんち

0288-53-5337
MAP附錄②20 F-1
自由參觀 日光市所野
JR、東武日光站搭東武巴士往霧降高原或大笹牧場28分，霧降高原下車，步行5分 P1：23台、P2：20輛、P3：126輛

能一邊走在步道上一邊享受以北萱草群聚知名的高原。可一覽關東平原，有雲海時更是絕景。附設可用餐的餐廳。

刨冰 800日圓～
使用日光四代目德次郎天然冰的刨冰

3 Café OWL
品嘗天然刨冰甜點
●カフェアウル

→位於霧降高原半山腰，能盡情享受大自然
0288-53-2877 MAP附錄②20 H-2
4月下旬～11月上旬10:00～17:00
休週二 日光市所野1535-227 JR、東武日光站搭東武巴士往霧降高原或大笹牧場方向15分，隱れ三滝入口下車，步行5分 P50輛

在日光霧降高原CHIRORIN村內的咖啡廳，使用日光天然冰的刨冰廣受好評。也推薦它的起司蛋糕。

↓建造在大自然中的絕佳好點

2 在地點超群的山のレストラン午餐
●やまのレストラン

日附 「生鮭魚片佐醬」1296圓
「香草」

和風燒烤豬肋排 2700日圓
富有活力且分量滿點的一道

北美風的咖啡廳餐廳。以燒烤菜單為主，能品嘗到分量十足的肉類料理。
0288-50-1525 MAP附錄②20 H-2
10:00～19:00(冬季為11:00～)
休週三(逢假日則不定休)
日光市所野1546 霧降瀑布 JR、東武日光站搭東武巴士往霧降高原或大笹牧場10分，霧降の滝入り口下車即到 P100輛

↓在滿溢原木溫度的店，悠哉享用餐點

---

1 觀賞日光三名瀑之一霧降瀑布
●きりふりのたき

日光三名瀑之一。瀑布分為兩層，沖擊岩石的水流如霧一般降下而得此名。瀑布流淌在隨季節變換為新綠或紅葉的林木間，景色相當美麗。散步道路的終點有觀瀑台。

0288-22-1525
(日光市觀光協會) MAP附錄②20 H-2
自由參觀 日光市所野 JR、東武日光站搭東武巴士往霧降高原或大笹牧場10分，霧降の滝下車，步行20分 P約100輛

→神秘的瀑布，紅葉時節的景觀相當美麗

42

◐無色透明，100%自家源泉的溫泉，也可期待它的美膚功效。

⑦ 於不住宿溫泉「ほの香」消除旅途的疲勞

●ひがえりおんせんほのか

位於「歐悠飯店」（→P.53）內，天然溫泉放流的不住宿溫泉設施。馬路對面的姊妹店「歐洲城市酒店」（→P.52）也有免費的足湯。

☎0288-53-0500　**MAP**附錄②22 G-2
🕙10:00～22:00　休無休　¥500日圓　所日光市所野1550-38　➡JR、東武日光站搭東武巴士往霧降高原方向5分，丸美下車即到　Ｐ60輛

北萱草是怎樣的花？
花莖高約80cm的百合科多年生植物。因為在日光有很多此花，所以日文名稱為「ニッコウキスゲ」。

天氣好的話，能一眼盡覽關東平原的霧降高原萱草平園地

⑥ 在大笹牧場盡情享受大自然

●おおざさぼくじょう

地點超群且擁有豐富的自然環境。在小山羊之丘給山羊等動物餵食飼料，也可在附設的體驗工房體驗製作冰淇淋與奶油。用產量稀少的瑞士黃牛乳所製作的原創乳製品很有人氣。

☎0288-97-1116　**MAP**附錄②19 D-3
🕙8:45～16:45　休無休（1～2月為週三、四休）※體驗為4月下旬～11月上旬的週末及暑假期間實施　¥免費入場　所日光市瀬尾大笹原3405　➡JR、東武日光站搭東武巴士往大笹牧場方向（4～11月行駛）48分，終點下車即到　Ｐ600輛

↑也有罕見的迷你馬

→在小山羊之丘體驗餵食可愛的山羊

大笹牧場美食&伴手禮

牛乳比利時鬆餅
5片入1100日圓
使用瑞士黃牛牛乳製成，風味豐富的牛乳比利時鬆餅

牛奶霜淇淋
400日圓
使用瑞士黃牛牛乳製成的霜淇淋，味道濃厚帶點微甜味

生乳醬
650日圓
使用瑞士黃牛牛乳，以小火熬煮收汁，作出風味豐富的生乳醬

←享受從稍遠的地方觀望高大雄偉的橋梁全貌吧

⑤ 從斷崖絕壁的六方澤橋飽覽134m下的景色

●ろっぽうざわばし

海拔1434m，距谷底134m高的上路式拱橋。橋上是能夠一覽關東平原的絕佳觀景景點。橋的前後有停車場，推薦兜風時順路過來，走在橋上看看吧。　**MAP**附錄②20 G-1

☎0288-22-1525（日光市觀光協會）
🕙自由參觀　所日光市瀬尾　➡JR、東武日光站搭東武巴士往大笹牧場方向30分，六方沢橋下車，步行3分　Ｐ約20輛

↑走在充滿開放威的天空迴廊（階梯）看看吧

兜風路線地圖

川俣溫泉、川治溫泉
0　　1　　2km

⑥ 大笹牧場
⑤ 六方澤橋
④ 霧降高原萱草平園地
霧降高原
Café OWL ③
① 霧降瀑布
GLASS STUDIO PUNTY
山のレストラン ②
阿原農園・日光
不住宿溫泉「ほの香」⑦
中禪寺湖
東照寺 120
やまがたや
One Play-it
日光
START&GOAL
清瀧
日光宇都宮道路
東武日光
宇都宮IC

還有這些！　順路景點推薦

やまがたや

用日光的水製作手打蕎麥麵與烏龍麵的店家。「力蕎麥麵」850日圓放有自製糯米製作的麻糬，相當受歡迎。**MAP**附錄②22 H-2

☎0288-53-5310
🕙11:00～售完打烊　休週四，有其他不定休　所日光市所野1550-28　➡JR、東武日光站搭東武巴士往霧降高原或大笹牧場方向4分，下丸美下車即到　Ｐ30輛

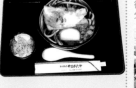

阿原農園・日光

あはらのうえんにっこう

有機栽培的草莓＆番茄園。可現採品嘗「栃乙女」等品種的草莓跟番茄。
MAP附錄②22 G-2

☎0288-53-3379（歐悠飯店）
🕙10:00～16:00（入場為～15:30，需預約）　休無休　¥採草莓30分1800日圓、採草莓＆番茄50分2800日圓～　所日光市所野1550-38　➡JR、東武日光站搭東武巴士往霧降高原或大笹牧場方向5分，丸美下車即到　Ｐ60輛

One Play-it

ワンプレイト

在這裡可參加拉坯或手捏等真正的陶藝體驗。也有製作蠟燭、戶外活動體驗。
MAP附錄②22 H-2

☎0288-53-3379
🕙9:30～18:00（體驗受理為～16:00）　休週四（8月為無休）　¥1日體驗教室／手捏陶3300日圓等→運費另計　所日光市所野1550-73　➡JR、東武日光站搭東武巴士往霧降高原或大笹牧場方向4分，下丸美下車即到　Ｐ15輛

GLASS STUDIO PUNTY

吹玻璃工房。MY GLASS──20分體驗製作教室相當受歡迎。請一定要帶個專家的作品當伴手禮。
MAP附錄②20 H-2

☎0288-54-1688
🕙9:00～18:00　休週二、每月第4週三（逢假日則營業，連休期間則無休）　所日光市所野1541-1499　➡JR、東武日光站搭計程車6分（有接送，需預約）　Ｐ20輛

日光

高原爽快兜風

鬼怒川

那須高原

鹽原溫泉鄉

伊呂波山道
●いろはざか

連結日光市內與中禪寺湖的道路，海拔落差約440m。上行專用（第二）及下行專用（第一）的彎道總計高達48個的驚人數目！分別立有以「いろはにほへと〜」標示的音節字母看板，直到坡道結束還有多少彎道呢？試著確認看看吧。

MAP 附錄②21 D-4

☎0288-22-1525（日光市觀光協會）

🏠日光市細尾町

🚗從日光宇都宮道路清滝IC，走國道120號往中禪寺湖方向，車程4km

➡由於此路有一連串的髮夾彎，容易暈車的人要特別注意

秋 每次轉彎就能發現各種不同的紅葉風貌！

1987年獲選「日本道路100選」

彎彎繞繞兜風！

➡日光周圍屢有野生獼猴出沒。嚴禁餵食

可能會遇到野生獼猴？

是這樣的地方！

在雄偉的大自然中，享受絕佳景色

中禪寺湖
（ちゅうぜんじこ）

據說中禪寺湖是在約2萬年前因男體山噴發而形成的。能享受到華嚴瀑布等美景勝地，以及明治時期避暑勝地的昔日風貌。此外，新綠與紅葉等時節交織出幅員遼闊的自然風景，非常漂亮。

MAP
附錄②P.20
住宿資訊 P.54

洽詢
日光市觀光協會
☎0288-22-1525
東武巴士日光 日光營業處
☎0288-54-1138

ACCESS

🚌巴士	JR・東武日光站	東武巴士	中禪寺溫泉
	⏱所需時間／45分	💴費用／1150日圓	

🚗車	日光宇都宮道路 清滝IC	120	中禪寺溫泉
	⏱所需時間／30分	🚗13km	

探尋絕景！

從伊呂波山道往中禪寺湖

約2km

120

←往中禪寺湖方向

日光宇都宮道路清滝IC

兜風START!!

➡新綠季節或夏季，打開車窗暢快兜風吧！

作為絕景兜風景點而大受歡迎的伊呂波坂〜中禪寺湖。理由是伊呂波山道沿途滿布著鮮明的紅葉，穿越伊呂波山道後，就能接著欣賞莊嚴的瀑布與寬闊的湖泊等令人屏息的美麗景色。欣賞完車窗外的風光色之後，也一併探訪各個名勝吧！

要兜風的話!!

最佳旅遊季節的概略時間

紅葉
伊呂波山道 10月中旬〜下旬
中禪寺湖 10月中旬〜下旬
※每年不同，需確認

賞楓季節必塞！
假日從日光站到中禪寺湖，一般為35分的路程也有花2小時以上才到的情形，因此要提早時間早點通過伊呂波山道。伊呂波山道上下行皆為單行道。

丸沼高原
湯元溫泉
120 光德沼
奧日光
⑥中禪寺湖畔 BOAT HOUSE
男體山 2486 日光市
中禪寺湖 ⑤
MAPLE RESTAURANT
La cuisine naturelle Café de Savoie Feu de Bois
第一伊呂波山道 沼ノ平
立木觀音堂
①伊呂波山道
②明智平展望台
③華嚴瀑布
半月山展望台④
第二伊呂波山道（至明智平展望台為止為單行道）
清滝
START&GOAL
日光東照宮
日光線
日光
日光宇都宮道路
宇都宮IC
網生

秋 180度大全景一覽 壯麗的瀑布與湖泊

日光

從伊呂波山道往中禪寺湖

鬼怒川

那須高原

鹽原溫泉鄉

冬

⬅1933年開業以來，大批人潮到此拜訪

2

明智平展望台
● あけちだいらてんぼうだい

位於爬完上行專用的第二伊呂波山道之處，展望台的海拔為1373m。從停車場旁的明智平站搭乘空中纜車約3分，便能把日光的自然之美盡收眼底。

搭乘空中纜車抵達！

MAP 附錄②21 D-4
📞0288-55-0331 (明智平空中纜車)
🕐9:00～16:00 (視季節而異)
休無休 (天候不佳時，3月1～15日停駛)
💴成人來回730日圓，兒童來回370日圓
🏠日光市細尾町深沢709-5　🚃JR、東武日光站搭東武巴士往中禪寺湖方向40分，明智平下車即到
🅿10輛 (2018年7月工程結束後預計為50輛)

⬅從展望台向茶之木平方向有步道

⬅攝影的最佳景點就位在展望台站2樓的展望台

約2.5km

120

2

明智平展望台

景致令人驚嘆！

約2.5km

120

往下頁GO！

3

華嚴瀑布

從下方仰望瀑布！

中途下車

3

順路　美食

邊眺望湖泊邊用餐
MAPLE RESTAURANT

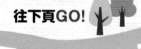

⬅「燉牛肉」2500日圓。套餐附自家製現烤麵包

景位於中禪寺湖畔，景觀出色頗受好評。在「養眼」景色相伴之下，能品嘗到使用栃木牛和鱒魚製作的料理。其中以手捏漢堡排與燉牛肉最受歡迎。

MAP 附錄②20 G-5
📞0288-55-0713
🕐9:00～17:00 (12～3月為10:00～16:00) ※17時以後需預約　休不定休
🏠日光市中宮祠2482
🚃JR、東武日光站搭東武巴士往中禪寺湖方向48分，中禪寺溫泉下車，步行8分　🅿20輛

華嚴瀑布
● けごんのたき

從高97m的斷崖上，豪邁奔流而下的瀑布，魄力十足。下電梯便有觀瀑台，可近看每秒達0.3t的水流傾洩而下之景。清晨來訪的話，也有可能見到因大量水花噴濺所形成的彩虹。

MAP 附錄②20 H-5
📞0288-55-0030
(華嚴瀑布電梯)
🕐8:00～17:00 (視季節而異，夏季為7:30～18:00)
休無休　🏠日光市中宮祠2479-2　🚃JR、東武日光站搭東武巴士往中禪寺湖方向48分，中禪寺溫泉下車，步行5分　🅿200輛 (收費)

⬆與和歌山縣那智瀑布、茨城縣袋田瀑布齊名同為日本三名瀑之一，相當知名

冬

⬆進入冬季時，似乎也有機會看到瀑布凍結形成的冰瀑

搭動電梯移動！

➡購買來回票販賣處

➡在車票販賣處購買來回票吧

➡可知下降了幾公尺

瀑布DATA
高度	97m
落下寬幅	7m
瀑下潭深	4.5m

夏

日本三名瀑之一豪爽的水聲與水量非常壯觀

秋

↑能看見遊覽中禪寺湖的船隻

4

半月山展望台
●はんげつやまてんぼうだい

中禪寺湖SKYLINE終點的停車場旁有登山入口，從入口步行約20分。雖然要爬一些山路，不過抵達之處有著令人覺得「特地爬上來真是太好了！」的絕景。以隨著四季變化展現不同面貌的男體山為背景，中禪寺湖的湖光山色不容錯過。

↑從超越海拔1700m的高台上眺望吧

MAP 附錄②21 C-5
☎0288-22-1525（日光市觀光協會）
⏰7:00～17:00（中禪寺湖SKYLINE的通行時間），11月下旬～4月中旬為停止通行 無休
日光市中宮祠 🚃JR、東武日光站搭東武巴士往中禪寺湖方向48分，在中禪寺湖溫泉下車，轉乘中禪寺湖SKYLINE半月山線巴士（僅於7、8、10、11月行駛，洽詢請至東武巴士日光0288-54-1138）20分，終點下車即到 P55輛

秋

↑穿著便於行走的鞋子走上去吧！

↑進入秋天的紅葉宛如寶石般為風景增添色彩

日光連峰的代表！

男體山 ●なんたいさん

也是日本百名山之一，海拔為2486m。因約2萬年前的噴發活動，山頂上有廬鉢形的火山口，在山麓也形成了中禪寺湖及華嚴瀑布。為山岳信仰之山，山頂有日光二荒山神社的奧宮坐鎮。每年7月31日舉行登拜祭，8月1日0時一到便會有大批人潮往山頂前進。

拍下中禪寺湖的絕景吧！

約9km

120
250

4
半月山展望台

在這條路的途中！

回到來時路！

120
250

約8.9km

義大利大使館別墅紀念公園 ➡P.48

英國大使館別墅紀念公園 ➡P.48

←復原為近似當時駐軍使用的模樣

←艇庫內也有展示和舟與遊艇

5

中禪寺湖
●ちゅうぜんじこ

追溯至2萬年前，據說是因男體山噴發而形成的堰塞湖。湖泊的海拔為日本第一高，特徵是湖水為清透的藍色。因渴求此景，在明治時期有諸多外國人在周邊建蓋別墅。也一同探訪留存至今的建築物吧。

MAP附錄②21 B-4

📞0288-22-1525
（日光市觀光協會）

🕐自由參觀 📍日光市中宮祠
🚌JR、東武日光站搭東武巴士往中禪寺湖方向48分，中禅寺温泉下車即到 🅿使用縣營停車場

秋
坐在木製甲板上享受度假村的氛圍

2017年夏，新型船登場！

中禪寺湖機船
●ちゅうぜんじこきせん

有四個停靠處，可環湖一圈（需55分），還有遊覽紅葉景點（需60分）等路線。能將兜風所見的景色，從湖上以不同的角度觀望，令人欣喜。新型船已於2017年登場。

📞0288-55-0360 **MAP**附錄②20 F-5
🕐4月中旬～11月30日、9:30～15:30（有季節性變動，6月18日停開） 🈚無休 📍日光市中宮祠2478 🚌JR、東武日光站搭東武巴士往湯元溫泉方向50分，遊覽船發着所下車即到 🅿使用縣營停車場

→睽違約20年的新型遊覽船「男體」

6

中禪寺湖畔BOAT HOUSE
●ちゅうぜんじこはんボートハウス

MAP付錄②21 B-3

現在的中禪寺金谷飯店（→P.54）所屬的BOAT HOUSE，建於昭和22（1947）年。木製甲板往湖泊推出，因此擁有出色的景觀。1樓展示有中禪寺湖休閒釣魚的歷史，以及鱒魚種類的標本。

📞0288-55-0880（日光自然博物館）
🕐4～11月の9:00～16:00（5月1日～11月10日為無休） 🈚週三（6～10月為無休） 🆓免費 📍日光市中宮祠2485-8 🚌JR、東武日光站搭東武巴士往湯元溫泉方向58分，中禅寺金谷ホテル前下車即到 🅿15輛

←也可租借天鵝船來個湖上漫步

↑步道設置完善，在周圍走走吧

→日暮時分的天空與湖面染上了一片緋紅

夏
日本海拔第一高的神祕湖泊

日光宇都宮道路
清滝IC

GOAL!

約16km

距中禪寺湖 BOAT HOUSE 約2.5km

回到來時路…

6
中禪寺湖
BOAT HOUSE

←往奧日光湯元方向 **120**

約3km

5
中禪寺湖

也可散策或划艇！

稍微走遠一些

美麗的二分瀑布
龍頭瀑布
●りゅうずのたき

全長約210m，流經熔岩上後落下。在接近瀑下深潭處一分為二的姿態宛如龍頭，據說瀑布可能就是由此得名。5月下旬～6月下旬可見到美麗綻放的東國三葉杜鵑。

MAP附錄②21 B-3
📞0288-22-1525（日光市觀光協會）
🕐自由參觀 📍日光市中宮祠 🚌JR、東武日光站搭東武巴士往湯元溫泉方向60分，竜頭の滝下車即到 🅿約40輛

→從階梯狀的岩層流洩

順路 美食

奧日光的法國食堂
La cuisine naturelle Café de Savoie
●ラキュイジーヌナチュレルカフェドサヴォア

供應曾在法國及比利時進修的主廚活用栃木的食材所製作的法國菜。不只供應全餐，也有單點跟甜點等，能輕鬆享受料理。

📞0288-55-1150 **MAP**附錄②20 F-5
🕐11:00～15:00、18:00～21:00 ※冬季需確認
🈚週三（1～3月為不定休） 📍日光市中宮祠2478 🚌JR、東武日光站搭東武巴士往湯元溫泉方向52分，中禅寺郵便局下車即到 🅿3輛

↑「奶油香煎中禪寺湖漁協的姬鱒」1800日圓。價錢有可能視大小而異，因此需確認。到了春天的話，也可能有野生姬鱒登場

小小麵包店
Feu de Bois
●フゥドボワ

→小小麵包店

各式麵包運用簡單材料帶出食材的原味，從硬麵包到丹麥酥皮麵包都有。每一種都味道醇厚，尤其是吐司麵包（1斤280日圓）擁有高人氣。

📞0288-55-1223 **MAP**附錄②20 G-5
🕐4～11月，8:30～17:30（售完打烊）
🈚週四、每月第1、3週三 📍日光市中宮祠2478 🚌JR、東武日光站搭東武巴士往中禪寺湖方向48分，中禅寺温泉下車，步行5分 🅿無

英國大使館別墅紀念公園
えいこくたいしかんべっそうきねんこうえん

位於中禪寺湖湖畔南岸的英國大使館別墅，本為給予明治維新極大影響的薩道義於明治29年建造的私人別墅。2016年起開始開放參觀。在別墅內可參觀到國際避暑勝地的基礎歷史，以及當時的英國文化等的生活方式

📞0288-55-0880（日光自然博物館） 🅜MAP附錄②21 C-4
🕐4月、11月11～30日為9:00～16:00（5月1日～11月10日為～17:00）
🈹週一（逢假日則翌日休）、6～10月為無休
💴成人200日圓、兒童100日圓（與鄰接的義大利大使館別墅紀念公園聯票為成人300日圓、兒童150日圓）🏠日光市中宮祠2482
🚌JR、東武日光站搭東武巴士往中禪寺湖方向48分，在中禪寺湖溫泉下車，轉乘中禪寺湖SKYLINE往半月山方向（僅8、10月行駛）5分，義大利·英國大使館別莊記念公園入口下車，步行6分（8、10月以外則要從中禪寺湖溫泉步行30分）🅿無（歌之濱停車場步行15分）

↑從窗戶望出的風景也非常漂亮

司康
（附英國紅茶）
1500日圓

↑司康是在館內烘焙製成的

↑大使們使用此別墅至2008年，其後復原建築並開放參觀

2F Tea Room
日光車站經典飯店所經營的英國文化交流室「Tea Room 南4番Classic」。在這裡可享受到駐日英國大使館主廚監修的司康與紅茶套餐。

↩一邊眺望著中禪寺湖，一邊度過下午茶時光吧

1F 展示室
展示著關於英國外交官薩道義的生涯，以及他喜愛的奧日光之自然、建築。2樓則介紹當時的英國文化。

↑日用品等也務必一看

↑2樓的寬廣緣廊，中禪寺湖風光映入眼簾。如畫般的風景一覽無遺。

美麗的 外國大使別墅

留存於中禪寺湖湖畔

各國的人們對文明開化時期的日本造成巨大的影響，而他們所選擇的避暑勝地便是中禪寺湖湖畔。從明治中期到昭和初期，建造了許多歐美各國的大使館與外國人的別墅。悠閒地散步在這流淌異國風情的區域吧。

本邸
歷任大使使用至1997年為止。1樓餐廳、起居室、書房合一的房間，2樓為寢室。是可舒適度過的空間。

↩排列著80年以上的骨董家具。沙發當然是義大利製的面料

↑能從1樓的寬廣緣廊一覽中禪寺湖。神遊於大使們欣賞過的景色中吧

仔細看看精緻的裝潢！

↑↩用竹子設計成六角形、菱形等的天花板，以及變身成各種紋樣的杉皮牆壁等，務必一見這匠心獨具的裝潢

↑展示大曾使用過的餐桌組

義大利大使館別墅紀念公園
イタリアたいしかんべっそうきねんこうえん

建築師安東尼雷蒙於昭和3（1928）年建造的別墅，以當時的設計圖為樣本復原別墅並開放參觀。運用中禪寺湖景觀的設計、圍繞杉皮和竹子的獨特內外裝潢等，想細細觀看這「與周邊環境的自然和諧」。在1樓的「Caffe Como」享受咖啡與餅乾等等。

📞0288-55-0880（日光自然博物館） 🅜MAP附錄②21 C-4
🕐4月、11月11～30日為9:00～16:00（5月1日～11月10日為～17:00）
🈹週一（逢假日則翌日休）、6～10月為無休 💴成人200日圓、兒童100日圓（與鄰接的英國大使館別墅紀念公園聯票為成人300日圓、兒童150日圓）🏠日光市中宮祠2482 🚌JR、東武日光站搭東武巴士往中禪寺湖方向48分，在中禪寺湖溫泉下車，轉乘中禪寺湖SKYLINE往半月山方向（僅8、10月行駛）5分，義大利·英國大使館別莊記念公園入口下車，步行6分（8、10月以外則要從中禪寺湖溫泉步行30分）🅿無（歌之濱停車場步行15分）

↑運用森林中的景致打造令人備感和諧的外觀

↑從緣廊能感受到四季的更迭

國際避暑地歷史館（副邸）
腹地內鄰接的副邸，展示有孕育國際性社交俱樂部的中禪寺湖歷史。與本邸不同，採活用森林景觀的設計。

還有推薦這些！

中禪寺湖
ちゅうぜんじこ
矚目景點

MAP 附錄② P.20
住宿資訊 P.54

咖啡廳 ｜ MAP 附錄② 20 G-5

咖啡廳

SAZANAMI
●さざなみ
☎0288-55-0075

以起司蛋糕為傲的老字號咖啡廳

中禪寺湖湖畔歷史最悠久的咖啡廳。自開店以來就有販售的「手作生起司蛋糕」450日圓相當有人氣。蛋糕套餐800日圓。

🕐4月的GW期間～11月20日9:00～16:00 休期間內不定休(8、10月則無休) 💴烤起司義大利麵套餐1000日圓 所日光市中宮祠2482 JR、東武日光站搭東武巴士往中禪寺湖方向48分，中禪寺溫泉下車，步行7分 P4輛

蕎麥麵 ｜ MAP 附錄② 20 G-5

美食

新月
●しんげつ
☎0288-55-0074

用日光湧泉製作的蕎麥麵

店家自己用石臼將栃木產的帶殼蕎麥磨成粉。能沾著使用購自京都的柴魚所製作的沾醬食用。

🕐11:30～16:00 (售完打烊) 休不定休 所日光市中宮祠2478 JR、東武日光站搭東武巴士往湯元溫泉方向50分，遊覽船發着所下車即到 P10輛

↑「日光豆腐皮與手打蕎麥麵的味覺觀光套餐」(1日限定10客) 1700日圓

餐廳 ｜ MAP 附錄② 21 B-3

美食

Coffee House Yukon
☎0288-55-0147

在金谷飯店直營的咖啡廳享用午餐

在位於國道旁的Coffee House，從陽台座位眺望中禪寺湖。

🕐10:00～16:00 (視季節而異，有冬季休) 休週三 💴百年咖哩飯1700日圓～ 所日光市中宮祠2482 JR、東武日光站搭東武巴士往湯元溫泉方向58分，中禪寺金谷ホテル前下車即到 P30輛

レストラン ｜ MAP 附錄② 20 G-5

美食

Restaurant Chez Hoshino
☎0288-55-0212

使用中禪寺湖美味食材的法國菜

作為歐洲各國的別墅區繁盛一時，瀰漫著舊時代美好的氛圍。使用當地產的虹鱒等食材，提供顧客獨特創新的法國菜。

🕐11:30～15:00、18:00～20:00 休週四 (12～3月為不定休、7月20日～8月31日、10月1日～11月3日則營業) 所日光市中宮祠2478 JR、東武日光站搭東武巴士往湯元溫泉方向50分，遊覽船發着所下車即到 P4輛

博物館 ｜ MAP 附錄② 20 H-5

景點

栃木縣立日光自然博物館
●とちぎけんりつにっこうしぜんはくぶつかん
☎0288-55-0880

能愉快學習奧日光的自然與歷史

可於此獲得最新的自然與觀光資訊等，是奧日光資訊的宣傳基地，也是奧日光自然體驗活動的據點。

🕐9:00～16:30 (11月11日～3月為10:00～15:30) 休無休 (11～5月為週一休) 💴成人510日圓、兒童250日圓 所日光市中宮祠2480-1 JR、東武日光站搭東武巴士往中禪寺湖方向48分，中禪寺溫泉下車即到 P無 (華嚴瀑布第1停車場步行2分)

↑建於綠意中的木屋風建築

↑可選擇主餐的「午餐全餐」2808日圓

↑被豐富大自然所包圍的博物館

CLOSE UP! 必見的能量景點

→看到的「替身瘤」
←往參道前進就會替人承受疾病等的

日光山中禪寺立木觀音
●にっこうさんちゅうぜんじたちきかんのん
MAP 附錄② 21 C-4

☎0288-55-0013 🕐8:00～17:00 (視季節而異) 休無休 💴參觀費500日圓 所日光市中宮祠2578 JR、東武日光站搭東武巴士往中禪寺湖方向48分，中禪寺溫泉下車，步行20分 P10輛

在中禪寺湖周邊也散布著強力的能量景點。遊覽史蹟與名為「良緣松」的樹木，提升運氣吧。

二荒山神社中宮祠
MAP 附錄② 20 E-5
●ふたらさんじんじゃちゅうぐうし

☎0288-55-0017 🕐9:00～17:00 (視季節而異) 休無休 所日光市中宮祠2484 JR、東武日光站搭東武巴士往中禪寺湖方向50分，二荒山神社前下車即到 P20輛

→有助實現願望的「良緣松」

觀察野鳥與植物吧！

健行

MAP 附錄②P.19・P.21
住宿資訊 P.55

能與可愛濕原植物相遇的自然寶庫

奧日光

おくにっこう

是這樣的地方！

悠閒走著，盡情享受戰場之原的豐富自然。愉快健行後，在湯之湖深處的湯元溫泉消除疲勞。因為依季節有不同的花朵綻放，令人想一再來訪。

洽詢
日光市觀光協會
☎0288-22-1525
東武巴士日光 日光營業處
☎0288-54-1138

ACCESS

巴士	JR・東武日光站	東武巴士	湯元溫泉
	所需時間／1小時25分		費用／1700日圓

車	清瀧IC	日光宇都宮道路 120	湯元溫泉
	所需時間／50分	26km	

↺赤沼分岐為往小田代原方向的分歧點，林木茂盛

↺ 6月時開著可愛白花的鬍子草

戰場之原路線

せんじょうがはらコース

與植物和野鳥相遇！

日光代表性的健行路線。由於路線幾乎是平路，就算是初次健行者也能放心。初夏有鬍子草，秋天則有紅葉，還能享受到鮮活的奧日光群山景觀。也可以與野鳥相遇。

路線的精彩之處

湯瀑布

奧日光三名瀑之一・水流豪邁地從約70m高的岸壁傾洩而下

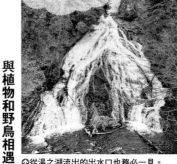

↺從湯之湖流出的出水口也務必一見。往外擴散流洩

```
GOAL  5  湯滝入口巴士站
      4  湯之湖      ← 步行5分
      3  湯瀑布      ← 步行即到
      2  泉門池      ← 步行40分
      1  赤沼分岐    ← 步行55分
START    龍頭瀑布    ← 步行35分
         竜頭の滝巴士站 ← 步行即到
```

路線DATA
步行距離／約5km
步行時間／約2小時20分
推薦季節／6～8月
賞楓季節／10月
交通方式／JR、東武日光站搭東武巴士往湯元溫泉方向1小時3分，竜頭の滝下車

MAP 附錄②21 B-3

奧日光的花圖鑑

蓮華杜鵑　　鬍子草　　6月

繡線菊　　大薊　　7月

獐牙菜　　秋麒麟草　　8月

蝦夷龍膽　　9月

西之湖〜千手之濱路線

さいのこ〜せんじゅがはまコース

如在夢中般的景色盡收眼底

從赤沼車庫搭低汙染巴士，一口氣前往森林深處。受原生林包圍的西之湖，以及寧靜的千手森林步道，有許多如幻境般的景色。路途相對平坦，就算是初次健行者也能輕鬆行走。

路線的精彩之處

千手之濱的九輪草

6月值得一見的群生九輪草。可愛的粉色花朵為千手之濱增添風采。

↑群生區域從千手ヶ浜巴士站沿著湖畔的步道往南走10分左右的地方

↺在千手之濱遠望男體山，如畫的風景在眼前展開

```
GOAL  5  千手ヶ浜巴士站
      4  千手之濱    ← 步行5分
      3  西之湖      ← 步行50分
      2  吊橋        ← 步行10分
      1  薊橋        ← 步行20分
START    西ノ湖入口巴士站 ← 步行5分
         赤沼車庫巴士站  ← 低汙染巴士22分
```

路線DATA
步行距離／約3km
步行時間／約1時間30分
推薦季節／6～8月
賞楓季節／10月
交通方式／JR、東武日光站搭東武巴士往湯元溫泉方向1小時6分，赤沼下車即到

MAP 附錄②19 A-4

在大自然之中
奧日光

在其他地方看不到的獨特景觀

小田代原路線
おだしろがはらコース

廣大的濕原——戰場之原位於日光國立公園海拔1400m的高地。其中周圍有許多整頓完善的自然探索步道，與植物及野鳥相遇的同時，還能享受健行樂趣。這裡挑選出3條對初次健行者來說也相當輕鬆且受到歡迎的路線。

路線的精彩之處
草紅葉
9月下旬～10月上旬，草叢的顏色會轉變，看起來就像是遍地紅葉一般

↑白色樹幹引人注目「小田代原的貴婦人」

路線DATA
- 步行距離　約7km
- 步行時間　約2小時20分
- 推薦季節　7～8月
- 賞楓季節　9月中旬～10月上旬
- 交通方式　JR、東武日光站搭東武巴士往湯元溫泉方向1小時6分，赤沼下車即到

MAP 附錄②21 B-3

GOAL ← 4 光德入口巴士站 ← 泉門池 步行30分 ← 3 小田代原展望台 步行40分 ← 2 石楠花橋 步行45分 ← 1 赤沼分岐 步行15分 ← 赤沼自然資訊中心 步行5分 **START**

從赤沼分岐劃分，繞著延伸於戰場之原西側的小田代原之路線。外圍一周約為3km的濕原，水楢樹將其與戰場之原隔開。從夏天到秋天綻放著各種植物的花朵。

←像是要將小田代原包圍一般，木棧道相當完善

戰場之原名字的由來

有男體山之神與赤城山之神為了一爭美麗的中禪寺湖，而在此處較量的傳說，這便是此處地名的由來。原是男體山噴發後堵塞湯川形成的湖泊，然而經過漫長的歲月後此處已演變成為濕原。

MAP 附錄②21 A-2

健行前後想順路去的
奧日光 推薦景點

源泉
げんせん

湧出白濁溫泉的源泉小屋並列著。為日本第4濃厚的硫磺泉。
MAP 附錄②21 D-1
☎0288-22-1525（日光市觀光協會）
⏰自由參觀　📍日光市湯元
�క JR、東武日光站搭東武巴士往湯元溫泉方向1小時28分，終點下車，步行5分　🅿無

湯元園地あんよの湯
ゆもとえんちあんよのゆ 
可輕鬆使用、有著屋頂的足湯。最多可容納40人。
MAP 附錄②21 D-1
☎0288-53-3795
（日光市觀光部日光觀光課）
⏰4月中旬～12月中旬，9:00～20:00
🈚期間無休　💴免費　📍日光市湯元
🚌JR、東武日光站搭東武巴士往湯元溫泉方向1小時28分，終點下車即到　🅿無

三本松茶屋
さんぼんまつちゃや

老字號的餐飲暨伴手禮店。也提供生態旅遊導覽。
MAP 附錄②21 B-2
☎0288-55-0287　⏰7:00～19:00　🈚無休
💴栃木番茄咖哩1000日圓　📍日光市中宮祠2493　🚌JR、東武日光站搭東武巴士往湯元溫泉方向1小時10分，三本松下車即到　🅿200輛（包含緊鄰的縣營免費停車場）

湯之湖
ゆのこ
被原生林包圍的湖泊。環湖約3km，約1小時可繞湖一圈。
MAP 附錄②21 C-3
☎0288-22-1525（日光市觀光協會）
⏰見自由參觀　📍日光市湯元
🚌JR、東武日光站搭東武巴士往湯元溫泉方向1小時21分，湖畔前下車即到　🅿58輛

光德牧場
こうとくぼくじょう
放牧牛隻的牧場。能品嘗到新鮮的牛乳等。
MAP 附錄②21 B-2
☎0288-55-0256　⏰9:00～17:00
🈚無休（11～4月為不定休）　💴免費　📍日光市中宮祠2452　🚌JR、東武日光站搭東武巴士往光德經由湯元溫泉方向1小時14分，光德溫泉・日光アストリアホテル下車步行5分　🅿50輛

赤沼自然資訊中心
あかぬましぜんじょうほうセンター

能獲得奧日光自然資訊的健行據點。休息OK。
MAP 附錄②21 B-3
☎0288-55-0880（日光自然博物館）
⏰4月26日～11月30日，9:00～16:00
🈚週一（6～10月為無休）
📍日光市中宮祠2480-1　🚌JR、東武日光站搭東武巴士往湯元溫泉方向1小時6分，赤沼下車即到　🅿140輛

奧日光健行路線地圖

| 戰場之原路線 |
| 西之湖、千手之濱路線 |
| 小田代原路線 |
| 低汙染巴士路線 |
| 低汙染巴士 巴士站 |

低汙染巴士
赤沼～小田代原～千手之濱間，為了要保護環境，行駛的低汙染動力巴士。在國道外可自由上下車。12/1～4/25停駛。單程300日圓（中途下車時，再次上車也需再付300日圓）

↑留有舊時代美好的風情，流淌明治風情的古典飯店

實際感受每個區域的魅力！

日光的住宿

一舉為您介紹從前往世界遺產——日光山內觀光也非常方便的市區住宿，到景觀出色的中禪寺湖畔住宿，以及被豐富自然包圍的奧日光住宿！

受到國內外著名人士喜愛的名門飯店

日光金谷飯店
（にっこうかなやホテル）

飯店擁有引以為傲的140年以上歷史，為日本現存最古早的西式飯店，幾處建築物受指定為登錄有形文化財。想盡情享受仍留有創業當時風貌的古典客房，還有在主要餐廳品嘗的料理。 →P.30•33

☎0288-54-0001　MAP附錄②23 D-3
所日光市上鉢石町1300　交JR、東武日光站搭東武巴士往中禪寺湖方向8分，神橋下車，步行3分　P60輛

住宿DATA
¥1泊2食 平日／27612日圓～
假日前日／29448日圓～（1房2人使用時，標準A房型）
in15:00　out11:00　湯無大浴場
日不可　C可

這裡最自豪
傳承的美味
在主要餐廳能品嘗到由歷任主廚傳承下來的傳統法國菜。

↗豪華房型的範例。就算是同一房型，內部裝潢也不盡相同，不管來住幾次也能愉快享受

能夠馬上就到東照宮
日光市區的住宿
在日光市區有許多不僅是交通位置良好，還擁有各種魅力的住宿！

歐洲城市酒店

有3種房型，全客房皆附有露天浴池。晚餐除了烤牛肉、螃蟹之外，甜點也是吃到飽。晚餐會場在歐悠飯店（→P.53）的餐廳。

☎0288-53-3838　MAP附錄②22 H-2
所日光市所野1550　交JR、東武日光站搭東武巴士往霧降高原方向5分，丸美下車即到　P30輛

住宿DATA
¥1泊2食 平日／12500日圓～
假日前日14500日圓～　in15:00　out10:00　湯露天：男1、女1／有客房露天／有包租　日不可　C不可

這裡最自豪
可選房型
有三種房型——附有陽台露天浴池的客房、別邸樓中樓、附有庭園露天浴池的樓中樓。

↘庭園露天浴池之一例

全客房附露天浴池的時尚飯店

↑除了露天浴池之外，也備有按摩浴缸、微氣泡浴缸

↑從客房就可享受到日光的四季風景

日光千姬物語
（にっこうせんひめものがたり）

純和風旅館位於步行5分可到日光東照宮的特別風景區。觀光便利就不用說了，旅館內還設有「美容＆SPA日光美人」，其中的玫瑰精油按摩、酵素浴相當受到女性歡迎。

☎0288-54-1010　MAP附錄②23 C-3
所日光市安川町6-48　交JR、東武日光站搭東武巴士往中禪寺湖方向9分，總合会館前下車即到（可從日光站免費接送住宿、不住宿午餐的顧客，固定班次）　P60輛

這裡最自豪
特選懷石膳
能盡情享用以「栃木和牛」及老字號「海老屋」的豆腐皮為主，嚴選食材製作的懷石料理。

盡情享用以當地季節食材製作的懷石料理

住宿DATA
¥1泊2食 平日／19050日圓～
休前日／24450日圓～　in15:00　out11:00
湯內湯：男1、女1／露天：男1、女1／有客房露天
日13:00～16:00／無休／1620日圓　C可

日光車站經典飯店
にっこうステーションホテルクラシック

以開業120年的JR日光站為形象，建造而成的摩登古典飯店。建於日光站的正對面，交通地點絕佳。1樓附設能享受飯店自家源泉的溫泉──不住宿溫泉「Eki Spa」。➡P.39・41

📞0288-53-1000 **MAP** 附錄②22 H-5
🏠日光市相生町3-1 🚃JR日光站即到，或東武日光站步行3分 🅿40輛

住宿DATA
¥1泊附早餐 平日／10000日圓～
休前日／12000日圓～ 🕒in15:00
🕒out10:00 🛁內湯:男2、女2／露天：男1、女1 🕐11:00～23:00／無休／700日圓(不住宿溫泉「Eki Spa」) ©可

這裡 最自豪
大受好評的自助式早餐
能品嘗到使用當地食材的洋食，還有豆腐皮等名產。

↑從客房能看見古風的車站建築及日光杉並木

↑飯店附設的不住宿溫泉「Eki Spa」也很有人氣

使用當地食材的自助餐廣受好評

這裡 最自豪
使用豆腐皮的懷石
將豆腐皮與當季食材搭配作出的懷石料理，能夠享受到各種風味的變化。

愉快享受自然與庭園的高地住宿

日光星之宿
にっこうほしのやど

擁有豐富自然圍繞妙趣的旅館。料理是使用當季食材，以豆腐皮為主的懷石料理。檜木浴缸與露天浴池面對庭園，可感受到隨四季轉變的自然風景。雖然很少見，但也有機會發現棲息於附近的野鹿。

↑全客房為寬敞舒適的日式客房

📞0288-54-1105 **MAP** 附錄②22 E-3
🏠日光市上鉢石町1115 🚃JR、東武日光站搭東武巴士往中禅寺湖方向8分，神橋下車即到 🅿10輛

住宿DATA
¥1泊2食 平日／18360日圓～
假日前日／20520日圓～
🕒in15:00 🕒out10:00 🛁內湯：男1、女1／露天：男1、女1 🕐12:00～15:00／無休／1000日圓 ©可

↑能望見庭園的檜木浴缸

日光綠的飯店充滿著
鄉土風味 風和里
にっこうぐり～んほてるなつかしやふわり

以故鄉為主題，充滿溫暖的氛圍特別具魅力。備有純和風客房，也有面對日光山的客房，以及面向日光田母澤川的客房。晚餐為採用鄉土料理的日光鄉土宴席料理，可在包廂、宴會場或餐廳內享用。

📞0288-54-2002 **MAP** 附錄②23 A-3
🏠日光市本町9-19 🚃JR、東武日光站搭東武巴士往中禅寺湖方向15分，日光田母沢御用邸記念公園下車，步行5分 🅿30輛

住宿DATA
¥1泊2食 平日／10800日圓～ 假日前日／14040日圓～
🕒in15:00 🕒out10:00
🛁內湯：男1、女1／露天：男1、女1／有包租露天(50分2100日圓，需事先預約)
🕐15:00～18:00／不定休／850日圓(無毛巾、預約制) ©可

懷念的故鄉氛圍

這裡 最自豪
人氣包租浴池
備有露天浴池與檜木室內浴池的包租浴池，可以隨心所欲悠閒泡湯，廣受好評。

盡情享受100%自家源泉的溫泉

→客房房型有西式與摩登和式

歐悠飯店

全客房皆附有100%自家源泉的露天浴池。房型有西式、摩登和式、獨立樓中樓，種類豐富。由於飯店也備有3床的客房，就算是家族或團體也很合適。預約制的付費包租露天浴池「星空之湯」也相當有人氣。

📞0288-53-0500 **MAP** 附錄②22 G-2
🏠日光市所野1550-38 🚃JR、東武日光站搭東武巴士往霧降高原方向5分，丸美下車，步行5分 🅿60輛

這裡 最自豪
也有寬廣的浴池
附設不住宿溫泉「ほの香」(→P.43)。能在寬廣的浴池中好好放鬆。

↑能品嘗各式料理，頗具人氣的日、西、中多種料理的自助餐

住宿DATA
¥1泊2食 平日／10700日圓～
休前日／12700日圓～
🕒in15:00 🕒out10:00 🛁內湯：男1、女1／露天：男1、女1／有客房露天／有包租 🕐10:00～22:00／無休／500日圓(不住宿溫泉「ほの香」) ©不可

星野集團 界 日光
ほしのリゾートかいにっこう

佇立於中禪寺湖，越過湖泊能眺望男體山，良好的視野景觀相當有魅力。3000坪的腹地內僅有33間客房，全客房皆在60m²以上，打造奢華空間。能盡情享受擁有季節感的料理，以及中禪寺溫泉之湯。

MAP附錄②20 G-5
☎0570-073-011 (界 預約中心)
所日光市中宮祠2482-1 交JR、東武日光站搭東武巴士往中禪寺湖方向48分，中禪寺溫泉下車，步行10分 (中禪寺溫泉巴士站有接送) P30輛

住宿DATA
¥1泊2食 平日／24000日圓～ 假日前日／32000日圓～ in15:00 out12:00 浴內湯：男1、女1／露天：男1、女1・男女輪流1 日不可 C可

有著檜木大屋頂的露天浴池

以絢爛的日光東照宮為形象所製作出的料理

這裡 最 自 豪
從窗戶望去的無敵景觀
位於中禪寺湖畔的高地，能從房間享受每個季節的美麗湖景

眺望眼前的中禪寺湖
極盡奢華的溫泉旅館

接觸湖畔的自然，
心靈獲得療癒

↑除標準雙床房之外，也備有各種不同的房型

中禪寺金谷飯店
ちゅうぜんじかなやホテル

全客房備有露臺或木製甲板，身在房間的同時也能感受到湖畔的自然。在源泉放流的「空風呂」，一邊感受四季一邊享受泡湯吧。

☎0288-51-0001 MAP附錄②21 B-3
所日光市中宮祠2482 交JR、東武日光站搭東武巴士往湯元溫泉方向58分，中禪寺金谷ホテル前下車即到 P50輛

住宿DATA
¥1泊2食 平日／24882日圓～ 假日前日／27258日圓～ in14:30 out11:00 浴內湯：男1、女1／露天：男1、女1 日13:00～15:00／無休／1300日圓 C可 (僅不住宿溫泉不可)

這裡 最 自 豪
四季的浴池風景
室內、露天皆為源泉放流，能在紅葉、雪景中享受泡湯樂趣

寧靜的水邊度假村
中禪寺湖畔的住宿
能望見中禪寺湖與日光群山的湖畔住宿。
從房間及浴池享受美麗的風景吧。

中禪寺湖溫泉旅館 奧日光ホテル四季彩
ちゅうぜんじおんせんおくにっこうホテルしきさい

日光自然環繞的旅館。泡在露天浴池中，就能品味到好像在森林中泡湯的感覺。活用當季、當地食材的懷石料理也極富魅力。

☎0288-55-1010 MAP附錄②21 B-4
所日光市中宮祠2485 交JR、東武日光站搭東武巴士往中禪寺溫泉方向45分，奧日光ホテル四季彩入口下車，車程2分(有接送) P50輛

住宿DATA
¥1泊2食 平日／17280日圓～ 假日前日／28080日圓～ in15:00 out11:00 浴內湯：男1、女1／露天：男2、女2／有客房露天 日15:00～18:00／不定休／1080日圓 C可

飯店引以為傲
受自然環抱的露天浴池

天浴池↑開放式客房的露

這裡 最 自 豪
客房種類豐富
除了時尚的和式摩登房型之外，竟然還有房間附有讓人可平靜放鬆的降板式暖桌。

全客房皆有湖景
細膩的服務也是魅力之一

日光中禪寺湖溫泉 花庵旅館
にっこうちゅうぜんじこおんせんホテルはなあん

位於中禪寺湖湖畔大鳥居旁，以「療癒女性」為主題的溫泉旅館。除了附有豪華景觀浴池的客房之外，還有和摩登房型、西式房型。就用源泉放流的硫磺泉，以及無色透明的鹼性單純泉，這兩種溫泉來美肌吧！

☎0288-51-0105 MAP附錄②20 G-5
所日光市中宮祠2480 交JR、東武日光站搭東武巴士往中禪寺湖方向48分，中禪寺溫泉下車，步行3分 P18輛

住宿DATA
¥1泊2食 平日／17000日圓～ 假日前日／22000日圓～ in15:00 out11:00 浴內湯：男1、女1／露天：男1、女1／有客房露天 日不可 C可

這裡 最 自 豪
令女性欣喜的客房備品
出借奈米離子蒸臉器，以及豐富的客房備品，廣受好評。

↑飯店自豪的創作和食料理——早晚餐使用40種新鮮蔬菜製作

奥日光湯之森
おくにっこうゆのもり

備有榻榻米客廳與床的和風摩登、歐洲氛圍的歐風、陳設沉靜的日式禪風、簡潔雙人房四種房型，共12間客房的旅館。在客房露天浴池及大浴場能充分享受湯元溫泉之湯。使用栃木牛等鄉土風味入菜的晚餐是絕品。

↑能享受栃木和牛、日光豆腐皮等料理

☎0288-62-2800　**MAP**附錄②21 B-1
所日光市湯元2549-3　交JR、東武日光站搭東武巴士往湯元溫泉方向1小時28分，終點下車，步行5分　P12輛

住宿DATA
¥1泊2食 平日／24990日圓～
假日前日／27150日圓～
in14:00　out11:00　內湯：男1、女1
／有客房露天　E不可　C不可

↑可眺望奧日光自然風景的露天浴池

客房露天浴池也奢侈地源泉放流

這裡 **最自豪**
客房露天浴池相當誘人
全客房皆有設置完善的露天浴池，能夠在想泡的時候，就享受到源泉放流的溫泉。

↑綠意圍繞，能好好放鬆

也能獲得森林浴功效的大露天岩浴池

這裡 **最自豪**
講究的客房
為了追求潔淨的空間與更加良好的舒適感，採用羽絨寢具。

奥日光森之飯店
おくにっこうもりのホテル

以「營造與自然合而為一的空間」為目標的客房，有和摩登型的和洋式客房、和式客房、附露天浴池的客房，種類豐富。飯店擁有引以為傲的奧日光規模第一的露天浴池，100％源泉放流。聆聽著野鳥的叫聲，也可期待森林浴的效果。

☎0288-62-2338　**MAP**附錄②21 C-1
所日光市湯元2551　交JR、東武日光站搭東武巴士往湯元溫泉方向1小時28分，終點下車即到　P23輛

住宿DATA
¥1泊2食 平日／20000日圓～ 假日前日／23000日圓～　in15:00　out11:00　內湯：男1、女1／露天：男1、女1　日15:00～20:00／無休（有不可使用的時候）／1100日圓　C可

↑可享受山珍海味的懷石

充分享受**奧日光**的自然

湯元溫泉的住宿

介紹擁有豐富自然環境與乳白色濁湯之魅力的湯元溫泉住宿。

佇立於自然豐富的湯之湖湖畔

休暇村日光湯元
きゅうかむらにっこうゆもと

湯元溫泉的白樺圍繞著風格高雅住宿設施。備有日式客房、西式客房、日西式客房。引自湯元溫泉源泉，能見到溫泉沉澱物的溫泉廣受好評。手作物品或散步行程等各種體驗專案也相當充實。

☎0288-62-2421　**MAP**附錄②21 C-2
所日光市湯元溫泉　交JR、東武日光站搭東武巴士往湯元溫泉方向1小時28分，終點下車，步行5分　P100輛

↑滿溢乳白色溫泉的露天浴池

住宿DATA
¥1泊2食 平日／13800日圓～
假日前日／14900日圓～
in15:00　out10:00　內湯：男1、女1／露天：男1、女1　日12:00～15:00／無休（有不可使用的時候）／900日圓　C可

能享受日光傳統美味的住宿

↑盡情享受只有奧日光才有的料理

這裡 **最自豪**
全是豆腐皮！
也有能盡情享受生豆腐皮、棒豆腐皮等運用獨特製法製作的豆腐皮之方案。

6 擁有度假村感覺、開放寬敞的西式客房

→以當地食材為主，能享受到季節美味的晚餐

ほのかな宿 樹林
ほのかなやどじゅりん

受奧日光豐富自然圍繞的旅館。從在中央有降板式暖桌的和式客房，到天花板高達5m、有著開放感的西式客房，備有各式各樣的房型。悠閒地浸泡在乳白色硫磺泉放流的大浴場中，身心獲得紓解吧。晚餐能吃到特製的和宴席料理也很令人期待。

☎0288-62-2411　**MAP**附錄②21 B-2
所日光市湯元2549-7　交JR、東武日光站搭東武巴士往湯元溫泉方向1小時28分，終點下車，步行7分（從終點有接送，預約制）　P20輛

這裡 **最自豪**
實際體驗大自然
露天浴池的附近有野獸活動路徑，或許能見到鹿等的野生動物！？

住宿DATA
¥1泊2食 平日／10800日圓～ 假日前日／13800日圓～　in15:00　out10:00　內湯：男1、女1／露天：男1、女1　日不可　C可

約3km長的溪谷，其河流氣勢讓人聯想到龍暴起之姿，因此命名為龍王峽。

有著美麗溪谷的一大溫泉區

鬼怒川

きぬがわ

鬼怒川溫泉被稱為關東的奧座敷。沿著鬼怒川兩岸，有豐富的休閒景點、溫泉設施等觀光區。

CONTENTS

►矚目◄
隨SL復活而誕生的新車站

睽違50年，SL列車於2017年8月再次運行。配合SL重新行駛，東武鬼怒川線的小佐越站～鬼怒川溫泉站之間，誕生了新車站──東武世界廣場站。

►矚目◄
東武特快越來越方便

2017年春天起，新型車輛「Revaty」開始啟用。由於中途列車會在車站分離、接合，現在從淺草站往鬼怒川溫泉站無需轉乘便可前往。

是這樣的地方！

1 日本屈指可數的溫泉區

湯西川、奧鬼怒等眾多溫泉區散布在境內。視地點而有不同的溫泉功效，這也是樂趣之一。

2 休閒景點相當豐富

東武世界廣場、日光江戶村等，擁有眾多活用廣大土地的觀光景點。

3 也非常適合散步

在鬼怒川溫泉街內，有自然豐富的公園，或是尋找好評料理的店家也很有趣味。累了就泡足湯休息一下。

洽詢 日光市觀光協會
☎0288-22-1525

鐵道

淺草站

東武特急「鬼怒號」「Revaty會津號」
2小時
¥2990日圓

東武特急「華嚴號」「Revaty華嚴號」
＋
東武鬼怒川線
（下今市站轉乘）
2小時
¥2990日圓

下今市站

新宿站

JR、東武直行特快「鬼怒川號」「SPACIA鬼怒川號」
2小時10分
¥4000日圓
※有停靠池袋站、大宮站

池袋站

大宮站

鬼怒川溫泉站

車

川口JCT

東北自動車道
約103km
↓
宇都宮IC

日光宇都宮道路
約20km
↓
今市IC

國道121號
約12km
↓
鬼怒川溫泉

湯西川溫泉 P.76

ゆにしがわおんせん

據說湯西川溫泉是平家落敗所發展出來的。有著許多與傳說有關的景點。

川俁溫泉 P.79

かわまたおんせん

鬼怒川再往上游走的溫泉區。噴泉高達約20m的間歇泉，以及高100m綿延2km的斷崖──瀨戶合峽，相當值得一見。

奧鬼怒溫泉鄉 P.80

おくきぬおんせんきょう

禁止個人車輛進入，只能靠步行或住宿接送車進入的秘湯中的秘湯。

川治溫泉 P.74

かわじおんせん

佇立於鬼怒川與男鹿川匯流溪谷的溫泉鄉。據說是在江戶時代的享保年間，男鹿川氾濫時被發現的。

鬼怒川溫泉 P.58

きぬがわおんせん

不須贅述大家也都知道的溫泉鄉。周邊有泛舟、主題樂園等，休閒設施相當豐富，是除了溫泉以外也能充分玩樂的區域。

地圖標示：

湯西川溫泉　日鹽紅葉線　川俁溫泉　川治溫泉　奧鬼怒溫泉鄉　栃木縣日光市　明神ヶ岳　ゆにしがわおんせん　五十里湖壩　日向かわじおんせん　日蔭　月山　新藤原　鬼怒川公園　鬼怒川溫泉　東武世界廣場　太郎山　日光湯元　大真名子山　光德　女峰山　赤薙山　EDO WONDERLAND 日光江戶村　戰場之原　男体山　霧降高原　下今市

鬼怒川區域 遊覽要點

搭鐵道、巴士移動，東武FreePass 相當優惠！

4日內無限次數搭乘（從淺草出發4370日圓～）鬼怒川地區的鐵道及巴士。並且使用指定設施及交通工具還有優惠價，在特約店家購買伴手禮有九折優惠。除部分站別以外，東武線各站等處皆有販售。

要走日鹽紅葉線的話，清早最好

日鹽紅葉線為紅葉名勝，在賞楓季節就算是平日也會塞車。清晨車少時能順暢享受楓紅美景。

要在溫泉街散步的話，參加街道散步行程吧

只有當地居民才能做到的導覽，鬼怒川的街道散步行程除了4個路線，也還有每個季節的必逛景點導覽。洽詢：日光市觀光協會☎0288-22-1525

鬼怒川區域巴士路線圖

巴士站名（由左至右）：

女夫渕　平家平溫泉　川俁溫泉運動公園前　仙心亭前　一柳閣前　間欠泉　ふくし館前　川俁溫泉入口　川俁橋　川俁溫泉　またぎの里　川湖溫泉居民村　川俁溫泉居民村　川俁家塚　川わらび村　菅峠　家康の里居民村　家康の里宿村入口　大川筑　蛇王の滝　上栗山　大川　黑部　青柳平　栗山總合支所前　青柳車庫前　青柳木工所　日陰木工所　松ノ木平　大王入口　栗山中学校前　日向公民館前　野尻　野尻入口

95分540日圓　87分440日圓　10分440日圓

觀光中心前　水の郷　下水處理場入口　仲內入口　ダムサイト入口　湯川西川　西川中央　西川　上野　野岩鐵道會津鬼怒川線　湯西川溫泉站　川戶市營住宅前　湯西川保育所前　ホテル花と華前　山城屋ホテル前　平家の庄前　本家伴久旅館前　湯西川溫泉

45分1650日圓　55分1750日圓

30分1150日圓　海尻橋　ダムサ　戶小イ川　中指ド治　五十里ダムサイト　見晴台　川治湯元站　川治湯元駅入口　東川閣前　川治溫泉　川治橋　登隆館前　一柳閣前　柏屋ホテル前　小網　學校入口　川治溫泉駅前　川治溫泉站　宿屋伝七前

21分820日圓　20分790日圓　16分700日圓

野岩鐵道 會津鬼怒川線

龍王峽站　逆さ川　白岩　もみじライン口　龍王峽入口　十二神社前　保育所前　藤原　小原　新藤原站　鬼怒川公園站

10分440日圓　5分230日圓

上滝入口　ロープウェイ前　仲町　NTT前　神社前　鬼怒川発電所前　園地入口　吊り橋入口　第一ホテル前　溫泉中央口　藤原總合支所前　ふれあい橋　さくら通り　鬼怒川溫泉站　バイパス十字路

5分230日圓

楯岩橋　2分150日圓　中学校前　大原　大原団地前　自由ヶ丘　東武ワールドスクウェア園内　東武世界廣場站　小佐越站　鬼怒川レジャー公園前　鬼怒川大瀞　中岩発電所前　独協医大日光医療センター前　高德郵便局前

5分210日圓

花いちもんめ　とりっくあーと前　お猿の学校前　柄倉入口　栗原入口　日光江戶村　新高德站

20～22分410日圓

東武 鬼怒川線

下今市站、新宿站、淺草站　下今市站

圖例

日光交通☎0288-77-2685

━━━ 鬼怒川溫泉站～日光江戶村　※於小佐越站分右繞、左繞
━━━ 鬼怒川公園站～JR今市站、下今市站
━━━ 鬼怒川溫泉站～（經由仲町）～鬼怒川公園站
━━━ 鬼怒川溫泉站～川治溫泉、湯西川溫泉

日光市營巴士（鹽谷交通）☎0287-46-0011

━━━ 鬼怒川溫泉站～女夫渕
（鬼怒川溫泉站～川治湯元站入口為去程乘車、回程下車專用）
━━━ 東武鬼怒川線、野岩鐵道會津鬼怒川線

10分200日圓 鬼怒川溫泉站搭巴士所需分鐘、費用

※也有行經鬼怒川溫泉內部分住宿的路線巴士「Tobu Dial Bus」。搭乘1次190日圓

鬼怒川溫泉
きぬがわおんせん

被稱為關東的後花園，是不多說大家都知道的溫泉鄉。鬼怒川的溪谷之美，再加上鄰近的主題樂園、川遊景點非常豐富，擁有諸多觀光遊客熱鬧非凡。從新宿出發約2小時可到，交通方便也是其魅力之一。

是這樣的地方！

MAP 附錄②P.18・24

住宿資訊 P.68

洽詢 日光市觀光協會 ☎0288-22-1525

ACCESS 請見P.56

「大樹」的由來是？

大樹是「將軍」的別稱。而且也會讓人聯想到世界最高、日本自豪的高塔「東京晴空塔®」，並含有期望成長得高大又強壯的意涵。車頭的銘牌設計為似C11型的3個動輪。

大樹 TAIJU

C11 207

搭乘憧憬的SL前往溫泉鄉！

2017年8月開始行駛，於下今市站～鬼怒川溫泉站之間

來搭SL「大樹」吧

鐵道遺產的保存與活用，日光、鬼怒川區域的活性化，還有更重要的「希望來客開心！」等種種想法的結晶，這便是東武鐵道「SL復活行駛計畫」。單程35分的SL之旅，定會成為永遠留在心裡的回憶吧！

首先要 確認行駛區間！

區間與站名等的基本資訊，連同停靠站周邊的觀光景點也先了解一下吧。

東武世界廣場站 →P.62
為東武鐵道睽違12年的新車站。東武世界廣場的交通方式也更加便捷，想一併拜訪。

東武日光站 →P.12
遊覽日光的神社與寺院後，搭SL前往鬼怒川溫泉也好，或是從鬼怒川溫泉搭SL南下前進日光也好。在規劃中加入SL，應能也讓旅行的餘韻更加長遠。

鬼怒川溫泉站 →P.64
站前廣場有轉車台，可看到列車為了下次的行駛，轉換方向的實況。悠閒散步也好，泡泡足湯也好，享受溫泉街的風情吧。

會津田島
鬼怒川溫泉
東武世界廣場
小佐越
12.4km
新高德
大桑
大谷向
下今市
東武日光
淺草・新宿

單程 約35分
※SL不停靠大谷向、大桑、新德高、小佐越。

下今市站 →P.60
作為日光街道的住宿之地，人來人往曾繁盛一時的今市區域，現今仍保有過去的傳統與風情。務必一嘗以好水製作的蕎麥麵與天然冰製成的刨冰等名物！

行駛時刻表

往鬼怒川溫泉（下行）			
列車名 \ 站名	下今市 發車時間	東武世界廣場 發車時間	鬼怒川溫泉 抵達時間
SL「大樹」1號	9:02	9:32	9:38
SL「大樹」3號	13:00	13:30	13:36
SL「大樹」5號	16:32	17:02	17:08

淺草站起站的特快「Revaty」、新宿站起站的「SPACIA鬼怒川號」等列車，可轉乘以下今市站為起站的下行SL，相當方便。

往下今市（上行）			
列車名 \ 站名	鬼怒川溫泉 發車時間	東武世界廣場 發車時間	下今市 抵達時間
SL「大樹」2號	11:08	11:13	11:41
SL「大樹」4號	14:35	14:41	15:09
SL「大樹」6號	18:09	18:15	18:43

以鬼怒川溫泉站為起站的SL，可於終點的下今市站轉乘，往都內可搭往淺草方向的特快列車，往日光可搭往東武日光站。

※2018年10月後行駛時刻表可能會有變更，因此請至HP等處確認。

SL「大樹」 ●エスエルたいじゅ

東武鐵道睽違約半世紀復活的SL。享受只有蒸汽火車才有的氣勢與懷舊感就不用說了，還能在SL展示館加強知識、在轉車台觀賞火車頭轉向的罕見景象，盡情品味SL的魅力吧。

MAP 附錄②18 E-4
☎03-5962-0102
（東武鐵道顧客中心）

行駛區間 東武鬼怒川線 下今市站～鬼怒川溫泉站間
乘車時間 單程 約35分
行駛班次 約1日3班來回（以週六日、假日行駛為主，詳細請於HP確認）
乘載人數 車廂基本載運座位約200席次
費用 成人750日圓、兒童380日圓（此行駛區間為固定費用，其他乘車區間則費用另計）
販售處 東武線各站（某部分站別除外）、東武拓博旅遊等旅行代理店。也可於HP預約。於行駛日前一個月開賣。

愉快享受 SL「大樹」的攻略法

攻略1　要從1個月前開始預約

為了搭乘SL「大樹」，除了要乘車區間的運費之外，還需要購買對號座票券。搭乘日一個月前的上午9時開始於各站販售。也可從HP上預約。

攻略2　收集紀念乘車證吧

SL「大樹」專屬的乘車證明，SL觀光隨車服務員會發送「3D紀念乘車證」。設計為1～6號各列車皆不同，一共有六款。到2019年3月31日為止，實施收集不同的乘車證並依張數可換得原創商品的活動。

攻略3　在車內來張紀念攝影如何？

在SL「大樹」車內，留下乘車的回憶吧。拿著車頭銘牌，由專業攝影師為您拍攝，並將照片放入原創相框（1100日圓）。

攻略4　下今市站也有很多值得一見之處

令人憶起SL過去奔馳的時代──昭和復古的車站建築，為配合SL開始行駛而重新裝潢。站內規劃了可近距離參觀SL英姿的區域。透過轉車台能見到SL車輛替換的作業。

↑別具風情的木造車站建築中，展示著戰前、戰後的海報

←可近距離參觀的轉車台換車日常檢查的狀況，還能看到蒸汽火車的模樣。在轉車台的廣場上，除了可近距離參觀SL轉車的方式向，SL還到蒸汽的狀況。

↑車站內新設置了SL展示館，SL的立體透視模型、實物尺寸照片等展示

攻略5　搭乘日光軌道型特別車輛的巴士吧

巴士造型仿造過去行駛於日光的路面電車，作為連結鬼怒川溫泉、日光的神社寺院的路線巴士，僅在SL行駛日才有開。詳情於東武巴士HP確認。（☎0288-54-1138、東武日光巴士）

↑所需時間最短38分，採用橫向長座椅，展現路面電車的內部裝潢

眾所矚目，從全國集結而來的車輛！

此次的復活計畫，獲得日本各鐵道公司大力協助。以蒸汽火車頭為首，車掌車廂與載客車廂也全都從全國各地召集而來。完美呈現昭和時代的懷舊車輛。是不容錯過的矚目點！

基本編列圖

| 蒸汽火車頭 | 車掌車廂 | 載客車廂（3輛） | 柴油機車 |

←車頭

↑SL「大樹」為蒸汽火車，連接3輛載客車廂，可載約200名乘客。載有自動列車停止裝置（ATS）的車掌車廂，與包含因應行駛陡坡處時或緊急時準備的柴油機車在內，一共六輛車廂組成。

蒸汽火車（JR北海道）

看板中的蒸汽火車為昭和16（1941年）日立製作所笠戶工廠製造的「C11型207號機」。雖一度被廢止停用，但從2000年起活躍於「SL Niseko號」等列車中。

照片提供／JR北海道
↑特徵是為因應濃霧，而在正面設有2個前照燈（俗稱螃蟹眼）

車掌車廂（JR貨物、JR西日本）

準備了兩輛1978（昭和53）年製的車廂。一般編列聯掛在尾端，但在SL「大樹」，則是排在第二輛的位置，搭載自動列車停止裝置（ATS）。

↑蒸汽火車的運轉室裡有顯示警報資訊的ATS

載客車廂（JR四國）

使用承自JR四國的「14系」，為昭和40～50年製造。昭和古風的外觀、內部裝潢保持不變，而為了讓乘客更加舒適的搭乘，翻新了廁所、座位、窗簾等處。

↑被稱為亮藍的鮮明藍色塗漆也重現當時的樣貌

柴油機車（JR東日本）

以輕油、重油作為燃料，在終點站替換載客車廂等情況相當活躍。此DE10型在舊國鐵時代是牽引貨物列車、旅客列車，以及車庫替換車廂時使用，因而製造了不少輛。

↑鮮明的紅色為國鐵時代柴油機車的基本色

這裡也矚目！

一邊眺望轉車台的SL，同時享受車站便當的咖啡廳

（鬼怒川溫泉站內）

BENTO CAFE KODAMA
●ベントウカフェコダマ

備有各種車站便當的新形態咖啡廳。從座位能眺望SL轉車的風景也是受歡迎的理由。等候電車的時間也很寶貴！

MAP附錄②25 C-5
☎0288-25-3234
🕘9:00～17:00　休不定休
所日光市鬼怒川溫泉大原1390 鬼怒川溫泉站內
🚃東武線鬼怒川溫泉站即到　P無

↑靠軌道側為整面落地玻璃窗。1個人或團體都能輕鬆使用

這個也好期待！車站便當＆商品

SL「大樹」日光（HIMITSU）豬肉便當 950日圓
在特A級「栃木越光米」上，鋪上日光品牌肉「日光豬」的燒肉

SL「大樹」日光埋藏金便當 1350日圓
以印籠為形象作成的容器，特製散壽司與味道醇厚的配菜深得人心。印上烙印的煤礦鏟造型湯匙，令人欣喜

SL煤炭霰餅 650日圓
以煤炭為形象的純黑霰餅，宛如真的煤炭一般

SL「大樹」手巾 700日圓
在純白的手巾上繪有車輛、車頭銘牌及路線圖

SL車內限定販售 SL「大樹」皮革鑰匙圈 800日圓
車內限定販售，繪有商標的鑰匙圈。也有陀色

SL開通 在矚目的城鎮繞繞♪ 騎自行車逛今市 いまいち

因2017年8月SL開始定期行駛，今市區域更加受到矚目。一邊享受自行車之旅，一邊體驗城鎮的魅力吧！

🚲位於公路休息站的正前方。頗具風格的建築為指標

飲用口感清爽，
名水&寒風製成的純米酒

🚲 自行車1分

① 渡邊佐平商店
●わたなべさへいしょうてん
所需30分

天保13（1842）年創業以來，汲取日光山麓的名水，在日光連峰吹下的冬季寒風中持續釀酒的老字號酒鋪。抱著「純米釀造酒才是原本的地酒」的想法，所以努力投入製作純米酒。免費的酒窖參觀（有試飲）與日本酒教室也廣受好評。

📞0288-21-0007　MAP附錄②18 H-5
🕐8:00～18:00 ※酒窖參觀為9:00～17:00
休無休　所日光市今市450
🚃東武線下今市站步行3分　P10輛

◆參觀會以預約制（10名以上，所需時間約45分）。11名以下，可實際參觀
◆3月製酒期間內，可實際製作中的酒況。

地酒蛋糕
1300日圓
純米吟釀日光譽的芳醇香氣在口中化開

純米吟釀日光譽 1650日圓
使用今市產的酒米與栃木縣開發的酵母

🚲自行車2分

城鎮的便利景點
自行車租借&名產在這裡

公路休息站 日光
日光街道ニコニコ本陣
●みちのえきにっこうにっこうかいどうニコニコほんじん

車站步行5分，位於沿著國道119號的公路休息站。除了備齊日光與栃木的名產品之外，還有用餐廳及當地農產品直銷區，推廣當地的魅力和美味。觀光資訊館受理自行車租借（→附錄②P.12）。

📞0288-25-7771　MAP附錄②18 H-5
🕐商業設施9:00～18:00、餐廳11:00～18:30、船村徹紀念館9:00～16:30　休每月第3週二（船村徹紀念館為每週二休）　¥自行車租借1次700日圓（申請：觀光資訊館 📞0288-22-1525）　所日光市今市719-1　🚃東武線下今市站步行5分，或JR今市站步行5分　P74輛

🚲也展示傳承自江戶時代的傳統花屋台

CHECK! 玉藻小路的矚目商店

在古民宅咖啡廳享用講究的自家烘焙咖啡
日光珈琲 玉藻小路
●にっこうこーひーたまもこうじ

本店設立於鹿沼的人氣咖啡專賣店。翻修建齡100年古民宅的店內，流淌著懷舊的氣氛。來杯嚴選豆的自家烘焙咖啡，休息一下吧。

MAP附錄②18 H-5
📞0288-22-7242
🕐11:30～20:00(L.O.19:30)　休週一；每月第1、3週二(逢假日則翌日休)　所日光市今市754　🚃東武線下今市站步行5分　P12輛

↑在活用舊物的店內，感覺時間慢了下來

◆老闆自行烘焙的講究咖啡594日圓

好吃又健康！豆渣甜甜圈廣受好評
ざわドーナツ
●イざわドーナツ

每早從麵團開始製作的人氣甜甜圈店。以購自日光有名豆腐皮店的豆渣為主，使用有機豆漿、那須御養蛋等安心食材製作的甜甜圈，口感也很輕盈。

MAP附錄②18 H-5
📞0288-25-6977
🕐10:00～17:00（週六日、假日為～17:30）　休不定休　所日光市今市754　🚃東武線下今市站步行5分　P無

栃乙女&白巧克力 183日圓
以栃乙女草莓乾作為配料

粗粒黃豆粉 162日圓
黃豆粉豐富的風味與甜甜圈的口感，相當有魅力

② 玉藻小路
●たまもこうじ
所需40分

今市的小巷內處處仍可見宿場町時代影子。玉藻小路是過去藝樓與書店倉庫的小巷，頗具風情的長屋裡，現在有店鋪進駐。走進懷舊風情與店舖的個性相融的小路，似乎會有新的邂逅！

令人懷念又新鮮的
祕密小巷內

↑右手邊為日光珈琲。左手的長屋裡有手巾店、甜甜圈店、花店組成的店舖

城鎮的便利景點

資訊收集&手打蕎麥麵體驗在這裡

今市宿市緣廣場

●いまいちじゅくいちえんひろば

觀光服務就不用說了，在這裡能獲得有關今市的歷史與文化等各式各樣的資訊。活動廣場舉辦有山野草展等豐富多樣的活動。

◆在2樓的蕎麥麵餐廳「日光の庄」（☎0288-21-3910）能夠享受到的手打蕎麥麵體驗也廣受好評（需預約）

☎0288-21-5611
MAP 附錄②18 G-4
🕙9:00～17:00（舉辦活動時有變更）
休無休　所日光市今市600-1
🚃東武線上今市站步行5分　P38輛

---

6 松月氷室 所需45分

●しょうげつひむろ

明治27（1894）年創業的天然冰製造販售店。一整年都能在店門前享受使用店家自豪的天然冰所製作的鬆鬆綿綿刨冰。從基本口味的草莓與哈密瓜等，到栃乙女、水蜜桃等的原創糖漿，菜單豐富定會讓你不知該如何選擇！

☎0288-21-0162　MAP 附錄②18 G-5
🕙11:00～18:00（有季節性縮短）
休週一
¥刨冰432日圓～
所日光市今市379
🚃JR今市站步行6分　P30輛

◆本業為天然冰批發。夏季或連休時要有排隊的準備

在天然冰倉庫庫品嘗鬆鬆綿綿的一碗

哈密哈密哈密瓜
972日圓～（視哈密瓜進貨狀況而定）
使用半顆哈密瓜，奢侈的一碗

---

5 上澤梅太郎商店 所需20分

●うわさわうめたろうしょうてん

擁有400年歷史的味噌、醬油釀造商。名物為上上代研製出的溜醬油醃菜。溜醬油醃菜是在製作味噌時，用上層清澄的部分來醃漬蔬菜所做成的醃菜，除了口感清脆的小黃瓜之外，還備齊了多種配飯的菜色。

☎0288-21-0002　MAP 附錄②18 G-5
🕙8:15～18:00（1月9日～3月20日為～17:00）　休無休
所日光市今市487　🚃東武線下今市站步行10分／JR今市站步行10分
P40輛

↑白色牆壁與切妻屋頂的外觀相當吸睛。櫥窗裡的商品成排陳列著

名物為傳統的溜醬油醃菜

溜醬油醃菜家庭組合 1080日圓
集結6種人氣醃菜。作為伴手禮相當有人氣

名物為融入400年

溜醬油醃蕗蕎 756日圓
溜醬油的香氣與順口的口感廣受好評

◆滿是草莓大佛ver.
864日圓
白起司醬跟草莓的完美搭配

自行車3分

◇Pick-up
要吃天然冰刨冰的話就要在今市吃！
以天然的冷空氣緩慢凍結的天然冰相當稀少。全國上下天然冰的製造販售業者也沒幾家，卻在今市就囊括3家之多！

NEWS!
2017年夏，SL登場！
SL開始行駛於鬼怒川線的下今市站～鬼怒川溫泉站之間。詳情請見P.58！

自行車10分

---

4 そば処 報德庵 所需1小時

●そばどころほうとくあん

位於杉並木公園內的店家。店家使用當地蕎麥自製磨粉所製成的手打蕎麥麵，入口滑順，富含嚼勁，吃完口中餘韻留存。店家建築重現江戶時代的農家樣貌，飄盪著懷舊的氛圍。預約最多可至50名。

☎0288-21-4973　MAP 附錄②19 D-4
🕙11:00～16:00（11～3月為～15:00）　休無休
所日光市瀨川383-1　🚃東武線上今市站步行15分　P20輛

自行車即到

↑越過簷廊能享受到杉並木公園的景觀

↑隔壁為1830年建造的舊江連家的住宅

天婦羅蕎麥麵 1290日圓
細麵有嚼勁，入喉口感滑順

◆天婦羅種類也很多，飽足感十足

100%當地蕎麥粉的滑順口感與農家風情相當有魅力

---

3 杉並木公園 所需30分　自行車10分

●すぎなみきこうえん

全長37km，有1萬2000株以上杉木的行道樹延伸並列，通往日光東照宮。這裡是為了保護此杉並木傳承地區文化而整設的公園。園內整設有五座水車，用來作為杉線香生產的動力。

MAP 附錄②19 D-4
☎0288-22-6163
（日光市公共設施振興公社）
🕙自由參觀　所日光市瀨川
🚃東武線上今市站即到　P77輛

↑日光市的驕傲——杉線香產量日本第一。園內還有直徑達10m的大水車

◆世界第一長的行道樹步道，也獲登於金氏世界紀錄中

全長37km，朝天聳立的綠色幕簾

前往非日常世界GO！

樂園 in 鬼怒川

羅馬天主教會總部！

歐洲園區 世界遺產
聖彼得大教堂

廣場人偶數量達8500個，蹲下來從人偶的視角來看的話，更能感受到建築的真實感。

前往遊覽有名建築物的**世界旅行！**

東武世界廣場

★とうぶワールドスクウェア

園內排列著以1/25比例縮小，精緻重現世界有名的建築物，其中世界遺產有45件。應該能一邊貼近感受世界人們的生活，一邊品味環繞世界一周的感覺。假裝自己變成巨人，來散步看看吧。

📞 0288-77-1055　🅼🅰🅿 附錄②24 B-4
🕐 9:00～16:00（閉園為17:00）※12月1日～3月19日為9:30～15:00（閉園為16:00）　🈺 無休
💴 票價：成人2800日圓、兒童1400日圓／語音導覽1台500日圓　🅿 日光市鬼怒川溫泉大原209-1　🚃 東武線東武世界廣場站即到　🅿 1000輛（收費）

CHECK!
2017年7月起，1/25比例縮小版的SL「大樹」與Revaty，會開始穿梭在日本園區「日本的四季」內！

重現巴黎地標

歐洲園區 世界遺產
艾菲爾鐵塔

高321m的艾菲爾鐵塔，在東武世界廣場也被縮小成1/25比例的12.84m。

金字塔的守護神

埃及園區 世界遺產
人面獅身像

重現於現場勘查時，修復工程中的模樣。其他也還有古代埃及的金字塔、阿布辛貝爾神廟等。

就算縮小為 1/25 也有21m！

亞洲園區
台北101

高509m，有101層樓的台灣地標，2015年10月於園內登場。

現代日本園區
令人驚訝的高度
東京晴空塔®

日本新的象徵也在此登場。忠實重現晴空塔的模樣。

11～3月也有舉辦燈彩活動！
冬季在東武世界廣場內，所有的建築會裝上燈飾並點燈。盡情享受與白天完全不同的夢幻空間吧。

也有這樣的玩法！

其1 拍張有趣的照片！
在1/25的世界，是拍張在現實世界不可能發生的有趣照片之良機。發布在SNS上的話，必能獲得廣大迴響！？

↑支撐比薩斜塔
↑手抓住艾菲爾鐵塔。宛如大巨人！？

其2 尋找電影的那一幕！
許多世界名勝也都是電影的外景地。仔細觀察的話，就有可能會發現知名電影的哪一幕就混在其中。

↑發現夏洛克福爾摩斯。

↑也有《西城故事》

↑《羅馬假期》的心動場景

其3 參加導覽行程！
也推薦參加免費解說展示物的導覽行程。一般參觀容易漏掉的點也會詳細地為您解說。

↑集合地點有招牌看板。走吧，朝世界旅行出發！

石楠花花園
Kid's House「緣」
春日大社
日本園區
鹿苑寺金閣
歷史劇場「結」
🍴日光湯波料理「平安」
新潟・豪農館
萬里長城
亞洲園區
清水寺
日本的四季
服務台
售票處
售票買
國會議事堂
台北101
吳哥窟
泰姬・瑪哈陵
塔橋
歐洲園區
聖彼得大教堂
聖家堂
阿布辛貝爾神廟🍴
巴特農神殿
艾菲爾鐵塔
金字塔
人面獅身像
埃及園區
現代日本園區
東京晴空塔®
東京鐵塔
東京站
美國園區
🅿
正門
🍴咖啡館「世界」
自由女神像
白宮
克萊斯勒大廈
🚕計程車站
🚌巴士站
東武世界廣場站✈
🛍環球商店「梅卡多Ｉ」
🍴拉麵館「狂歡節」

62

能享受假裝自己是江戶居民的樂趣

個性派

世界旅行？時空旅行？

主題

沉浸於世界旅行的東武世界廣場。重現江戶時代的日光江戶村。鬼怒川齊聚了2個其他地方沒有的個性主題公園，盡情享受不同於日常的旅遊氣氛吧！

EDO WONDERLAND
日光江戶村

人氣 CHECK SHOW！

★エドワンダーランド にっこうえどむら

約5萬坪的廣大腹地內，重現了武家屋敷、忍者之里、宿場、街道等江戶時代的城鎮樣貌。一邊實際親身體驗江戶時代的文化，一邊在此享受只有此處才有的體驗、戲劇表演與街道漫步吧。

☎0288-77-1777　MAP 附錄②24 B-4
🕘9:00～16:00（17:00閉村）※12月1日～3月19日為9:30～15:00（16:00閉村）　休週三（逢假日則3月25日～4月7日、4月29日～5月5日、7月21日～8月31日、12月29日～1月5日營業）、12月8日～21日　¥通行手形（票價）成人4700日圓、兒童2400日圓　所日光市柄倉470-2　🚌東武線鬼怒川溫泉站搭日光交通巴士往日光江戶村方向22分，終點下車即到　P2000輛（收費）

時代劇 能暖心一笑的

兩國座

描繪調查強盜事件的岡引與長屋的居民人情百態，處處流淌著懷舊氛圍的爆笑時代劇。

上演時間與所需時間
10:10～、13:10～、16:10～
約30分 ※演出時間表視季節而異

成為時代劇中的一員！

南町奉行所

終於登場了，演戲體驗！扮演南町奉行——大岡越前守，體驗充滿人情味的審判。

上演時間與所需時間
11:20～、14:20～
約35分※演出時間表視季節而異

花魁遊街　陶醉於優雅的舉止

穿戴艷麗的花魁，踏著「外八文字」的獨特步伐，緩緩走在江戶的街道上。

上演時間與所需時間
15:15～
約20分※演出時間表視季節而異

氣勢十足的動作秀

大忍者劇場

操控聲光效果，逼真的忍者動作秀。忍者們在塗得純黑的劇場中盡情肆意地追趕。

上演時間與所需時間
9:30～、10:50～、12:40～、14:10～、15:40～
約30分
※演出時間表視季節而異

高處水舞！

水芸座

現今只有這裡才看得到，延續1000年以上的秘傳技藝。享受夢幻的水之幻象吧。

上演時間與所需時間
10:00～、13:10～、16:10～
約20分 ※演出時間表視季節而異

也有這樣的玩法！

其1 變身江戶人！

忍者、武士、公主、殿下等，穿上江戶時代的衣裳，體驗變身。於變身處—時空—受理。

➡店家姑娘9800日圓（假髮另計2000日圓）

其2 兒童江戶工作體驗！

對象為5～12歲，可選擇修行手裏劍、劍術的忍者體驗，以及岡引警察體驗。於週六日、假日、暑假舉行。約40～60分。

➡體驗竟然是免費的！

[地圖]
小伝馬監獄
南町奉行所
Nyanmage 劇場
文化劇場「若松屋」
花魁遊街
水芸座
日本橋
仙貝體驗
兩國座
鳥そば屋 食
地獄寺
火之見櫓
日本そば藪 食
遊戲場
上色繪圖體驗
堀割
大忍者劇場
忍者機關迷宮
屋形遊覽船
兩國橋
弓道體驗
江戶町火消消防員展覽館
忍者怪怪亭
兒童江戶工作體驗
旅籠屋
變身處—時空—
活動照片之里
恵比寿屋
關所
P
計程車站
售票處
巴士站

充分享受旅館林立的溪谷街道！
悠閒 溫泉街 〔順路遊玩〕 導覽

一邊悠閒漫步在別有風趣的溫泉街上，一邊尋找絕佳的伴手禮跟逛逛咖啡廳♪
途中也別忘了，泡個足湯消除疲勞，或是在景色絕美的順路景點休憩一下。

A 水辺のカフェテラス 〔咖啡廳〕

みずべのカフェテラス

位於鬼怒川公園飯店（→P.69）對面，佇立於水邊的摩登咖啡廳。邊感受自然風光，邊享受使用有機咖啡豆的「淡咖啡」400日圓與「貪心甜點」700日圓吧。也有兒童菜單及兒童空間。

☎0288-77-1289 **MAP**附錄②25 B-5
（鬼怒川公園飯店）
⏰10:00～14:30（15:00打烊）
休週四 所日光市鬼怒川溫泉大原
1409 鬼怒川公園飯店前
交東武線鬼怒川溫泉站步行5分
P100輛

→廣受歡迎的貪心甜點，讓人大大滿足

→融入牛肉美味，味道醇厚的逸品

↑放鬆的音樂與寬廣空間營造出舒適宜人的環境

↓想眺望著水池悠閒地度過

在眼前有著水池景觀的療癒空間放鬆

和牛咖哩飯 1000日圓
每日數量限定的人氣午餐菜單。牛肉的美味讓人無法抵擋

B Baum Kuchen Studio HACHIYA 〔購物〕
バウムクーヘンこうぼうはちや

位於鬼怒川溫泉站前的手作年輪蛋糕專賣店。使用自然豐富的日光當地產新鮮雞蛋等，嚴選講究食材。也陳列著季節限定的年輪蛋糕。

☎0120-18-3922 **MAP**附錄②25 C-4
⏰9:00～17:00 休不定休 所日光市鬼怒川溫泉大原1396-10 交東武線鬼怒川溫泉站即到 P10輛

品嘗手作的微潤＆鬆軟口感

↑運用絕妙的火候控制細心烘烤完成

HACHIYA年輪蛋糕 1250日圓（稅另計）
師傅們以絕佳的火候，一層層仔細烘烤的蛋糕，魅力十足。
M尺寸 2000日圓

也很適合切來招待客人。

滿滿優質雞蛋的美味。

↑因為就在車站前，是購買伴手禮的好去處

佇立在溫泉街上為絕品美味讚嘆

栃木和牛大田原產 漢堡排午餐 2100日圓（稅另計）
鎮住肉質的鮮美多汁，講究的招牌菜單

↑木紋基調的沉靜裝潢
←奢侈使用縣產名牌和牛製作的逸品

C Café Salon de Thé OKA 〔咖啡廳〕

カフェサロンドテオカ

↑外觀氛圍洗鍊

推薦奢侈使用了大田原牛的漢堡排，附有沙拉、冰淇淋、甜點、咖啡的午餐。肉汁滿溢、口感柔嫩的漢堡排受到絕品美食的好評。用完餐後請品味一杯使用德國麥森瓷器裝盛的現磨現沖咖啡。

☎0288-77-0657 **MAP**附錄②25 C-3
⏰午餐11:30～14:30、下午茶14:30～16:00、晚餐19:00～21:00（晚上需預約）
休週四（逢假日則營業）
所日光市鬼怒川溫泉滝525
交東武線鬼怒川溫泉站搭計程車5分（步行20分）P64輛

佇立在溫泉街上的咖啡廳

D 鬼怒楯岩大吊橋
きぬたていわおおつりばし

📷 景點

從吊橋眺望群山與清流的絕美景色

全長140m、高達37m，為步行者專用的吊橋。像是要縫合大岩石般流過的鬼怒川清流，以及眼前的群山相當壯麗。吊橋的附近有高度超越70m的「楯岩」。橋頭也有帶來良緣、子嗣的緣結鐘。

📞0288-76-4107　MAP附錄②25 A-5
（日光市藤原行政中心產業建設係）
所日光市鬼怒川溫泉大原　交東武線鬼怒川溫泉站步行10分　P626輛

↑悠悠晃晃的吊橋頗為刺激

→也別忘了去找找位於橋邊的鬼怒太

E 鐵橋河川步道
くろがねばしかせんゆうほどう

📷 景點

沿著鬼怒川河畔悠閒散步

從鐵橋橋端延伸，沿著河川的步道。途中也設有長板凳，能慢慢地欣賞溪谷之美。從展望台一覽鬼怒川的水流與溫泉街的容貌，飽覽富有旅遊風情的景色。

📞0288-76-4107　MAP附錄②25 C-3
（日光市藤原行政中心產業建設係）
所日光市藤原　交東武線鬼怒川公園站步行12分　P無

↑位於鬼怒川溫泉街中段的人氣景點

也有這樣的玩法！
透過集章尋找七福邪鬼吧！
鬼怒川溫泉的橋端，設置了七座以驅邪招福的「邪鬼」為形象所製作的雕像。收集印章，把「驅邪護身符」拿到手吧！

在鬼怒川溫泉也有喔～！

鬼怒太

好好觀察橋端！

鬼怒太「半跏鬼」

鬼怒子「遊心鬼」

鬼怒太「定印鬼」

鬼怒太「思惟鬼」

鬼怒太「立鬼」

鬼怒太「楯鬼」

鬼怒川順路遊玩地圖

🗿…七福邪鬼

鬼怒岩橋

121

鬼怒川公園站

瀧見橋

鐵橋

東武鬼怒川線

F

C

E

鬼怒川溫泉互愛橋

鬼怒川

楯岩橋

集章用紙發送地點
鬼怒川・川治溫泉觀光資訊中心

B

G

鬼怒川溫泉站

A

D H

121

在散步途中！ 👣**足湯景點**

泡足湯的同時，盡情享受甜點
H 足湯カフェ espo
◆あしゆカフェエスポ 🈺加熱泉

能一覽鬼怒楯岩大吊橋的好地點。滿溢木頭溫暖氛圍的足湯為其魅力的咖啡廳，有著豐富的甜點菜單。免費出借毛巾的服務也相當令人欣喜。

📞0288-77-2727　MAP附錄②25 A-5
（鬼怒川陽光飯店）
⏰9:00～18:30　休不定休　所日光市鬼怒川溫泉大原1437-1　交東武線鬼怒川溫泉站步行10分　P100輛

↑也有擁有開放感的露臺座位

→一杯飲料540日圓～。也備有甜點套餐

邊規劃觀光路線邊來個足湯時光
G 鬼怒太之湯
◆きぬたのゆ ♨溫泉

指標是SL「大樹」的益子燒紀念碑。因為位於鬼怒川溫泉站前廣場，在旅程開始或觀光結束時，都能輕鬆使用。足湯的溫泉與溫泉街都是鹼性單純泉，溫泉溫度為恰到好處的42度。

📞0288-76-4107　MAP附錄②25 C-5
（日光市藤原行政中心產業建設係）
⏰9:00～17:00　休無休　¥免費　所日光市鬼怒川溫泉大原　交東武線鬼怒川溫泉站即到　P無

↑因旅程開始而雀躍的人們，熱鬧非凡

↑益子燒作出的SL「大樹」紀念碑

眺望溪谷絕景的同時
F 鬼怒子之湯
◆きぬこのゆ ♨溫泉

位於鐵橋公園中，打造成涼亭風氛圍的足湯設施。一邊盡情享受展現於眼前的鬼怒川絕景，一邊療癒旅程的疲累吧！能同時享受到足湯與手湯。

📞0288-76-4107　MAP附錄②25 C-3
（日光市藤原行政中心產業建設係）
⏰9:00～17:00　休無休　¥免費　所日光市藤原くろがね橋公園內　交東武線鬼怒川公園站步行15分　P無

→在設施的出入口有鬼怒子雕像迎接來客

→坐在栃木縣產的檜木長板凳上，開闊自在

鬼怒川水上活動

悠閒派也！ 活力派也！

欣賞鬼怒川大自然交織而成的溪谷之美同時，也來玩玩在這才有的大規模水上活動吧！想悠哉玩樂也好，要爽快玩耍也適合，創造愉快的回憶吧！

搭乘美麗的和船前進美麗的溪谷！

作為鬼怒川觀光名勝，每年有大量觀光客到訪

走吧出發！ START

從位於立岩橋附近河邊的乘船處開始

順流遊覽船

刺激度 ★★☆

邊享受著船夫巧妙的撐篙技術與輕鬆有趣的話語，邊順流而下。一定能享受到恰到好處的刺激感！

急流處刺激滿分！

朝美麗溪谷悠哉前進

順流而下激起豪邁的水花！精湛巧妙的撐篙技術

聽船夫說話的同時，一邊欣賞周圍的風景吧

GOAL 平安抵達終點

抵達位於大橋前的終點

發現看起來像動物的奇岩！

橋岩為聳立於岩壁的一塊巨大岩石

高100m的巨岩出現！

象岩 吼～嗡

嘎喔～

熊岩

嗚吼嗚吼

大猩猩岩

鬼怒川
這裡有得玩！

鬼怒川順流遊覽船 ●きぬがわラインくだり

說到鬼怒川的名物，就是順流遊覽船了。從立岩橋附近順流至大瀞橋約6km，從船上享受途中展現於眼前的壯麗群山等四季流轉的絕景吧。船夫的撐篙技術也相當吸睛。

☎0288-77-0531

MAP附錄②25 B-4

所日光市鬼怒川溫泉大原1414　東武線鬼怒川溫泉站步行4分　P120輛(收費)

體驗DATA

【時間】9:00～15:45 (1日12班)
【期間】4月中旬～11月下旬
【費用】成人(國中生以上) 2700日圓、兒童(4歲以上) 1200日圓、1歲～3歲為免費
【預約】電話預約，從1月5日起開始受理

鬼怒川公園站
奧鬼怒川線
立岩橋
楯岩
START
鬼怒川溫泉站
鬼怒楯岩大吊橋
觀光資訊中心
象岩
大猩猩岩
軍艦岩
121 東武世界廣場站
東武世界廣場
熊岩 虹見瀑布
積木岩
小佐越站
EDO WONDERLAND
日光江戶村
121 大瀞ドライブイン
有免費巴士行駛返回乘船處、鬼怒川溫泉
大瀞橋
GOAL
會津西街道
新高德站

泛舟

刺激度 ★★☆

搭乘小型船隻順流而下的休閒活動。
和同伴一起合作順流而下吧。

→上船前確實進行講解

這裡有得玩!

這刺激感令人無法擋!

越過難關的刺激感令人上癮

冰涼的水花感覺非常舒服!

團結一致越過急流吧!

鬼怒川
NAOC ●ナオック

與同船的夥伴們一起合力體驗冒險運動!搭乘橡皮艇順著翻起白浪的急流往前挺進,就能盡情享受接連不斷變化的狀況、景色、刺激感及樂趣。

☎0288-70-1181　**MAP** 附錄②24 C-2
🏠日光市鬼怒川溫泉滝871-2　🚃東武線鬼怒川公園站步行5分
(東武線鬼怒川溫泉站有接送,需預約)　🅿30輛

體驗DATA
【時間】8:45〜、12:45〜
(11月只到10:00〜)
【期間】4月中旬〜11月下旬
【費用】泛舟成人7700日圓、
兒童(小學生)6200日圓
※保險費500日圓另計
【預約】電話或HP預約

➡充滿天然負離子

➡朝小小瀑布前進

這裡有得玩!

鬼怒川
eRafting ●イーラフティング

穿好救生衣,大家一起搭上船,順著鬼怒川的清流往下!Let's go!由於有對地區完全了解、經驗豐富的教練為大家介紹,所以能充分品味到每個季節的魅力。

☎0288-77-4802　**MAP** 附錄②25 B-5
🏠日光市鬼怒川溫泉大原1416-1
🚃東武線鬼怒川溫泉站步行5分(有接送)　🅿30輛

體驗DATA
【時間】8:30〜、11:00〜、13:30〜　【期間】4月中旬〜11月下旬　【費用】泛舟半日行程 成人(國中生以上)7700日圓、兒童(小學生)6200日圓
【預約】電話預約

獨木舟

刺激度 ★☆☆

在鬼怒川與男鹿川匯流地的水壩湖,
挑戰獨木舟!也能與愛犬一起搭乘。

🔄2人一起配合操控吧

這裡有得玩!

大家一起體驗獨木舟!

Nature Planet →參照下欄

除了划艇,這裡也能體驗到獨木舟。有兒童也能參加的初學者課程,穿著平日的衣服,再直接穿上救生衣。

體驗DATA
【時間】9:00〜17:00　【期間】4月中旬〜11月下旬　【費用】獨木舟 國中生以上5500日圓、小學生4500日圓、幼兒2000日圓、狗1000日圓〜※以上金額皆含教練、用具一組、保險費　【預約】電話或HP預約

➡基本為2人一舟。旅程總共約2小時

溪降

刺激度 ★★★

接受教練引導,隻身跳入急流中出發吧!
小小孩也能從低處跳躍,Let's challenge!

⬆從瀑布上跳躍!

這裡有得玩!

天然的滑水道!

➡順著水流,像滑水道般滑下去

eRafting →參照上欄

想嘗嘗刺激感的話,就是降溪了。由於有三種課程,所以和工作人員商量後挑選與自己程度相符的課程吧。

體驗DATA
【時間】8:30〜、13:30〜
【期間】4月中旬〜11月下旬
【費用】降溪基礎課程 成人(國中生以上)7700日圓、兒童(小學生以下)6200日圓
【預約】電話預約

划艇

刺激度 ★☆☆

想照自己喜歡的速度悠閒一下的話,則推薦划艇。不用特別的裝備,就能輕鬆享受也是其魅力之一。

🔄也有2〜3人乘坐的小艇

這裡有得玩!

要享受悠哉閒晃的話,就是它了

川治
Nature Planet

在日光、那須區域,遊客盡情享受豐富自然景觀的同時,提供獨木舟或划艇等,從兒童到大人都能充分享樂或體驗的活動。

☎0288-78-1177　**MAP** 75 B-2
🏠日光市川治溫泉高原42　🚃野岩鐵道川治湯元站步行20分(有接送)　🅿5輛

體驗DATA
【時間】9:00〜17:00　【期間】4月中旬〜11月下旬　【費用】單人、雙人座同價 成人(國中生以上)5500日圓、小學生4500日圓、幼兒2000日圓、狗1000日圓
※均含嚮導、用具一組、保險費
【預約】電話或HP預約

➡明明離水面很近,卻幾乎不會濺到水花

鬼怒川溫泉的住宿

鬼怒川溫泉齊聚了能夠邊欣賞景色邊盡情享受有豐富功效的溫泉旅宿。
一舉為您介紹，從能夠品味不凡的奢華住宿，到擁有能讓家族同樂的豐富娛樂設施住宿！

星野集團 界 鬼怒川
ほしのリゾートかいきぬがわ

透過益子燒、黑羽藍染等「栃木民藝」打造陽光溫柔灑落的溫泉住宿。除了以龍王峽龍神傳說為形象所製作的主菜，晚餐的宴席料理更將栃木風味的食材添加玩心而盛列。春天在大浴場能享受到的賞花浴池也非常有魅力。客房總共48室。

MAP 附錄②25 C-4
☎0570-073-011（界 預約中心）
所日光市鬼怒川溫泉滝308
東武線鬼怒川溫泉站搭計程車5分
P25輛

住宿DATA
¥1泊2食 平日、假日前日
27000日圓
in15:00 out12:00 內湯：男1、女1／露天：男1、女1／有客房露天 日不可 C可

◆把烤熱的石頭放入鍋中——名物「龍神鍋」

◆裝飾著益子燒、黑羽藍染的房間

變化栃木民藝而成的
摩登空間獨具魅力

住宿的 自豪浴池
春天為賞花浴池
望著面對露天浴池一側成列的櫻花樹，泡湯時刻也能度過風情別具的時光。

承諾高品質住宿的飯店

鬼怒川金谷飯店
きぬがわかなやホテル

從裝潢洗鍊的客房眺望美麗的鬼怒川風景。也有露臺備有露天浴池的客房，以及附有檜木景觀浴缸的客房。想盡情品味和敬洋讚的金谷流懷石。

☎0288-76-0001 MAP 附錄②25 C-4
所日光市鬼怒川溫泉大原1394 東武線鬼怒川溫泉站步行3分 P30輛

住宿DATA
¥1泊2食 平日／34560日圓～
假日前日／38880日圓～ in14:00
out11:00 內湯：男1、女1／露天：男1、女1／部分有客房露天 日不可 C可

住宿的 自豪浴池
個性豐富的2大浴場
有可享受鬼怒川壯麗景色的「四季之湯」、散發樹齡2000年檜木香氣的「古代檜之湯」。

◆運用四季食材所完成的菜單

度過奢華的片刻時光
浴池自豪的住宿
視野景觀超群的浴池、獨特的浴池等任您依照自己的喜好挑選。

鬼怒川不動瀧
きぬがわふどうたき

耗時費工製作的料理廣受好評的住宿。米、肉與蔬菜也講究使用栃木縣產的食材，能享受到在地的當季美味。從大浴場的露天浴池與客房都能一覽鬼怒川的自然風光。

☎0288-76-2008 MAP 附錄②24 B-4
所日光市鬼怒川溫泉大原656-1
東武線鬼怒川溫泉站搭計程車3分
P12輛

能嚐到重視季節感的極上懷石料理

住宿DATA
¥1泊2食 平日／17280日圓～
假日前日／20520日圓～
in15:00 out10:00 內湯：男1、女1／露天：男1、女1／有客房露天 日不可 C不可

從客房享受四季流轉的景色

住宿的 自豪浴池
一覽鬼怒川的自然風光
從露天浴池望出的景色堪稱絕景。享受隨四季轉變的鬼怒川自然之美吧。

能享受奢侈泡湯的空中庭園露天浴池

住宿的 **自豪浴池**
豪華的露天浴池
景觀視野良好的空中庭園露天浴池,讓人充滿活力。享受夜晚點燈後的夢幻氛圍吧。

Asaya飯店
きぬがわおんせんあさや

細心周到,令人安心的住宿。有標準日式客房、西式客房、日西式客房、附露天浴池的客房,可配合季節挑選。自家源泉的子寶之湯也有相當高的人氣。

☎0288-77-1111 **MAP**附錄②25 C-2
所日光市鬼怒川溫泉滝813
交東武線鬼怒川溫泉站搭日光交通巴士往各旅館飯店方向8分,あさや下車即到 P400輛

住宿DATA
¥1泊2食(使用秀峰館日式房間時)
平日/12960日圓～19440日圓
假日前日/16200日圓～27000日圓
in15:00 out10:00 浴內湯:男2、女2/露天:男1、女1
/有客房露天(部分)/有包租 日不可 C可

↑陳列著日、西、中式合起來共約有100道料理的自助餐,也是飯店自豪之處

↑能一邊眺望著風景,一邊悠閒度過時光的客房

鬼怒川夢之季大飯店
きぬがわグランドホテルゆめのとき

有9種浴池與5種包租露天浴池,可依喜好選擇、享受。料理全都是活用當季當地食材所製作的。一邊欣賞美麗的庭園,一邊度過奢華的享受時光。

☎0288-77-1313 **MAP**附錄②25 C-4
所日光市鬼怒川溫泉大原1021
交東武線鬼怒川溫泉站步行8分
P100輛

住宿DATA
¥1泊2食 平日/15000日圓～
假日前日/18000日圓～
in15:00 out10:00
浴內湯:男1、女1/露天:男2、女2
日不可 C可

↑頗有情調的包租浴池

住宿的 **自豪浴池**
享受9種浴池
深水露天浴池、微氣泡浴缸等9種浴池採男女輪流制,因此全部都能享受得到。

享受如在夢中似幻頗具風情的多種浴池

鬼怒川公園飯店
きぬがわパークホテルズ

住宿的 **自豪浴池**
享受溫泉散步
江戶浮世匯浴池、古代檜木浴池、屋形船浴池等,有許多飯店花費巧思營造出的浴池。

備齊豐富多樣的客房與浴池

從簡單的西式客房到附有露天浴池的客房,飯店備有4棟住宿設施。2大浴場中,各備有3種溫泉浴池。也推薦庭園包租露天浴池。大浴場採區分時段的男女輪流制。

☎0288-77-1289 **MAP**附錄②25 B-5
所日光市鬼怒川溫泉大原1409
交東武線鬼怒川溫泉站步行5分
P100輛

↑也可選擇客房用餐、餐廳用餐等形式

住宿DATA
¥1泊2食
木樂館〈本館〉/11880日圓～
附露天浴池客房/23760日圓～
in15:00 out10:00 浴內湯:男1、女1/露天:男1、女1/有包租 日12:00～17:30/不定休/800日圓 C可

鬼怒川溫泉飯店
きぬがわおんせんホテル

以「結旅」為概念,也曾獲「Welcome Baby」認證,是對家族旅行友善的飯店。能享受到提供現做料理、臨場感十足的自助餐,也可選擇在包廂餐廳享用鍋物為主的結坐宴席。

☎0288-77-0025 **MAP**附錄②25 C-2
所日光市鬼怒川溫泉滝545
交東武線鬼怒川溫泉站搭日光交通巴士往各旅館飯店方向7分,鬼怒川溫泉ホテル玄関前下車即到
P100輛

住宿DATA
¥1泊2食 平日/12030日圓～
假日前日/16350日圓～ in15:00 out10:00
浴內湯:男1、女1/露天:男1、女1/有包租
日14:00～17:00/無休/1130日圓 C可

↑在自助餐中可享受充滿臨場感的正統窯烤料理

↑除了床鋪之外,也有寬敞榻榻米空間的摩登客房

在沿著溪谷的大浴場悠閒自在

住宿的 **自豪浴池**
石造與木造的大浴場
在寬敞的2種大浴場和包租浴池,能享受到對肌膚溫和的單純泉。

鬼怒川溫泉 山樂酒店
きぬがわおんせんさんらく

全客房皆打造得寬敞舒適，讓人能舒暢放鬆。在望著溪谷的大浴場盡情享受溫泉之後，還有令人欣喜的服務——泡湯完畢有免費飲品可飲用。季節食材裝盛在嚴選器皿中，料理外觀與料理本身都令人想好好享受一番。

☎0288-76-2211　MAP附錄②25 C-3
所日光市鬼怒川溫泉大原1060
交東武線鬼怒川溫泉站步行10分
P80輛

住宿DATA
¥1泊2食 平日／27000日圓～ 假日前日／30000日圓～
in14:00　out10:30
浴内湯：男1、女1／露天：男1、女1
日不可　C可

川溪谷的景觀，這也是此住宿的魅力所在
全客房都能欣賞到鬼怒

住宿的 **自豪浴池**
風情滿溢的檜木露天
眺望鬼怒川溪谷，被溫柔的香氣所包圍，令人有如身在林中的檜木露天浴池。

在寬敞的大浴場與檜木露天浴池爽快泡湯

↑二代家族或團體可使用的寬敞客房

↑日式摩登的餐廳，能品嘗到創作料理

鬼怒川皇家酒店
きぬがわロイヤルホテル

旅館位於可觀賞名勝「楯岩」的視野絕佳地點，令人欣喜的是住宿費用365天都一樣。也有豐富的設施——泳池（僅夏季）、卡拉OK、撞球、桌球等可免費使用。全客房禁菸。

☎0288-77-2111　MAP附錄②25 A-5
所日光市鬼怒川溫泉大原1426-2
交東武線鬼怒川溫泉站步行10分
P80輛

住宿DATA
¥1泊2食（含服務費）平日、假日前日／8424日圓
in15:00　out12:00
浴内湯：男1、女1／露天：男1、女1／有包租
日不可　C可

住宿的 **自豪浴池**
包租露天
包租露天浴池「觀景之湯」，僅受理當日預約，1組可免費使用30分。

也有12疊大、能舒適放鬆的日式客房

眺望名勝「楯岩」的絕景住宿

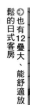

露天浴池面對著四季風景變化美麗的溪谷

住宿的 **自豪浴池**
近在眼前的溪谷之美
簡直就像浮在空中的露天浴池。也能享受像寢湯一樣，把頭靠在花崗岩枕上泡湯。

鬼怒川溫泉 寂靜的旅館 七重八重
せいじゃくとまごころのやどなななえやえ

從客房望出去便是四季流轉的自然之美。也有在想泡的時候，就能享受溫泉的附露天浴池客房。2016年1月大浴場翻新。盡情享受景觀良好的露天浴池，以及寬敞的室內浴池吧。能品嘗到岩魚生魚片、豆腐皮等的晚餐，還有以蔬菜為主的早餐也廣受好評。

☎0288-77-2222　MAP附錄②25 C-4
所日光市鬼怒川溫泉大原1060
交東武線鬼怒川溫泉站步行5分
P30輛

住宿DATA
¥1泊2食 平日／17280日圓～
假日前日／20520日圓～　in15:00　out
10:00　浴内湯：男1、女1／露天：男1、女1／有客房露天／有包租　日不可　C可

能品嘗到栃木夢觀豬肉、岩魚等地和風宴席
腐皮、

原創的日本酒「七重八重」與料理搭配也非常出色

鬼怒川陽光飯店
ホテルサンシャインきぬがわ

建於鬼怒楯岩大吊橋眼前，視野景觀豐富的住宿。備有兒童客房、女士客房等6種類型的客房。晚餐為陳列著約有70種料理的自助餐，或使用當季食材的日式料理。

☎0288-77-2727 **MAP** 附錄②25 A-5
所日光市鬼怒川溫泉大原1437-1
東武線鬼怒川溫泉站步行10分 **P**100輛

住宿DATA
¥1泊2食 平日／10800日圓～
假日前日／14040日圓～ in15:00 out10:00
內湯：男1、女1／露天：男1、女1／有客房露天／有包租 不可 可

從露天浴池一覽溪谷與群山

↑俯瞰鬼怒川的黑花崗岩大浴場「鬼黑美湯」

這樣的樂趣

視野超群的足湯咖啡廳
邊眺望鬼怒楯岩大吊橋與其周邊風景，邊泡足湯度過一個暖和的下午茶時光吧。

這樣的樂趣

能穿泳裝進入的花園SPA
有滑水道與流水泳池等，能一邊泡溫泉一邊玩耍，因此小孩也能玩得非常開心。

種類豐富的浴池與可供玩樂的SPA設施齊全

鬼怒川溫泉 三日月旅館
きぬがわホテルみかづき

一覽鬼怒川溪谷的大浴場中，變化豐富的浴池齊聚一堂。更衣處與化妝室也非常寬廣，使用起來相當順手。盡情享受溫泉之後，在擁有日式風情、沉靜的客房中，眺望著群山，悠閒地度過吧。

☎0288-77-2611 **MAP** 附錄②25 B-4
所日光市鬼怒川溫泉大原1400 東武線
鬼怒川溫泉站步行3分 **P**200輛

←備有十餘種豐富的浴池

住宿DATA
¥1泊2食 平日／16200日圓～ 假日前日／19440日圓～
in15:00 out10:00
內湯：3／露天：3(室內、露天皆為男女輪流制)／有客房露天 12:00～18:00／無休／1080日圓(週六日、假日為1620日圓) 可

泳池加咖啡廳，樂趣多多
設施豐富的住宿
為您介紹備有各式各樣的設施，在館內能度過充實時光的住宿。

這樣的樂趣

寬大舒適的度假生活
擁有7種浴池與充滿開放感的室內溫水泳池，能放鬆地療癒平日的疲勞。

溫泉、療癒、美食都能享受的奢華住宿時光

↑高雅氛圍的客房，全客房都有陽臺

↑能品嘗到當季食材交織出和洋折衷的全餐、法國菜等料理

↑有如被森林包圍，開放感滿溢的露天岩浴池

鬼怒川 豐收季飯店
ホテルハーヴェストきぬがわ

河川潺潺水聲令人感到舒適的度假村飯店。在備有露天浴池、寢湯、三溫暖、按摩池、室內溫水泳池等的「Cure Zone」，能度過優雅的時光。晚餐令人欣喜地有和洋折衷、法國菜、宴席、自助餐可供選擇。

☎0288-76-0100 **MAP** 附錄②24 B-4
所日光市鬼怒川溫泉大原14-10
東武線東武世界廣場站步行5分 **P**191輛

住宿DATA
¥1泊2食 平日・假日前日／12960日圓～
in15:00 out11:00
內湯：男1、女1／露天：男1、女1 不可 可

這樣的樂趣

2個源泉
可期待美膚功效的Ph值9.0的鹼性單純泉「大瀧之湯」與「寶之湯」是分別來自2個源泉。

能悠哉地在充實的設施度過

伊東園飯店 新櫻花
いとうえんホテルニューさくら

在溫泉旅館還能有卡拉OK、桌球、撞球等讓人開心的設施，且都能免費使用。在浴池悠閒度過的同時，也可和全家人一起玩耍度過一天。

☎0288-77-0048 **MAP** 附錄②25 C-4
所日光市鬼怒川溫泉大原1060
東武線鬼怒川溫泉站步行10分 **P**100輛

住宿DATA
¥1泊2食 平日・假日前日／6800日圓～
in15:00 out12:00 內湯：男1、女1／露天：男1、女1／包租:4 不可 可

劇場
日光猴子軍團
●にっこうさるぐんだん

MAP附錄②24 B-5 景點 📷

📞0288-70-1288

猴子們出色的團體表演

以「反省」為人熟知的太郎、次郎新開張的「日光猴子軍團」。演出在學校上課的模樣，以及扮成警察的猴子們，展開一連串讓人捧腹大笑的短劇。

⏰10:00～16:30（週六日、假日為9:00～）
休無休
¥大人2000日圓、兒童1000日圓
所日光市柄倉763 交通東武鬼怒川溫泉站搭日光交通巴士往日光江戶村方向約22分，おさるの学校前下車即到 P200輛

←能大半天都待在這裡玩樂的全天候型設施

←擁有各式各樣技藝，愉快的猴子們等候著您的到來

鬼怒川溫泉
きぬがわおんせん
矚目景點

MAP 附錄② P.18・24　住宿資訊 P.68～71

介紹！在附錄②
●日鹽紅葉線 ………………… 附錄②P.9

休閒設施
GRANDE ISOLA
玩樂

📞0288-77-3500

MAP附錄②24 B-4

來挑戰各種不同的路線吧

在自然環境中有設置完善、路線全長365m的專門賽車場。也有2人共乘，或4歲起可乘坐的兒童專用賽車，不用駕照就能玩。

⏰9:00～17:00
休無休
¥計時競賽（5圈）2000日圓～
所日光市小佐越320-1
交通東武線小佐越站步行10分
P35輛

↑可免費租借安全帽

迷宮
巨型迷宮Palladium
●きょだいめいろ パラディアム
玩樂

📞0288-77-2239

MAP附錄②24 B-5

體驗大規模迷宮！

在3500㎡的腹地內，立有2m高的牆壁，環繞形成的巨大迷宮，要繞經4處檢查點蓋章之後才能前往終點。平均時間為40分。跟家人或朋友一起來運用腦力及體力破關吧。

⏰9:15～15:15
休無休
¥票價：成人800日圓、兒童500日圓（團體20人以上，1人折100日圓）
所日光市柄倉465
交通東武線鬼怒川溫泉站搭日光交通巴士往日光江戶村方向22分，終點下車即到 P100輛（收費）

←能否攻破龐大的迷宮呢？

空中纜車
鬼怒川溫泉空中纜車・猴山
●きぬがわおんせんロープウェイおさるのやま
玩樂

📞0288-77-0700

MAP附錄②25 B-1

能與可愛的猴子們接觸

連接海拔700m的丸山山頂，以及溫泉山麓的「鬼怒川空中纜車」。山頂有猴子的樂園「猴山」，能與數十隻的猴子近距離接觸。此外，也有展望台，可以一覽溫泉街街景。

⏰9:00～16:00（有季節性變動）
¥空中纜車（來回）成人1100日圓、兒童550日圓
所日光市鬼怒川溫泉滝834
交通東武線鬼怒川公園站步行15分 P60輛

↑能餵食猴子飼料

美術館
TRICK ART日光
●とりっくあーとびあにっこう
玩樂

📞0288-77-3565

MAP附錄②24 B-5

在日光體驗話題的TRICK ART！

在這個體驗型博物館中，能用「觀賞、拍照、觸摸」的方式來享受利用視覺錯覺的繪畫與物品等的TRICK ART。

⏰9:30～17:00（7月中旬～8月末為9:00～17:30）
休無休（有臨時休）
¥成人1900日圓、兒童1100日圓
所日光市小佐越1-4
交通東武線鬼怒川溫泉站搭日光交通巴士往日光江戶村方向22分，とりっくあーと前下車即到 P100輛

←來試試不可思議的體驗吧

美術館
相田光男 心之美術館
●あいだみつをこころのびじゅつかん
景點 📷

📞0288-76-8736（花茶寮）

MAP附錄②24 B-4

能接觸到詩人對人之愛的美術館

展示詩人、書法家——相田光男的作品。館內設有懷石料理店、日式雜貨店、日式甜點店。

⏰10:30～17:00
休週三（逢假日則開館）
¥成人400日圓、兒童200日圓
所日光市鬼怒川溫泉大原652-1
交通東武線鬼怒川溫泉站搭計程車5分 P20輛

↑來看看打動人心的作品吧

植物園
日光 花一文目
●にっこうはないちもんめ
景點 📷

📞0288-77-0866

MAP附錄②24 B-4

被色彩鮮艷的秋海棠包圍

在2個溫室中，能觀賞盛開花朵的秋海棠花園。從12月中旬～5月底也能享受採草莓活動（費用另計、預約優先）。

⏰9:00～16:00
休無休
¥成人（國中生以上）800日圓、兒童400日圓
所日光市小佐越坂の下800
交通東武線鬼怒川溫泉站搭日光交通巴士往日光江戶村方向15分，花いちもんめ下車即到 P40輛

日光花いちもんめ
←也有咖啡廳及販售盆栽的區域

美術館
日光竹久夢二美術館
●にっこうたけひさゆめじびじゅつかん
景點 📷

📞0288-77-0777

MAP附錄②24 B-5

「大正浮世繪師」的軌跡

展示流傳諸多美人畫的竹久夢二的版畫與著作等。也能享受館內讓人回想起大正時代的氛圍。

⏰9:30～16:30（17:00打烊）
休週三（逢假日則營業）
¥大人850日圓、兒童400日圓
所日光市柄倉772-1
交通東武線鬼怒川溫泉站搭日光交通巴士往日光江戶村方向18分，柄倉入口下車，步行10分 P30輛

↑以夢二親筆畫為主的展示室

バリアフリー鉄道農園「風だより」

MAP 附錄②18 F-2

餐廳　美食

●バリアフリーてつどうのうえんかぜだより　☎0287-41-1058

為溫和的當地美味所療癒

位於山中的木屋咖啡廳、餐廳。從地下150m汲取的水，以及當地的新鮮雞蛋等，對食材講究的料理為餐廳名物。搭上連輪椅也能搭乘的迷你鐵道，重拾童心也相當不錯。

⏰11:00～16:00(17:00打烊)
休週一～三(有臨時休，需洽詢)
￥特製起司蛋糕450日圓　所塩谷町上寺島1529-5
🚋東武線鬼怒川溫泉站搭計程車30分　🅿15輛

↪照片前方為「滑順蛋包飯」1200日圓

花茶寮

MAP 附錄②24 B-4

懷石　美食

●はなさりょう　☎0288-76-8736

四季流轉的景色與懷石料理

併設於相田光男 心之美術館中，在這裡能品嘗到活用當季食材的京風懷石。

⏰11:00～16:30
休週三(逢假日則營業)
￥鈴蘭3000日圓
所日光市鬼怒川溫泉大原652-1
🚋東武線鬼怒川溫泉站搭計程車5分　🅿20輛

↪「露草」2000日圓等的懷石料理，相當受歡迎

Trattoria CAMINO

MAP 附錄②25 B-5

義大利菜　美食

☎0288-76-0867

起司化開的窯烤披薩

用義大利原裝石窯烤出的披薩，以及使用季節食材製作的義大利麵，是相當受歡迎的義大利菜。

⏰11:30～14:30、17:30～21:00
休週三(逢假日則營業)
￥蛤蜊與手長蝦的義大利扁麵1450日圓
所日光市鬼怒川溫泉大原1430-2
🚋東武線鬼怒川溫泉站步行8分　🅿10輛

↪「披薩－瑪格麗特」1500日圓

ゆば御膳 みやざき

MAP 附錄②25 C-3

和食　美食

●ゆばごぜんみやざき　☎0288-77-1155

生豆腐皮的口感令人無法擋！

位於俯視鬼怒川溪谷的不住宿溫泉中，需預約的餐廳。店家引以為傲的是正統豆腐皮料理。

⏰11:00～14:00、17:00～19:00(需預約)
休不定休
￥生豆腐皮膳松3150日圓
所日光市藤原1
🚋東武線鬼怒川溫泉站步行13分
🅿10輛

↪「生豆腐皮迷你膳」1570日圓～

盛永本店

MAP 附錄②25 C-4

和菓子店　購物

●もりながほんてん　☎0288-77-0405

胡桃與紅豆餡的黃金組合

除了使用十勝產健康小豆製作的胡桃饅頭之外，還有鬼怒川閃饅頭等，相當受歡迎的和菓子店。

⏰8:30～18:00(視節而異)
休不定休
所日光市鬼怒川溫泉大原1060
🚋東武線鬼怒川溫泉站步行5分
🅿無

↪「胡桃饅頭」1個160日圓

おみやげ処すみ屋

MAP 附錄②25 C-4

伴手禮店　購物

●おみやげどころすみや　☎0288-77-0821

口感Q彈的外皮與高雅的甜度！

以古民宅為構想概念的老字號旅館「Asaya飯店」(→P.69)所直營的伴手禮專賣店。以原創商品為首，並備齊大量的栃木名物。

⏰8:00～17:00
休無休
所日光市鬼怒川溫泉大原1396-8
🚋東武線鬼怒川溫泉站即到
🅿無

↪人氣第一的「Asaya特製溫泉饅頭」。12入1080日圓、8入780日圓

Air Vif

MAP 附錄②24 B-4

咖啡廳

●エアーヴィフ　☎0288-76-8477

被河川與樹林包圍的咖啡廳

對食材講究的手作派咖啡廳。也備齊非常重視香氣與味道的紅茶與自家製甜點，戚風蛋糕也很有人氣。木屋風的店內有暖爐，時間的流逝似乎慢了下來。

⏰11:30～18:00(冬季至17:30)
休週二、三　￥戚風蛋糕650日圓
所日光市小佐越171-2　🚋東武線小佐越站步行10分　🅿10輛

↪添加16種辛香料的「Air Vif咖哩」950日圓

お持ち帰り処きぬた茶屋

MAP 附錄②25 B-5

和菓子店　購物

●おもちかえりどころきぬたちゃや　☎0288-25-3873

橫臥的鬼好可愛！

鬼怒川溫泉的吉祥物──「鬼怒太」橫臥模樣的鯛魚燒風烤點心為本店名物。

⏰9:00～16:00
休週一
所日光市鬼怒川溫泉大原1398-13
🚋東武線鬼怒川溫泉站步行2分
🅿無

↪滿滿栃木產草莓與紅豆的綜合餡。「鬼怒太」1個150日圓

一楽

MAP 附錄②25 C-5

伴手禮店　購物

●いちらく　☎0288-77-0822

羅列鬼怒川必買的伴手禮

鬼怒川溫泉站前的伴手禮店。備齊豐富的當地名產品。金谷飯店Bakery的麵包，擁有秒殺售完的人氣。

⏰8:00～16:30
休不定休
所日光市鬼怒川溫泉大原1389-28
🚋東武線鬼怒川溫泉站即到　🅿5輛

↪「生溜醬油醃蕗蕎」630日圓、「百年咖哩」950日圓

Rmart(Rainbow鬼怒川店)

MAP 附錄②25 C-5

便利商店　購物

●アールマート(レインボーきぬがわてん)　☎0288-77-1180

來個現烤麵包與咖啡，小歇一下

除了麵包與便當等，也有販售伴手禮。在寬敞的內用空間，能享用店內現烤的麵包與咖啡。

⏰7:00～21:00(週六、日至22:00)　休無休
所日光市鬼怒川溫泉大原1398-15
🚋東武線鬼怒川溫泉站即到　🅿無(車站前有前30分免費的收費停車場)

↪「特調咖啡」194日圓～，一般以外帶杯裝

溪谷的溫泉住宿

從以前就是謐靜的湯治場

邊眺望溪谷的大自然，邊度過悠閒的時光也很不賴。
輕鬆愉快地療癒平日的疲勞吧。

受溪谷之美療癒的湯治場

是這樣的地方！

（かわじおんせん）

川治溫泉

位於男鹿川與鬼怒川匯流峽谷的溫泉區。有當作湯治場的溫療傳統，據說有「受傷到川治；燙傷到瀧（鬼怒川）」的說法，從古早就為人熟知。

MAP
詳細請見 P.75
廣域 附錄② P.24

住宿資訊
P.74～75

洽詢
日光市觀光協會
☎0288-22-1525
東武巴士日光 日光營業處
☎0288-54-1138

ACCESS

鐵道	野岩鐵道會津鬼怒川線直通 東武特急
	淺草站 — 川治湯元站
	⏱所需時間／2時間25～40分 ¥費用／3660日圓
	東武鬼怒川線快速、普通（野岩鐵道）會津鬼怒川線直通
	鬼怒川溫泉站 — 川治湯元站
	⏱所需時間／20分 ¥費用／450日圓
車	日光宇都宮道路 今市IC — ⑫⑭ 鬼怒川溫泉 — ⑫⑭ 川治湯元站
	⏱所需時間／40分（鬼怒川溫泉20分） 🚗23km

聽著溪流的潺潺水聲
泡在舒緩身心的露天浴池

自豪的浴池是 這個
沿著溪谷的露天浴池
能聽見潺潺的流水聲，感受開放空間與四季的同時，能悠然享受的露天浴池。

↑被野州麻紙柔和光線包圍的「野州麻紙之間」

↑有利用水車動力轉動的石臼，以及燒炭地爐的水車小屋

→玩心四溢、山林的宴席料理，好吃到咂嘴

星野集團　界 川治
（ほしのリゾートかいかわじ）

川治溫泉以寧靜溫泉鄉為人所知，此溫泉旅館便佇立在溫泉溪流邊。長屋門深處頗有風情的水車傳出規律的聲響，能感受到只有山中才有的溫暖情調。

☎0570-073-011（界 預約中心）　MAP 75 B-1
🏠日光市川治溫泉川治22
🚃野岩鐵道川治湯元站車程5分（有接送）　🅿40輛

住宿DATA
¥1泊2食
平日／19000日圓～
假日前日／25000日圓～
in15:00 out12:00
♨內湯：男1、女1／露天：男2、女2／有客房
露天：不可　C可

自豪的浴池是 這個
男子露天浴池改裝
住宿自豪的日式情懷滿溢的露天浴池。弱鹼性的溫泉具有美肌效果而為人所知。

源泉放流男鹿川
展現於眼下的
人氣露天浴池

一柳閣本館
（いちりゅうかくほんかん）

以每分380ℓ壓倒性的泉量自豪。從位於最上層的展望大浴場，可一覽川治溫泉，此外也有包租展望浴池（需預約）。

☎0288-78-1111　MAP 75 B-2
🏠日光市川治溫泉高原46
🚃野岩鐵道川治湯元站步行20分　🅿80輛

↑為川治溫泉中建築最高的住宿。視野最佳，相當受歡迎。

住宿DATA
¥1泊2食 平日、假日前日／8424日圓～（含服務費）in15:00 out12:00 ♨內湯：男1、女1／
露天：男1、女1／有包租展望浴池
🚿14:00～17:00／無休／750日圓 C可

←讓人能專心傾聽男鹿川的潺潺水聲，並同時放鬆的和室

自豪的浴池是 這個
調配2種源泉
擁有290年歷史以上的溫泉。混合了2種不同溫度的源泉，將溫度調節得恰到好處。

源泉放流的溫和之湯
為飯店的得意之作

川治Livemax度假村
（リブマックスリゾートかわじ）

眺望著流過眼前的男鹿川，同時還能舒適放鬆，正是飯店所引以為傲，講求雅致與悠然的日式空間。恬靜的氛圍必會讓心趨於平靜。

☎0288-78-0011　MAP 75 B-1
🏠日光市川治溫泉川治11
🚃野岩鐵道川治湯元站步行10分　🅿50輛

住宿DATA
¥1泊2食 平日／9000日圓～
假日前日／12000日圓～
in15:00 out11:00 ♨內湯：男1、女1／露天：男2、女2／景觀風呂：有
包租／有足湯 🚿15:00～19:00／
無休／1000日圓（附毛巾）C可

圖例：in CHECK IN　out CHECK OUT　♨浴池種類　🚿不住宿使用　C信用卡

川治溫泉的順路景點

■ 川治溫泉 藥師之湯 かわじおんせん やくしのゆ

有針對神經痛、關節痛、慢性消化器官疾病的療效，是對肌膚溫和的溫泉，因此作為「美肌之湯」也相當有人氣。有半露天浴池的共同浴場，以及位於河畔的混浴露天浴池。

📞0288-78-0229 MAP 75 A-2

🕐10:00～21:30，冬季(12月11日～3月31日)則為14:00～20:00 休週三(逢假日則翌日休，12月28日～1月9日為無休)

💴成人510日圓、兒童250日圓、包租浴池3080日圓～ 所日光市川治溫泉川治278-2 🚉野岩鐵道川治湯元站步行15分 P20輛

➡位於男鹿川沿，視野超群。浴缸的種類也很豐富

■ 龍王峽 りゅうおうきょう

據說此地形是在約2200年前因海底火山噴發而形成的，也被稱為「岩之公園」，峽長3km，鮮活的溪谷之美蜿蜒其中。

MAP 附錄②24 C-2

📞0288-76-4111

(日光市觀光部藤原觀光課)

🕐自由參觀 所日光市藤原1357 🚉野岩鐵道龍王峽站即到 P100輛

➡壯麗的景色與自然造景之美，相當值得一見

■ 大黑屋製菓店 だいこくやせいかてん

溫泉饅頭名店。也有許多粉絲不惜遠道而來，就為了購買這個低糖鬆軟的美味饅頭。建議預約。

MAP 75 B-2

📞0288-78-0138

🕐8:00～18:00 休無休 所日光市川治溫泉高原48-3 🚉野岩鐵道川治溫泉站搭日光交通巴士往湯西川溫泉方向3分，一柳閣前下車即到 P無

➡溫泉饅頭(12個)1050日圓。作好的成品總會在當日內售完

■ 手打ちそば 朝日屋 てうちそば あさひや

店家自豪的蕎麥麵，是以稱為江戶打的獨特技法製作，麵身細、富有嚼勁且入喉口感獨特。僅使用國產蕎麥粉。上午能見到手打製麵的現場表演。

📞0288-78-0109 MAP 75 B-2

🕐11:30～16:00 休不定休 所日光市川治溫泉高原53 🚉野岩鐵道川治溫泉站搭日光交通巴士往湯西川溫泉方向3分，柏屋ホテル前下車即到 P5輛

➡「竹籠蕎麥麵」750日圓。40年以上美味不變的極品蕎麥麵

川治的大自然與暖和的溫泉
令人忘卻時間

湯煙之里 柏屋 ゆけむりのさとかしわや

大正15(1926)年創業的老字號溫泉住宿。所有客房皆面對河川，受川治大自然懷抱，在此能舒適地忘卻時間好好放鬆，是人氣住宿。活用當季食材的料理也相當令人期待。

📞0288-78-0002 MAP 75 A-2

所日光市川治溫泉高原62 🚉野岩鐵道川治湯元站步行15分(有住宿接送，需預約) P50輛

自豪的浴池是 這個

➡靈活得風雅觀，讓心成在山川交織而

擁有開放感的露天溫泉
住宿自豪的露天溫泉有著臨近川邊的開放感。能享受四季變換的風景與群山壯麗之景。

住宿DATA
💴1泊2食 平日／16200日圓～假日前日／19440日圓～ in15:00 out10:00 🛁內湯：男1、女1／露天：男2、女2／有包租／有客房露天／有足湯 ⓘ限假平日14:00～16:00(受理結束為15:00)／不定休／1500日圓 C可(不住宿溫泉為不可)

想與珍視的人
在重要日子探訪的住宿

自豪的浴池是 這個

受竹林包圍的露天
靠近溫泉且稍燙的湯與較溫和的湯，以此組成2段結構的浴池。日落後會點燈，營造出夢幻之美。

➡空間。能看見有邊包覆感的標準客房式暖桌，令人感到安心，窗外是庭園的降板

祝之宿 壽庵旅館 いわいやどじゅあん

在「慶祝日」想來的老字號住宿。溫泉為被竹林包圍的露天，以及有木頭溫潤感的湯治場風格大浴場。客房為日式與摩登融合的空間。外觀色彩鮮明的懷石料理也獲得高價好評。

📞0288-78-1101 MAP 75 B-1

所日光市川治溫泉川治52 🚉野岩鐵道川治湯元站步行10分 P20輛

住宿DATA
💴1泊2食 平日、假日前日／21600日圓～ in15:00 out11:00 🛁內湯：男1、女1／露天：男2、女2 ⓘ不可 C可

川治溫泉

0 50m 地圖上的1cm為100m 1:10,000

📍景點 🎢玩樂 🍴美食 ☕咖啡廳
🛍購物 ♨溫泉 🏨住宿 ⚑活動

湯西川溫泉

（ゆにしがわおんせん）

流傳平家落人的傳說

山間的隱藏住宿

落人傳說歷史留存的溫泉鄉。眺望溪流、湯量豐富的露天浴池，以及在地爐燒烤著河魚、野鳥、鹿、熊等野味的落人料理是此處的名物。

MAP	詳細請見 P.77 廣域 附錄② P.19
住宿情報	P.76～77
洽詢	日光市觀光協會 ☎0288-22-1525

ACCESS

鐵道・巴士

野岩鐵道直通東武特急 → 淺草站 → 湯西川溫泉站　日光交通巴士 → 湯西川溫泉

⏱所需時間／3小時～3小時15分　💴費用／4750日圓

車

日光宇都宮道路　今市IC　121　249　→ 湯西川溫泉

⏱所需時間／1小時30分　🚗46km

平家落人傳說是什麼？

在湯西川溫泉流傳著「平家落人傳說」——壽永4（1185）年，與源氏的壇之浦之戰中，落敗的平家一門逃走隱居於此處。此聚落有許帶有「伴」的名字，被視為是遁逃的落人為掩飾自己是平家人而加上的，有將漢字拆開就變成「平之人」的意思之類的說法。

本家 伴久

（ほんけばんきゅう）

起始於平家落人發現溫泉，開始經營湯治宿。古早時代復甦在銘木、土壁造的古民宅建築中。湯西川源泉的溫泉，現在也仍能在露天浴池「藤鞍之湯」中享受到。用餐要越過「葛橋」，在「平家隱館」享用地爐盛宴。

☎0288-98-0011　MAP 77 B

所日光市湯西川749　交野岩鐵道湯西川溫泉站搭日光交通巴士往湯西川溫泉方向20分，本家伴久下車即到　P50輛

| 住宿DATA |
| ¥1泊2食（泡湯稅另計）平日／18000日圓～　假日前日／23000日圓～　in15:00／out10:00　內湯：男1、女1／露天：男1、女1／包租露天：3／有客房露天　日不可　C可 |

自豪的浴池是 這個

種類豐富的浴池

可在露天浴池、室內浴池、3個包租浴池內盡情泡溫泉。重新補充大自然的能量吧。

充滿歷史羅曼，與平家有淵源的住宿

→將湯西川夾在中間，住宿的本館與餐廳架有葛橋「平家隱館」之間

→人氣很高的本館。頗有風情的山家建築室內浴池附

湯西川 白雲之宿山城屋

（ゆにしがわはくうんのやどやましろや）

位於湯西川溫泉中央高地的住宿。全客房靠溪流畔能盡情享受湯西川的四季風情。能一邊在露天浴池泡湯，一邊享受森林浴的氛圍。圍著地爐，用炭火炙烤鹿、岩魚、山菜等的「平家鷹狩料理」也是住宿自豪的料理。

☎0288-98-0311　MAP 77 B

所日光市湯西川715　交野岩鐵道湯西川溫泉站搭日光交通巴士往湯西川溫泉方向20分，山城屋飯店前下車即到　P30輛

| 住宿DATA |
| ¥1泊2食 平日／10800日圓～　假日前日／14040日圓～　in15:00　out10:00　內湯：男1、女1／露天：男1、女1／包租露天：（40分內，免費）　日不可　C可 |

享受湯西川景觀與野趣滿溢的料理

自豪的浴池是 這個

豐富的大浴池

沿著溪流並列著3個包租浴池，及2個大露天浴池，從大浴池望出的景觀，在湯西川也廣受好評。

↑據說「平家鷹狩料理」是逃至湯西川的平家後裔，從長年隱居生活中，演變出的料理

湯西川旅館

（ホテルゆにしがわ）

2015年7月開幕的住宿。在受綠意包圍、滿溢野趣的露天浴池，能夠悠閒地放鬆。站著泡的「抬頭立湯」浴池（冬季休）也很有人氣。以和食為主的自助餐晚餐也廣受歡迎。

☎0288-98-0370　MAP 附錄② 19 C-1

所日光市湯西川597　交野岩鐵道湯西川溫泉站搭日光交通巴士往湯西川溫泉方向20分，湯西川保育所前下車即到　P70輛

| 住宿DATA |
| ¥1泊2食 平日／7800日圓～　假日前日／8800日圓～　in15:00　out12:00　內湯：男1、女1／露天：男1、女1／有包租露天　日不可　C可 |

身心皆獲療癒的 **3種源泉，相當受歡迎**

自豪的浴池是 這個

絕景大浴場

Ph9.2的鹼性溫泉被稱為「美肌之湯」。以合理的價格就能充分享受到。

↑沿著溪谷的客房，共有109間

↑當地捕獲的食材，用地爐仔細燒烤的落人料理，非常有名

湯西川溫泉的順路景點

■ 平家之里 へいけのさと

以平家落人傳說為基礎，展示了為了逃避追捕者的視線，而熟稔運用生活智慧的道具，以及追憶武家名門——平家的各類物品，除此之外還有現場表演，也有販售名物。

↑為了向後世傳達落人的生活形式，設有各式各樣的展示。

↑作為保存、傳承落人的秘話與傳說的據點所復原的村莊

↑能見到當時的生活用具

📞0288-98-0126 **MAP**77 A
⏰8:30～17:00（12～3月為9:00～16:30）
休無休 💴成人510日圓、中小學生250日圓
所日光市湯西川1042 🚌野岩鐵道湯西川溫泉站搭日光交通巴士往湯西川溫泉方向20分，本家萬久旅館前下車，步行5分 🅿50輛

■ 湯西川 水之鄉 ゆにしがわみずのさと

如合掌建築的大型屋頂與水車，是令人印象深刻的觀光中心，內有不住宿溫泉設施。有免費的足湯，腹地內有大吊橋，能夠往下俯視湯西川。

MAP附錄②19 D-1
📞0288-98-0260
⏰商店10:00～15:00、食堂11:00～15:00、溫泉10:00～18:00（19:00打烊）
休無休（12～4月為週三休）
💴成人500日圓、兒童250日圓 所日光市湯西川473-1 🚌野岩鐵道湯西川溫泉站搭日光交通巴士往湯西川溫泉方向15分，水の鄉觀光中心前下車即到 🅿70輛

↑從露天浴池往下俯瞰群山的風景也相當療癒

■ 会津屋豆腐店 あいづやとうふてん

一如既往使用湯西川湧泉製作的手作豆腐店。使用嚴選食材製作的豆腐，因能吃到豆子的原味，而廣受好評。

MAP77 A
📞0288-98-0443
⏰10:00～16:00
休不定休
💴涼拌豆腐400日圓 所日光市湯西川1003 🚌野岩鐵道湯西川溫泉站搭日光交通巴士往湯西川溫泉方向25分，終點下車，步行5分 🅿無

↑在和式座位悠閒品嘗豆腐料理等菜色吧

上屋敷 平之高房 かみやしきたいらのたかふさ

廣大的腹地中有4個風格不同的住宿建築、能品嘗湯西川名物——地爐料理的餐廳、與平家有淵源的十一面觀音像等散布其中。可享受四季自然、具開放性的大露天浴池也相當有魅力。

MAP附錄②19 C-1
📞0288-98-0336
所日光市湯西川1483 🚌野岩鐵道湯西川溫泉站搭日光交通巴士往湯西川溫泉方向25分，終點下車，步行20分（於終點有接送，需預約）🅿20輛

自豪的浴池是 這個
享受四季
有3個露天浴池，能享受其各自不同的樂趣。泉質無色透明且柔和滑順。具有美白功效。

住宿DATA
💴1泊2食 平日／14580日圓～
假日前日／16740日圓～
in15:00 out10:00 內湯：男1、女1／露天：男1、女1／包租露天：2／有客房露天 🈲不可 可

↑講究使用天然木建造的客房

↑建物為風格獨具的城寨形式木造建築

自豪的浴池是 這個
巡遊10種溫泉
100%自家源泉放流。也有許多包租露天浴池，連接泡湯處的迴廊也頗具風情。

↑充滿渾厚氛圍。館內處處展示著貴重的骨董

↑「究極的武家屋敷 古民家客房（特別房）」極～Kiwami～

豐富多樣的10種湯 源泉流放的溫泉天堂

桓武平氏因緣之宿 平家之庄 かんむへいしゆかりのやどへいけのしょう

享保3（1718）年創業的源泉溫泉旅館。館內玩心滿溢，讓人有如誤入古日本一般，能沉浸在這個非日常的世界中。擁有2道源泉，以豐富多樣的露天浴池為首，可享受10種溫泉。

📞0288-98-0031 **MAP**77 B
所日光市湯西川727-1 🚌野岩鐵道湯西川溫泉站搭日光交通巴士往湯西川溫泉方向24分，平家の庄前下車即到 🅿50輛

住宿DATA
💴1泊2食 平日／10000日圓～
假日前日／15000日圓～
in15:00 out10:00
內湯：男1、女1／露天：男1、女1／包租露天：6
🈲不可 可

周邊圖 附錄②19 C-1 **湯西川溫泉**
0 50m 地圖上的1cm約110m 1:11,000
景點 玩樂 美食 咖啡廳 購物 溫泉 住宿 活動

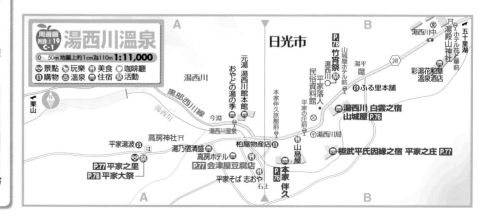

接觸水面時，濺起的水花引起一片歡呼！！

濺起水花撲通進入湖中！

↩也會舒適地悠閒遊覽水壩湖。盡情飽覽車窗外的景色吧

航遊美麗的水壩湖

水壩湖大冒險！

以「道路休息站 湯西川」或「水之鄉 湯西川」為出發暨抵達處的特別計畫，附有水壩參觀的水壩湖探險行程。能夠前進平常無法看到的設施內部，就用探險的心情大舉潛入！

↩在這樣的地方也有Dappakun

我是Dappakun

事前準備

●巴士車窗是敞開的。穿著防水快乾的衣服參加吧。
●由於沒有廁所，所以出發前要先上一下喔。
●冬季衣服要保暖的。有圍毯、長風衣可借用。

↩「Dappakun」吉祥物，在出發暨抵達處，有可能會出現目送大家！

↑日本第一台國產水陸兩用巴士

湯西川Duck Tour

●ゆにしがわダックツアー

搭乘第一台日本產水陸兩用巴士進行的探險行程。遊覽受大自然恩惠的水壩湖、嶄新完成的湯西川水壩設施，約80～95分的旅程。不時還能觀察到鹿、猿、猛禽類等的動物。

☎0288-78-0345　**MAP**附錄②18 E-1、附錄②27 A-4
🕐4月上旬～12月上旬、電話受理9:00～17:00（1日8～10班，有季節性變動，需預約）　休不定休　¥成人3000日圓、兒童2000日圓　🏠日光市西川478-1 公路休息站 湯西川（出發暨抵達處有2處）🚉野岩鐵道湯西川溫泉站即到　🅿50輛

⬇行程的出發暨抵達處有2個⬇

公路休息站 湯西川
MAP附錄②18 E-1、附錄②27 A-4
可直通野岩鐵道的車站。展望浴池的不住宿天然溫泉，及免費足湯很受歡迎。
也請參照附錄②P.14

湯西川 水之鄉
MAP附錄②19 D-1
位於平家落人之里的觀光中心。「蝶之美術館」僅週六、日開放（免費入場）。
也請參照P.77

極度接近巨大的水泥牆

2012年竣工的湯西川水壩，這是能近距離參觀水壩的珍貴良機。戴上工程帽，潛入平日無法進入的水壩設施中。聆聽導覽員詳細的解說，能更進一步感受到巨大水壩的震撼力。肯定會被高度超過100m的水泥牆給震懾到。

↑超近距離參觀，似乎會讓人不禁忘了時間

這裡也要CHECK！ 湯西川溫泉的活動

不只有溫泉而已！在湯西川有舉行各式各樣的活動。
事先作好功課，似乎能夠增添不少旅行回憶！

6月第1個週六為前夜祭、第1個週日為本祭

傳達平清盛與過去的歷史
平家大祭
穿著鎧甲的武士們與和服裝扮的公主們在湯西川街道上遊行。來現場觀賞平家繪卷的光景吧。
MAP 77 A

8月中旬～下旬舉辦

絢麗裝飾夏夜
極光幻想節
能盡情觀賞用雷射光束營造出幻境般的光之藝術。會場未定，需洽詢。
☎0288-22-1525（日光市觀光協會）

7月中旬～7月下旬

能視時間享受到不同的氛圍
竹宵祭
點亮用竹子作的燈籠，裝飾街道的七夕祭典。7月下旬也同時舉辦放水燈活動。
MAP 77 B

1月下旬～3月上旬舉辦

光的演出也非常精采
湯西川溫泉雪洞祭
在諸多大大小小的雪洞中，點亮蠟燭。夜晚街上處處充滿夢幻的光景。
MAP附錄②19 C-1

是這樣的地方！

再往鬼怒川上游去的地方，有川俁溫泉。在綠意中悄然佇立的溫泉住宿，好好地放鬆吧。也有間歇泉、瀬戶合峽等諸多風景勝地，能享受四季流轉之美。

MAP	附錄②P.19
住宿資訊	P.79
洽詢	日光市觀光協會 ☎0288-22-1525

ACCESS

🚌 鬼怒川溫泉站 ──日光市營巴士── 川俁溫泉
⏱所需小時／1小時27分　¥1440日圓
※前往鬼怒川的交通方式請見P.58

🚗 日光宇都宮道路 今市IC ─127─23─ 川俁溫泉
⏱所需小時／1小時25分　🔢51km

將悠久的大自然盡收眼底
寂靜的秘境住宿

如縫補峭立岩壁般的溪流、美麗的群山、動態的間歇泉。
在寂靜包圍的秘境溫泉鄉，度過平靜安穩的時光吧。

川俁 一柳閣
かわまたいちりゅうかく

✿佇立於鬼怒川源流溪谷的平靜溫泉住宿

溪流旁的露天浴池，是能將山間景色一覽無遺的暢快之地。源泉放流的溫泉為弱鹼性且滋潤滑順，讓身體從體內暖和起來。

☎0288-96-0111　MAP附錄②19 B-2
所日光市川俁40-3
🚌東武線鬼怒川溫泉站搭日光市營巴士往女夫渕方向1小時30分，一柳閣前下車即到　P35輛

住宿DATA
¥1泊2食 平日／10000日圓～ 假日前日／12000日圓　in14:00
out10:00　♨內湯：男1、女1／露天：男1、女1／包租露天：3
（免費，無需預）　日10:00～15:00／不定休／1000日圓　C可

↑有檜木浴池、大岩浴池、小岩浴池、3種包租浴池

自豪的浴池是這個
大露天浴池
新綠、紅葉、雪景等四季流轉的風景，在溪流旁的大露天浴池前展現開來。

↑能品嘗到岩魚、鹿肉等野趣橫溢的料理

自豪的浴池是這個
間歇泉與溪谷美
寬廣的窗戶面向著綠意盎然的溪谷與豪爽的間歇泉。在開放的空間中感受大地的力量吧。

眺望動感噴發的間歇泉✿

川俁觀光Hotel 仙心亭
かわまたかんこうホテルせんしんてい

能享受溪谷之美與優質溫泉的住宿。從客房與露天浴池（冬季關閉）也能眺望噴發20～30m熱泉的間歇泉。

☎0288-96-0221　MAP附錄②19 B-2
所日光市川俁881-8
🚌東武線鬼怒川溫泉站搭日光市營巴士往女夫渕方向1小時28分，仙心亭前下車即到　P9輛

住宿DATA
¥1泊2食 平日／13980日圓～
假日前日／15380日圓　in15:00　out10:00
♨內湯：男1、女1／露天：混浴1　日不可　C不可

↑受豐富自然包圍的山間住宿

川俁溫泉的順路景點

■ 間歇泉 かんけつせん

位在川俁溫泉街中，能從間歇泉展望台和噴泉橋望見間歇泉。蒸氣伴隨著大聲響，從岩石間噴發出約高20m的溫泉水柱，向上噴發1～2分。噴發時間間隔約60分。

MAP附錄②19 B-2
☎0288-22-1525（日光市觀光協會）
🚶自由參觀
所日光市川俁
🚌東武線鬼怒川溫泉站搭日光市營巴士往女夫渕方向1小時30分，間欠泉下車即到
P無

→在間歇泉展望台，能一邊浸泡溫暖的足湯，一邊眺望噴發。

■ お食事処やしお おしょくじどころやしお

店家將北海道札幌家內產玄蕎麥磨成粉，作出的手打蕎麥麵有獨特的風味，搭配濃厚的沾醬相當契合。山葵蕎麥麵900日圓與舞菇飯也相當受歡迎。

MAP附錄②19 C-2
☎0288-97-1778
🕙10:30～15:00　休不定休（需洽詢）　丼飯與蕎麥麵套餐1200日圓　所日光市若間832-1
🚌東武線鬼怒川溫泉站搭日光市營巴士往女夫渕方向55分，蛇王の滝下車，步行3分　P25輛

↑自家製粉的手打蕎麥麵

氛圍　店內散發沉靜氛圍

「鹿丼」1000日圓

またぎの里 またぎのさと

活用滿溢野性風味的食材，製作山獵傳統料理的店家。也是獵人的店主，將熊、鹿肉製成丼飯、拉麵、燒烤等料理。

☎0288-96-0353　MAP附錄②19 B-2
🕙9:00～16:30（有冬季變動）　休不定休　所日光市川俁558　🚌東武線鬼怒川溫泉站搭日光市營巴士往女夫渕方向1小時20分，またぎの里下車即到　P15輛

■ 瀬戶合峽 せとあいきょう

凝灰岩受侵蝕而形成的溪谷，深達約100m的岸壁延綿約2km。建設於瀬戶合峽的川俁水壩，有「瀬戶合峽渡らっしゃい吊橋」，並設有步道。地點被斷崖絕壁環繞，能一望氣勢磅礴的溪谷之美。

←同爭楓紅、川俁湖、拱式水壩一奇門、艷的精彩風景

MAP附錄②19 B-2
☎0288-22-1525（日光市觀光協會）
🚶自由參觀　所日光市川俁
🚌東武線鬼怒川溫泉站搭日光市營巴士往女夫渕方向1小時15分，川俁平家塚下車，步行10分　P30輛

↑從斷崖上的「瀬戶合見晴休憩舍」往下俯視

有一訪的價值！ 奧鬼怒的秘湯

被稱為「關東最後的秘湯」的奧鬼怒溫泉鄉，
散布四間泉質各異的溫泉住宿。忘卻塵囂，悠閒度過吧。

是這樣的地方！

奧鬼怒溫泉鄉
おくきぬおんせんきょう

在深山的一間住宿，與寂靜一同度過

穿過林間道路好不容易抵達，格外靜謐的深山秘湯。雖然也有住宿接送，但邊散步在大自然中，一邊走向住宿之處也別有一番風味。在安閒的溫泉住宿中邂逅四季流轉的風景吧。

MAP
附錄②P.17·19

住宿資訊
P.80〜81

洽詢
日光市觀光協會
☎0288-22-1525

ACCESS

🚌 巴士　鬼怒川溫泉站 → 日光市營巴士 → 女夫淵
⏱所需時間／1小時35分　💰費用／1540日圓
※前往鬼怒川溫泉的交通方式請見P.57

🚗 車　日光宇都宮道路 今市IC → ⑫⑦㉓ → 女夫淵
⏱所需時間／1小時35分　🚗54km

自豪的浴池是 這個
健康三浴的露天
以健康三浴（溫泉浴、森林浴、日光浴）為理念打造的露天浴池。令人想一邊感受自然一邊泡湯。

一人獨占鮮活的自然風光！

↑使用山菜、河魚製作，滋味豐富的料理。特別訂做料理包含生熊肉等

前往奧鬼怒溫泉的方法是？

從女夫淵步行，或利用住宿接送

一般的車輛無法進入山毛櫸原生林環繞的奧鬼怒溫泉鄉。要當作順便健行從女夫淵停車場，走奧鬼怒自然研究路，步行1小時30分到2小時左右，或是利用住宿接送，又或使用川俣計程車（0288-26-1475）吧。

加仁湯旅館
ホテルかにゆ

擁有5個源泉，乳白色的露天浴池、包租浴池、能享受特效湯的混浴露天。全部皆為源泉流放，無加熱、加水。混浴露天為濁湯，女性可圍著浴巾泡湯。

☎0288-96-0311　MAP附錄②19 A-2
所日光市川俣871　🚌女夫淵巴士站步行1小時30分（女夫淵巴士站、停車場有接送，需聯絡。不住宿則無接送）P無

住宿DATA
¥1泊2食 平日、假日前日／13110日圓〜
in14:00　out10:00
♨內湯：男1、女1／露天：混浴3、女1／有包租 ⏰9:00〜15:00、800日圓 C可

↑擁有古早風情的溫泉旅館　↑冬季雪景美麗的第三露天浴池

手白澤溫泉
てしろさわおんせん

海拔1500m，僅6間客房，與「秘湯」相襯的住宿。在露天浴池能享受四季流轉的風景。餐點的菜色加上種類豐富的自然派葡萄酒，也相當令人欣喜。

☎0288-96-0156　MAP附錄②19 A-2
休週二、三（7、8、10月忙碌期為無休）
所日光市川俣870-2　🚌女夫淵巴士站步行2小時30分；鬼怒川溫泉站搭川俣計程車1小時30分（無住宿接送）P無

住宿DATA
¥1泊2食 平日、假日前日／14500日圓〜22000日圓 in14:00　out10:00
♨內湯：男1、女1／露天：男1、女1
日不可 C不可

白天享受自然、夜晚享受夜空

自豪的浴池是 這個
豐富的湯屋
每分300ℓ的湧泉量是旅館自豪之處。湧出的溫泉似乎在住宿周邊、處處放流使用。

↑山毛櫸原生林環繞的小小旅館。客房使用天然溫泉暖房。也有招牌犬。

↑岩魚與山菜等山珍滿滿的奢華料理

↑露天溫泉的溫度較熱，浴池內漂；室內溫泉較熱，浴度較低，浮著溫泉沉澱物

圖例：in CHECK IN　out CHECK OUT　♨浴池種類　日不住宿使用　C信用卡

80

日光澤溫泉
にっこうさわおんせん

位於奧鬼怒溫泉最深處的住宿設施。掛著大招牌的木造建築醞釀懷舊氛圍。有2種露天浴池，也可不住宿泡湯，女性要圍浴巾泡湯。總共有20間客房。3隻親人的招牌犬也很可愛。

↑飼有CHANGU、WARABI、SANBO，3隻招牌犬。建築為古早的木造建築。

📞0288-96-0316 MAP附錄②19 A-2
🏠日光市川俣874 🚌女夫渕巴士站步行2小時 🅿無

住宿DATA
¥1泊2食 平日／9006日圓～ 假日前日／9546日圓～ ※有冬季變動 ■in13:00 ■out9:00（冬季為9:30）■內湯：男1、女1／露天：混浴2／9:00～15:00（不住宿泡湯僅限露天浴池）／成人500日圓／兒童300日圓 C不可

自豪的浴池是 這個

24小時隨時能泡
露天浴池有上段、下段兩種，泉質各有不同。住宿者可24小時隨時來泡湯。

這才是秘湯！山中小屋的露天浴池

飄盪秘湯風情的山間旅館

自豪的浴池是 這個

望著瀑布的露天浴池
腹地內有8處溫泉湧出。能正對瀑布，一邊泡湯的「瀧見之湯」，讓人捨不得離開。

八丁之湯
はっちょうのゆ

能享受從腹地內的山裡湧出的8處放流溫泉。效果豐富且講究景觀的浴池就不用說了，也還想盡情享受奧鬼怒風味的豐盛料理。

📞0288-96-0306 MAP附錄②19 A-2
🏠日光市川俣876 🚌女夫渕巴士站步行1小時30分（僅住宿者與不住宿專案，從女夫渕巴士站、停車場有接送，需預約）🅿無

↑位於大自然中的一間旅館，只有在此才能感受到時間流逝慢了下來

住宿DATA
¥1泊2食 平日／10820日圓～ 休日／12980日圓～ ■in15:00 ■out10:00 ■內湯：男1、女1／露天：混浴3、女1／9:00～15:00／500日圓／有不住宿泡湯專案 C不可

↑木屋裡鋪著榻榻米的客房有著溫暖氛圍。總共有27間客房

↑8月下旬以草紅葉為開端，紅葉季節開始

↗宛如漂浮在空中的庭園
↗具有開放感的廣闊濕原

帶上正統的登山裝備去看絕景吧
■ 鬼怒沼 きぬぬま
位於海拔2020m左右的高山濕原地，有設置完善的木棧道，能到處走走。高山植物的觀賞期為7月。9月中旬則有紅葉將整個濕原全面染紅。
MAP附錄②17 A-3
📞0288-22-1525（日光市觀光協會）
🏠日光市川俣 🚌女夫渕巴士站步行4小時30分（從奧鬼怒溫泉步行2小時30分～3小時）🅿無

步行距離	2.5km
所需時間	2小時
程度	上級
推薦季節	7～9月

以這裡為目標！
以秘湯為目標奧鬼怒健行

為鬼怒川之源流，位於高原濕原地區的奧鬼怒，是高山植物的寶庫，作為健行區域也相當有人氣。奧鬼怒自然研究路適合初級～中級者，鬼怒沼澤適合上級者，仔細確認裝備與天氣後再出發吧。

↗漫步在寂靜中
↗期待著溫泉

探訪溫泉住宿之際，來趟奧鬼怒溫泉鄉健行
■ 奧鬼怒自然研究路 おくきぬしぜんけんきゅうろ
能在秘湯散布的奧鬼怒溫泉鄉散步的輕度健行路線。由於此處禁止車輛進入，因此見到保有自然原貌、珍貴的高山植物、濕原植物留存的原生林。途中也有能眺望美景的展望台。由於冬季會積雪，推薦夏季前來。

步行距離	5.5km
所需時間	2小時30分
程度	初級～中級
推薦季節	7～9月

📞0288-22-1525（日光市觀光協會）
🏠日光市川俣 🚌東武線鬼怒川溫泉站搭日光市營巴士往女夫渕方向1小時35分，終點下車即到 🅿50輛

物見山
鬼怒沼山
●鬼怒沼巡視小屋
鬼怒沼
女夫淵～丸沼分歧 約2小時30分
カッタテノ滝●
P 女夫渕
有長椅●
ヒナタオソロンの滝展望台・
一般車輛禁止通行
鬼怒川溫泉站～女夫淵 1小時35分 日光市營巴士 1日4班
奧鬼怒溫泉鄉
八丁之湯溫泉旅館
日光澤溫泉
加仁湯旅館
ヒナタオソロンの滝・
日光澤瀑布
丸沼分歧
オロオソロンの滝
手白澤溫泉
丸沼分歧～鬼怒沼 約2小時

奧鬼怒健行 路線地圖

那須高原展望台位在標高1048m處，是能環視茶臼岳等那須連山絕景的地點。同時也是獲得日本第100個「戀人聖地」認證的浪漫景點，相當受歡迎。

那須高原

那須高原是日本數一數二的度假勝地。在茶臼岳山麓一望無際的宏偉高原，有許多可以全家同樂的景點。

Nasu Kogen

那須高原

なすこうげん

涼爽微風吹拂的高原度假勝地

CONTENTS

↑「那須動物王國」的人氣王羊駝
↓有許多珍貴作品的「彩繪玻璃美術館」

是這樣的地方！

❶ 日本首屈一指的度假勝地

因為該地有皇族別墅，而以「皇家度假勝地那須」的暱稱聞名，是關東首屈一指的高原度假勝地。

❷ 傳說與歷史的浪漫勝地

有九尾狐和那須與一的傳說，也有和松尾芭蕉《奧之細道》相關的名勝古蹟，是充滿傳說和歷史的浪漫地區。

❸ 歷史悠久的溫泉勝地

那須溫泉起源於舒明2（630）年發現「鹿之湯」之際，是栃木縣最古老、在全日本第32座古老的溫泉勝地。

洽詢 那須町觀光協會 ☎0287-76-2619

鐵道‧巴士

東京站
JR東北新幹線
1小時15分 ¥5910日圓
↓
那須鹽原站
東野交通巴士
29分 ¥800日圓
↓
友愛の森（那須高原）
東野交通巴士
21分 ¥500日圓
↓
那須湯本溫原（那須溫泉）

Busta新宿（新宿站新南口）
JR巴士關東等巴士「那須‧鹽原號」
3小時20～35分 ¥3390日圓
※在友愛之森也會停車

車

川口JCT
東北自動車道 約145km
↓
黑磯板室IC
東北自動車道 約7km
↓
那須IC
縣道17號 約5km ／ 東北自動車道 約8km
↓
那須高原SIC
縣道349號‧國道4號‧縣道21號‧68號‧17號 約12km
↓
那須高原

那須高原

なすこうげん

P.84

同時是知名避暑勝地的高原度假區。不僅有觀光牧場，還有遊樂園、美術館等娛樂設施及美食景點。綠意遍布，十分適合兜風。

黑磯

くろいそ

P.113

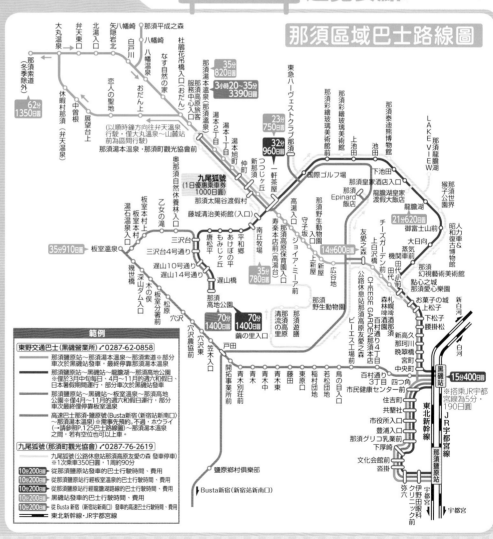

在江戶時代因作為驛站而繁榮的地區，遍布著歷史性的建築物，同時也是適合邊逛邊吃的美食地區，有許多散發著懷舊氣氛的咖啡廳和甜品店，值得一訪。

那須高原區域 遊覽要點

那須區域巴士路線圖

九尾狐號的 1日乘車券很實惠

那須高原觀光周遊巴士「九尾狐號」，用1000日圓的乘車券就能在1天內自由地上下車。早上9點開始行駛，起點和終點都是公路休息站那須高原友愛之森。乘車券可以在新那須以外的各大巴士站購得。

確認那須高原塞車繞道地圖 「SuiSui Map」

許多人的目的都是前往那須岳方向，使那須街道常會塞車。因此可以善加利用那須高原塞車繞道地圖，可從那須町官方網站下載。

娛樂觀光 買預售票很划算

那須到處都有娛樂景點，像是主題樂園、美術館、不住宿溫泉等。不僅有折價券可以列印使用，還能在超商購買到預售票，行前不妨至各大設施的官網確認看看。那須町觀光協會和友愛的森的觀光服務處也有販售部分設施的預售票。

若是有重遊意願，請善用 「おもて那須手形」

「おもて那須手形」內含豐富的優惠券，在那須・鹽原地區的伴手禮店、餐飲店、觀光設施、入浴設施等130項設施皆可使用，只要1080日圓就能用1整年。可在那須町觀光協會和友愛的森購買。洽詢：那須町觀光協會 ☎0287-76-2619

範例

東野交通巴士（黑磯營業所）☎0287-62-0858
那須鹽原站～那須湯本溫泉 ※部分車次於黑磯站下車，最終停靠那須湯本溫泉
那須鹽原站～黑磯站～龍膽湖～那須高地公園 ※僅於3月中旬每日、4月～11月的週六和假日、日本暑假期間運行，部分車次於黑磯站發車
那須鹽原站～黑磯站～板室溫泉～那須高地公園 ※僅4月～11月的週六和假日運行，部分車次最終停靠板室溫泉
高速巴士那須・鹽原號（Busta新宿（新宿站新南口）～那須湯本溫泉）※需事先預約。不過，ホウライ（→請參照P.125巴士路線圖）～那須湯本溫泉之間，若有空位也可以上車。

九尾狐號（那須町觀光協會）☎0287-76-2619
九尾狐號（公路休息站那須高原友愛之森 發車停車）※1次乘車350日圓，1周約90分

10分200日圓	從那須鹽原站發車的巴士行駛時間、費用
10分200日圓	從那須鹽原站行經板室溫泉的巴士行駛時間、費用
10分200日圓	從那須鹽原站行經龍膽湖路線的巴士行駛時間、費用
10分200日圓	黑磯站發車的巴士行駛時間、費用
10分200日圓	從Busta新宿（新宿站新南口）發車的高速巴士行駛時間、費用

東北新幹線・JR宇都宮線

毛好蓬鬆呢～

要來看我唷！

大隻到令人吃驚！

150種600隻

享受親密接觸&表演秀，暢玩一整天！
那須動物王國

這個人氣設施可以接觸到許多動物，還有五花八門的表演秀。只要摸一摸羊駝，看著飛舞的鳥群發出讚嘆聲，心情也會變得暢快！若有時間，就到附設的溫泉舒緩疲勞吧。

王國新聞

那須動物王國
●なすどうぶつおうこく

在占地約有東京巨蛋10倍大的廣大園區內，不僅自然環境豐富，還有約600隻動物充滿元氣地過著悠哉生活。每天舉辦的表演秀，震撼力十足又有趣，讓人不禁想全部觀賞。2017年為紀念屆滿20週年而打造的設施，也備受矚目。

↑許多動物在大門前面等你

☏0287-77-1110 MAP附錄②26 F-1
🕙10:00～16:00（16:30閉園），週六日、假日為9:00～16:30（17:00閉園）　休週三（逢黃金週、暑假、假日則營業，冬季僅特定日營業）　所那須町大島1042-1　📍JR黑磯站搭車30分（JR那須鹽原站、黑磯站、公路休息站那須高原友愛的森皆有免費接駁車，需在一天前預約）　P2000輛（收費700日圓）

成人（國中生以上）2400日圓、
小孩（3歲～小學生）1000日圓、
※狗狗等候室（寄放狗狗）500日圓（2小時，之後每2小時500日圓）

入園費

樹懶竟然就在這麼近的地方！
2017年3月OPEN「熱帶森林」

設施裡重現了熱帶雨林的樣貌，以及熱帶動物所生活的環境。因為採取放養，沒有設置柵欄，所以能近距離觀察動物悠閒生活的樣子。另有隱身在森林裡的動物，不妨帶著探險的心情找找看吧。

推薦的1日示範行程

① 水豚之森
先去跟人氣王水豚打聲招呼。餵食結束後，請去泡免費的足湯吧。

搭狗貓巴士去王國農場

② Sky Stadium
飛鳥秀是必看的節目。鷹和鷗將會帶來精彩的表演。

③ 羊駝之丘&BOCCA
可以進入羊駝圍欄的「接觸時間」，不容錯過。

搭狗貓巴士回王國城

④ 海狗表演
以海狗為首的水邊動物表演秀。觀眾席離舞台很近，十分吸睛。

⑤ 企鵝村
企鵝、海豹和疣鼻天鵝都是放養。請務必體驗看看餵食企鵝。

●若在表演秀或活動前仍有時間，不妨去看看附近的動物吧。

先在王國地圖上確認值得參觀的地點

王國城
企鵝村　狗貓巴士（免費）
Aqua Stage
2018年3月OPEN WETLAND
熱帶森林　親密接觸兔子王國　CAFE Pony
熊狸小屋　親密接觸狗狗公園　紅貓熊之屋
Kingdom Family　保全之森　Sky Stadium　袋鼠農場
入國口　王國　水豚之森　山貓露臺　綿羊農場　農場活動廣場　BOCCA（牧歌）
CAFE Mont Cinq　BAZZAR館　狗狗運動廣場　羊駝之丘
王國溫泉 水豚之湯　Animal Stadium　B.B.Q Garden
猛禽森林　Ride Park　Jingle Farm
Horse Corner

王國農場

王國纜車（依季節運行，單程300日圓）
拖拉機巴士（依季節運行，免費）

🍴餐廳　🚏巴士站（狗貓巴士）
☕咖啡廳　🚏巴士站（拖拉機巴士）
🏪商店　　愛犬可同行區域

王國城
以室內設施為主的區域，因此即使是雨天，也能悠哉地遊覽。有許多常見的動物和小型動物，能充分地體驗和動物的親密接觸。在「Animal Stadium」和「Sky Stadium」都能觀賞到精彩表演。

往返的方法是？
基本上是搭乘免費的狗貓巴士。黃金週之後的週六日、假日、暑假期間，也能搭乘王國纜車（收費300日圓）＋免費的拖拉機巴士來回。悠閒地走在散步道上（約1.5km，單程約20分），順便散個步也不錯。

王國農場
可一覽無遺那須的大自然，接觸羊、駱駝、羊駝等動物。「飛鳥秀」和「紐西蘭農場秀」都值得一看。若逢雨天，表演可能會終止，或變更表演地點。

④ 夏天也有戲水區登場！

暑假限定的兒童專用泳池「Kids Lagoon」登場了。盡情戲水一番，爸爸媽媽也能笑開懷！

⑤ 對媽媽也十分貼心照顧

「王國城」設有哺乳室，並備有嬰兒床和熱水。「王國農場」的廁所也設置著哺乳空間，因此能放心地帶著小朋友同遊。

↑ 水很淺，大人不需要換裝，可以隨意使用。

② 照表演時間來安排行程

行前先到官網確認表演時間（主要活動皆刊載於P.86），再以想看的表演為中心規劃行程吧。步行和巴士的移動時間也記得先確認清楚。

↑ 也可以先確認活動會場附近有什麼動物

③ 20週年之際滿足度UP

在屆滿20週年的2017年，「熱帶森林」開幕了。「狗貓客廳」和「企鵝村」也有翻新。2018年3月「WET LAND」（→P.84）開幕，值得參觀的地方更多了。

暢遊王國 的5大要點

① 移動搭免費巴士很方便！

隨時發車的狗貓巴士很便利。連接了「王國城」紅貓熊之屋北側附近的乘車處和「王國農場」CAFE Pony前的巴士站。車程約5分鐘。

狗貓巴士	拖拉機巴士
有狗巴士和貓巴士，喇叭聲也很吸睛。另有運行狗狗能夠同行的專門巴士。	連接「王國纜車」下方的噴水池和「王國農場」的Sky Stadium附近。

超靠近豐富多樣的動物
親密接觸&餵食體驗

只要看著眼前的動物，摸一摸牠們，再餵食一下，肯定會更喜歡牠們。順便一起拍個照吧！

羊駝
【王國農場】 羊駝之丘

羊駝之丘位在丘陵地帶，有許多羊駝悠哉地生活著。實際確認看看羊駝的龐大體型和毛色，以及蓬軟的絕佳觸感吧。

親密接觸要點

可以進入柵欄的「親密接觸時間」是人氣活動，建議來這裡一定要參加。表演從13時開始，不妨調整一下午餐時間。

餵食OK 100日圓

水豚
【王國城】 水豚之森

進入有水豚自由漫步的區域，就能跟牠們面對面接觸。如果水豚被摸得很舒服，有時候還會躺下來。牠們在溫泉裡放鬆的模樣，也是必看的可愛畫面！

親密接觸要點

據說只要摸水豚的喉嚨下方和臀部，就能令牠們感到開心。在「水豚講座」裡會有飼養員講解水豚的生態和身體特徵。

餵食OK 100日圓

駱駝
【王國農場】 Ride Park

可以騎溫馴的雙峰駱駝。牠們龐大的體型，近身更是震撼力十足。從不同以往的高度眺望那須的自然景觀，也別具風味。

餵食OK 100日圓

親密接觸要點

騎駱駝1圈700日圓（人數有限）。小學生以上、身高120cm以上才能騎駱駝，因此幼童可由工作人員牽著馬，體驗騎馬的樂趣。

親密接觸要點

綿羊一看到飼料就會跑過來，十分可愛。因為是從柵欄外面餵食，所以小朋友也能安心地給予飼料。

企鵝
【王國城】 企鵝村

不僅能觀看企鵝自在散步的模樣，還能隔著玻璃觀察牠們飛翔般的泳姿。區域內還有美洲河狸和斑海豹。

親密接觸要點

在「企鵝午餐時間」能直接用夾子餵飼料給企鵝。活力十足的企鵝們會在這時靠過來，因此要注意聽從飼養員的指示。

餵食OK 免費（有限制人數、時間）

綿羊
【王國城】 綿羊農場

綿羊悠閒地在寬敞的斜坡上嬉戲。沉浸在牧歌般的風景和那須的清新空氣中，心情也能煥然一新。

餵食OK 100日圓

紅貓熊
【王國城】 紅貓熊之屋

沒有柵欄，因此能近距離觀察紅貓熊。紅貓熊的站姿或在上頭樹枝午睡的可愛模樣，不管看多久都不會膩。

親密接觸要點

在「紅貓熊講座」裡會解說紅貓熊的生態。雖然能體驗餵食，但是人數有限，請盡早前往。

← 翻到下一頁

即將介紹
人氣的表演

更加曯目！ 鯨頭鸛竟然就在這麼近的地方！
2018年3月17日OPEN「WET LAND」

這個新設施重現了副熱帶濕地動物所生活的世界。穿過瀑布入場，將一覽無遺地眺望鯨頭鸛、環尾狐猴、美洲豹等濕地動物的世界。

↑ 能近距離拍到鯨頭鸛打翅膀的模樣

還可以看到這些動物！

紅河豬
環尾狐猴
托哥巨嘴鳥

這點很厲害！

6種鳥類各自展現飛行姿態。白頭海鵰的風采、遊隼的速度、金剛鸚鵡的豔麗等，每一種鳥都非常獨特，值得一看。

⬆遊客參與的抓鳥活動也超受歡迎

王國農場 Sky Stadium

鳥天生的「飛翔」動作令人驚嘆！

飛鳥秀

老鷹、貓頭鷹、鸚鵡等鳥類出場，在快要碰到遊客頭頂的高度飛翔。超乎想像的速度和震撼感，會讓人不禁大吃一驚。鳥兒們和用輕鬆言談炒熱氣氛的員工之間，也是默契十足！

王國城 Animal Stadium

動物園首例！貓咪的表演秀

The Cats

反覆無常的貓咪將登上舞台。透過從5m高處一躍而下的精湛跳躍、跳圈、走鋼索等表演，可以瞭解貓咪與生俱來的身體能力和高智商。2017年夏天已更新表演內容。

⬆孟加拉貓和金吉拉貓等人氣貓咪將會登場

⬅只是鳥從遠方現身的場景，就能令觀眾發出歡呼聲

王國農場 農場活動廣場

為道地的牧羊技巧鼓掌！

紐西蘭農場秀

帶領著從紐西蘭進口的牧羊犬，表演道地的放牧技巧。親身體驗日本不常見的牧羊文化，感受可愛的羊群和牧羊犬的工作能力。

⬅以靈敏的判斷力引導羊群，協助牧場主人工作

這點很厲害！

觀賞的重點在於，狗狗單憑犬笛指揮就能做出的機敏動作。看著牠一邊汪汪叫一邊熟練引導羊群的模樣，會令人不禁獻上掌聲。

⬆挑戰各式各樣的障礙物。夏季也會表演剃毛秀

⬆大型鸚鵡「金剛鸚鵡」展現色彩繽紛的身體和擅長的迴旋飛行

這點很厲害！

訓練員小姐扮演老鼠，逐一解說貓咪的生態。她的命運將會如何呢？

可愛又震撼，看完大滿足！
動物表演秀

來到那須動物王國，絕不容錯過多彩多姿的表演。
即使只有一場也好，一起欣賞精彩的表演吧。

王國城 Aqua Stage

海狗表演拿手技能

海洋好朋友

正宗的海狗秀也有許多支持者。海狗會表演接套環或強而有力的跳躍，展現出優秀的平衡感和運動能力。表演後的送行也很可愛。

這點很厲害！

最有魅力的地方是舞臺離觀眾席很近。如果不介意稍微淋濕，就坐在第一排吧。觀眾參與的環節也備受好評。若想要參加，就要主動舉手喔。

⬆和飼養員的默契十足！

⬆擅長用鼻子上方頂物和用脖子接套環

主要的表演&活動時間表

※活動內容與開場時間會視季節或動物的身體狀況而變動，詳情請洽各設施確認。

內容	開場時間		會場		所需時間
	平日	週六日、假日	區域	場所	
安地斯神鷹 餵食體驗	13:30	11:00	王國農場	猛禽森林	10分
飛鳥秀 (雨天中止)	11:30 14:30	11:30 13:30		Sky Stadium	25分
紐西蘭農場秀 (雨天中止)	13:00	12:30 14:30		活動廣場	25分
羊駝之丘接觸時間	─	13:00		羊駝之丘	30分
海狗 餵食體驗	13:30	10:30 13:00	王國城	企鵝村	10分
The Cats	13:30	11:00 14:00		Animal Stadium	25分
海洋好朋友 (雨天中止)	12:30	11:30 15:00		Aqua Stage	25分
企鵝 餵食體驗	11:30	12:00 15:30		企鵝村	10分
水豚講座	12:00	12:30		水豚之森	10分
鸚鵡的抽籤體驗	14:30	13:00		保全之森	10分
Puffin & Gentoo penguin Talk	14:30	14:30		企鵝村	10分
紅貓熊講座	15:00	15:30		紅貓熊之屋	10分

更加矚目！

世界首座！在「水豚之湯」享受和水豚混浴的感覺

露天浴池是水豚專用，室內浴池則是人專用的溫泉，遊客能邊泡湯邊隔著玻璃觀賞水豚泡澡的模樣。水豚區域也有設置觀察空間，因此也能走到室外觀賞水豚。

🕐13:00～16:30(週六日、假日為～17:00)　休週三
💰成人500日圓，小孩250日圓

↷因為培根串在竹籤上，所以也能邊走邊吃

↷能一邊眺望羊駝和清朗的景緻，一邊用餐

培根串燒
400日圓
將厚切培根烤得恰到好處的一道美食。風味濃厚多汁的串燒滋味，使許多人流連忘返。

→品嚐之前，別忘了先拍照

王國農場
在羊駝之丘享用愉快午餐
BOCCA(牧歌)

位在羊駝之丘前的外帶餐廳，咖哩、麵食和午餐盒等實惠餐點一應俱全。有許多攜家帶眷的遊客，十分熱鬧。除了可愛的羊駝咖哩之外，培根串燒、使用森林之牧場牛奶的霜淇淋也很受歡迎。

羊駝咖哩
880日圓
令人捨不得吃的可愛擺盤，是遊客的最愛。口味有點微辣哦。

王國城
肉和蔬菜都能吃到飽，讓人滿意
B.B.Q Garden

不僅有牛肉、豬肉、雞肉等肉類，就連炒麵、蔬菜、米飯、味噌湯和甜點也能全部吃到飽。雖然數量有限，但也備有裝滿那須農畜產品的「那須便當」（P.104）。

↷店內寬敞，有300個座位。另有愛犬可同行的空間

BBQ吃到飽
成人1980日圓
小孩1200日圓、幼兒500日圓
週六日、旺季用餐時間為60分鐘，平日無時間限制。露天座位能感受與原野相接的遼闊感。

↑感受一邊聊天，一邊吃到飽的愉快滋味吧

炸蝦排漢堡套餐
880日圓
蝦子的鮮甜和番茄的酸味相當絕配。選擇附薯條和飲料的組合，就能飽餐一頓。

★
這裡才有的美味和樂趣！
王國美食&商品

王國特有的精緻美食一應俱全。
暢遊之後，買幾份原創商品當作伴手禮吧！

↷天氣好的日子就到露天區吧。王國農場的遼闊景色將一覽無遺

王國城
自豪的景色和特產品菜單
山貓露臺

位於俯瞰王國農場的高臺上，從店內玻璃窗往外看的景色是店家的自豪之處。能享用栃木產豬肉和那須和牛入菜的料理。米則是用為了保護瀕危物種對馬山貓而栽培的對馬山貓米。

→重現水豚泡在溫泉裡的模樣

山貓午餐
1200日圓
主菜的麵包是用對馬山貓米的米粉製成，旁邊再擺設色彩繽紛的配菜作為搭配。數量有限。

→畫在果凍上的肉球也很可愛

水豚午餐
1200日圓
雞肉炒飯、盛有水豚造型的可樂餅燉煮料理、熱水藻沙拉等豐富餐點。數量有限。

王國城
適合當作輕食和點心
CAFE Mont Cinq

位在王國入口的漢堡店。輕食菜單一應俱全，不僅能當作簡單的午餐，也適合在晚餐時間用餐。霜淇淋也備受歡迎。

→露天座位以近和愛犬的餐飲設施離入口大門很可以和愛犬一同使用

↷W起司漢堡和雞肉漢堡也很熱門

推薦的伴手禮清單

佐護 對馬山貓米
500日圓
佐護山貓稻作研究會所栽培的米。可愛的包裝也是其受歡迎的祕密。部分銷售額會捐給保護活動。

對馬山貓布偶
1800日圓
對馬山貓生活在長崎縣對馬市，並被列為瀕危物種。這是王國原創的布偶，部分銷售額會捐給保護活動。

水豚麵包餅乾
747日圓
每一個水臀腳形狀的麵包餅乾都是由手工製成，就連素材也是精挑細選。可愛的包裝十分迷人，會讓人不禁想購買。

餅乾禮盒
各1296日圓
外盒以王國人氣動物所搭乘的巴士為造型，裡面裝有18塊餅乾。吃完後，外盒也能加以利用。

那須薰風堂 年輪蛋糕
（香草‧巧克力）
各1300日圓
在口中化開的濕潤口感和恰到好處的甜度，是最受歡迎的伴手禮。有販售多人共享的蛋糕。用那須牛奶製作的濃厚抹醬也備受好評。

3D文件夾
各525日圓
文件夾是很受歡迎的伴手禮，有新出栩栩如生的3D款式。請在現場親眼確認看看吧

伴手禮在這裡

Kingdom Family
王國入口處的商店。以那須動物王國為造型的商品應有盡有。另外也能製作鑲嵌名字的原創商品。

王國BAZZAR館
王國裡最大的商店，裡面陳列著從點心到布偶等各種商品。推薦只在王國才買得到的「那須薰風堂」年輪蛋糕和牛奶抹醬。

還有這些！那須的 ⑦ 個動物景點

那須有許多可以遇見動物的景點。只要在恬靜的自然環境中和動物接觸，大人小孩都可以展露笑容。

我是白獅子Santo

可以觀察到動物們自然的姿態！

1 那須野生動物園
なすサファリパーク

70種700隻

有放養著獅子和老虎的肉食動物區、能餵食長頸鹿和斑馬的草原動物區，生活在大自然裡的動物們會非常靠近車子或巴士！夏季限定開放的夜間野生動物園也非常受歡迎。

MAP 附錄②28 E-2

☎0287-78-0838 ⏰8:00～17:00（有季節性變動），夜間野生動物園18:30～21:00（4月7日～10月27日的週六、4月28日～5月5日、7月14日～9月1日的每日開放）休無休 所那須町高久乙3523 ⏰JR黑磯站搭往那須湯本的東野交通巴士17分，那須サファリパーク入口下車，步行5分 P350輛

入園費

入園費成人（國中生以上）2800日圓、小孩（3歲～小學生）1900日圓
夜間野生動物園入園費成人（國中生以上）2400日圓、小孩（3歲～小學生）1800日圓
依入園方式加收以下費用
自駕車：GPS語音嚮導500日圓　野生動物園出租車：租車2000日圓（車輛擁擠時不開放出租）
獅子巴士：成人1100日圓、小孩600日圓
※若駕駛私家車入園，直接從入口入園；若利用租車或獅子巴士，則把車停在停車場，再到服務窗口辦理入場。

白獅

在日本很少地方飼養的珍貴獅子。不只震撼力十足的英姿，悠哉放鬆的模樣也很吸引人。

也有這樣的玩法！

夜間野生動物園

可以在異於白天的氣氛中，觀察夜行性動物們。在親密接觸廣場還能遇見兔子等療癒系動物。

興奮雀躍POINT
WILD RIDE

人坐進園欄裡的新感覺巴士！能體驗餵獅子、近距離觀賞動物！成人：2000日圓（國中生以上）、小孩（小學生以下不能進入）1500日圓 ※需預約

美食＆伴手禮

動物圖案煎餅
（8片裝）432日圓
酥脆的鹹味煎餅上面印著栩栩如生的動物！

白獅布偶
1410日圓
人氣白獅造型的可愛布偶。野生動物園店販售。

➡吉祥物的小白

個性都很溫馴，請安心餵食

親密接觸POINT
草食動物區

車內餵食是野生動物園的樂趣所在。看著動物津津有味地吃著自己餵出的飼料，肯定會十分興奮。

我等著你唷！

斑馬

在非洲草原上群居生活的斑馬。運氣好的話，也許能看到小隻的斑馬寶寶喔!?

長頸鹿

公園裡有Momo和Haruta 2隻長頸鹿在等著你。靠近車子周圍，伸長脖子討飼料的模樣，非常地可愛。

斑馬馬

斑馬馬的母親是斑馬，父親是驢。腿部能看見明顯的斑紋。

印度黑羚

雖然雄性的身體顏色大致和雌性一樣是淡黃褐色，但隨著年齡的增加，強而有力的雄性會隨著年齡逐漸變黑。

園內的移動用車子or巴士！

資訊導覽
➡會附上動物的最新

➡專用的獅子巴士

集結到車子周圍

➡會有很多動物聚集到車子周圍喔

可以接觸世界各國的猴子和大象！ | 50種500隻

② 那須世界猴子公園

なすワールドモンキーパーク

可以遇見世界各國猴子的主題公園。在親密接觸廣場和猴子劇場等設施，能從各種角度飽覽猴子的魅力。大象森林是深受矚目的景點，能夠騎乘和接觸2隻來自寮國的大象。

↑入口有巨大的猩猩雕像在迎接遊客

☎0287-63-8855 MAP附錄②28 G-3
⏰8:00～17:00（有季節性變動）休無休
所那須町高久甲6146 JR黑磯站搭經りんどう湖往那須ハイランドパーク的東野交通巴士23分，りんどう湖下車，步行10分 P350輛

入園費
成人（國中生以上）2100日圓
小孩（3歲～小學生）1200日圓

興奮不已POINT
大象森林
坐在大象背上到森林裡探險的「大象旅行」深受歡迎。眼前景色宛如身處東南亞！
●騎大象／2000日圓，約5分，限乘3人
●大象旅行／3000日圓，約15分，10歲以上，限乘2人

坐在上面，好～高！

大象
來自寮國、個性溫和又強壯的亞洲象。坐在緩慢行走的大象背上，體驗當個國王的威覺吧。

猴子不怕生，很快就能親近起來哦！

環尾狐猴
生活在馬達加斯加的猴子，名字由來是斑紋模樣的長尾巴。在狐猴科中屬於較常下來平地的品種。

員工 濱谷小姐

親密接觸POINT
親密接觸廣場
可以在柵欄中和親人的猴子一起玩。牠會熟練地用手腳或尾巴坐在人的肩膀或頭上，不妨享受一下近距離的接觸吧。

美食&伴手禮
泰式炒飯
900日圓
口味道地的人氣必吃餐點。食堂「ぼーちゃい」販售。

各種布偶 1050日圓～
猴子的種類豐富，可以找到喜歡的布偶。伴手禮店販售。

來自羊駝的療癒 | 2種350隻

③ 那須羊駝牧場

なすアルパカぼくじょう

這裡是羊駝愛好者都知道的，日本國內最大規模的羊駝牧場。約有350隻原生於北美安地斯山脈的羊駝在此生活。親密接觸廣場（10分300日圓）相當受歡迎，可以餵食和拍紀念照。還能遇見在「可樂麗」廣告中登場的歷代羊駝。

→1999年誕生的日本首座羊駝專門牧場

☎0287-77-1197 MAP附錄②26 F-1
⏰10:00～16:00（休週四（逢假日則營業）所那須町大島1083
JR黑磯站搭車30分 P350輛

入園費
成人800日圓、國高中生600日圓、小孩（5歲～小學生）400日圓

↑在那須山的環繞下，過著悠哉的生活

鬆鬆軟軟～！

←由正統秘魯職人幫忙剃毛

→因為獨特臉龐而令人印象深刻的Karasu君

羊駝
鬆軟蓬厚的皮毛和長睫毛是魅力所在。心情不好的話，還會吐口水!?

親密接觸POINT
羊駝區
抱住長長的脖子也沒問題。但是摸臀部NG。

羊駝餅乾
900日圓（12塊裝）
平常是四角形的原創餅乾。冬季限定的餅乾則會做成羊駝形狀！

親子吊飾 1500日圓
用牧場裡羊駝毛做成的蓬鬆吊飾。商店販售

美食&伴手禮
羊駝毛耳環
1900日圓
使用蓬鬆羊駝毛製作的手工耳環

4 那須高原南丘牧場

去看珍貴的更賽牛吧

なすこうげんみなみがおかぼくじょう

在散步途中能隨興前往的動物景點。可以接觸到日本國內僅有200隻的更賽牛。牠的牛奶乳脂含量高，是濃厚的絕佳飲品！另有騎馬、釣鱒魚等多種休閒活動。

MAP 附錄②30 C-5

☎0287-76-2150　⏰8:00～17:30　休無休
🏠那須町湯本579　🚌JR黑磯站搭經りんどう湖往那須ハイランドパーク的東野交通巴士35分，南ヶ丘牧場下車即到　🅿400輛

入園費

入園費免費入場
體驗項目騎馬：750日圓（1人騎乘）、1290日圓（2人騎乘）；騎驢：750日圓；兔子廣場：500日圓（1隻15分）；釣鱒魚：220日圓（含釣竿、魚餌費用，帶回家・鹽烤各540日圓）；小型高爾夫球場：680日圓、射箭：680日圓；香腸＆奶油製作體驗：1550日圓（1人）；冰淇淋製作體驗：1080日圓（1人）

牧場的象徵

⬆入口的門是南丘牧場的象徵

➡可以從極近的距離拍照

美食＆伴手禮

牛奶抹醬 各種 500日圓
牛奶、牛奶＆草莓
濃縮了更賽牛黃金牛奶的美味

更賽牛黃金牛奶 1190日圓（900㎖）
微甜的滋味吸引絡繹不絕的回購客。「食事処庄屋」和牛奶茶屋販售1杯250日圓

俄羅斯黑麵包 650日圓（小）
以小麥的全粒粉和黑麥製作的牧場傳統口味

的是茶色搭配白色的模樣

⬆更賽牛的特色是茶色搭配白色的模樣

馬

從馬背上能眺望關東平原和那須山的絕美景色。小朋友可以和大人一起共騎。

7種120隻

興奮不已POINT
親密接觸廣場＆牧場

在親密接觸廣場能體驗柴山羊和羊群近在身邊的感覺。沿著放牧場外圍的休憩小道散步也是推薦的路線之一。

咩～！

山羊

在親密接觸廣場發現大明星！請溫柔地摸牠喔

親密接觸POINT
騎馬體驗

跟著牽著馬的親切員工一起繞1圈200m的路程。

14種類120隻

乳製品好好喝

6 那須千本松牧場

なすせんぼんまつぼくじょう

設施裡有豐富的娛樂活動能讓人實際感受到大自然。像是能接觸山羊、兔子等動物，或是能騎自行車、搭熱氣球。漫步在春季的櫻花道或秋季的楓葉林，感受四季的氛圍，也是一大樂事。暢玩之後，到牧場裡的千本松溫泉沖洗汗水吧。

MAP 附錄②27 D-4

☎0287-36-1025　⏰9:00～18:00（依設施、季節而有變動）　休無休　🏠那須塩原市千本松799　🚌JR西那須野站搭往塩原溫泉的JR巴士15分，千本松下車即到　🅿1200輛

⬆有可愛的羊和許多種動物

美食＆伴手禮

成吉思汗烤羊肉 吃到飽 2400日圓
自製的秘傳醬汁是美味關鍵。在成吉思汗館

咖啡牛奶 350日圓（1000㎖）
有著不添加砂糖的天然甜味，也適合小朋友。商店販售

入園費

入園費免費入場
體驗項目
動物親密接觸廣場：成人200日圓、小學生100日圓；熱氣球：成人2000日圓、小學生1500日圓、幼兒（2歲以上）1000日圓

⬆牧場內也有自行車路線

千本松牛奶 380日圓
用清爽的香濃牛奶製成絕品霜淇淋

要來玩唷！

森林中的樂園　1種25頭

5 森林之牧場

しんりんのぼくじょう

放養的娟珊牛過著悠哉的生活。只要和牛群近距離接觸，並到附設的咖啡廳享用新鮮的乳製品餐點，身心似乎就會舒暢起來。

MAP 附錄②26 G-1

☎0287-77-1340　⏰10:00～16:00　休週四、週五（若逢假日，黃金週和盂蘭盆節會營業，冬季不定休）　🏠那須町豐原乙627-114　🚌JR新白河站搭車15分　🅿15輛

美食＆伴手禮

森林之牛奶 650日圓（500㎖）
採完全放養制培育出來的牛奶，味道和顏色會隨季節變化。好想享用每個季節的牛奶（1～3月停止販售）

入園費 免費入場

➡在森林之牧場的咖啡廳能品嚐到霜淇淋和新鮮牛奶

午餐菜單 1000日圓～
可以品嚐森林之牧場特有的午餐，像是森林之牧場拼盤和肉醬等

霜淇淋 400日圓
帶有娟珊牛奶的濃郁滋味，後味十分清爽。咖啡廳內販售

日光 鬼怒川

那須高原

7個動物景點

鹽原溫泉鄉

要多～喝一點喔

手作體驗也很豐富的休閒景點

7 那須龍膽湖 LAKE VIEW

なすりんどうこレイクビュー

14種250隻

以「小瑞士」為概念打造的休閒樂園，遍布在以龍膽湖為中心的廣大腹地上。不僅有在牧場裡接觸動物、製作奶油等許多體驗項目，還有觀光船和卡丁車等豐富的娛樂設施，能讓人暢玩一整天。

☎0287-76-3111　MAP附錄②28 G-3
⏰9:00～17:00(有季節性變動)
休冬季不定休　所那須町高久丙414-2
🚌JR黑磯站搭經りんどう湖往那須ハイランドパーク的東野交通巴士23分，りんどう湖下車即到
🅿2000輛

娟珊牛

以摻有綠茶的飼料養育的娟珊牛。餵小牛喝奶的體驗（300日圓）也很有趣。

親密接觸POINT
餵小牛喝奶

小牛大口喝奶的模樣，會令人不禁興奮起來。另有擠牛奶體驗（200日圓）。

入園費

入園費成人(國中生以上)1600日圓、小孩(3歲～小學生)800日圓　Tokutoku搭乘券(入園費和搭乘費的套票)：成人4400日圓、小孩3600日圓
體驗項目
手作奶油：400日圓(1人，約30分)、手作餅乾：600日圓(1人，約30分)、手作冰淇淋：1200日圓(3人用1套，約30分)

親密接觸POINT
租咩咩羊

和羊一起散步很開心♪

和可愛的羊一起散步吧！
（10分・500日圓）

綿羊

日本飼養數量最多的考利黛品種。非常溫馴，容易飼養，而且食慾旺盛，成長快速。

隨著馬兒搖擺，雀躍地哼著歌

也有這樣的玩法！

霜淇淋
380日圓
品嚐娟珊牛奶的濃厚滋味吧。娟珊牛奶館販售

滑索

人氣設施，利用滑輪在懸吊於湖上的鋼索進行高空滑索。一滑而過，十分暢快。

←單程約10分鐘的觀光船連接那須連山的雄姿和園內風景

親密接觸POINT
騎小馬

3～7歲的小朋友能由工作人員牽著小馬，繞馬場1圈。1人1圈500日圓

小馬

腳到肩膀的高度是147cm以下，個頭嬌小，既聰明又溫馴。

活動也有很多！

鴨子賽跑

平常都在湖中游泳的鴨子，跑到橋上擺動著屁股進行賽跑，非常可愛。

羊羊大遊行

蓬蓬軟軟的羊列隊在牧場山坡遊行。也會有站著不動、或是東張西望的羊。

自助餐廳

餐廳提供使用當季食材製作的餐點。

自助午餐（90分）為成人2916日圓、小學生1458日圓、3歲～學齡前兒童874日圓。晚上為牛排館。

↑使用富士溶岩石的武藏窯，能烤出鮮嫩多汁的肉，又能增添蔬菜的鮮味

↑約有60種使用當季食材的餐點

↓眺望那須連山的湖畔景色，也是饗宴的一環

免入園費就能暢遊的複合施設

那須の恵み
Mekke!
Buffet & March
なすのめぐみメッケブッフェアンドマルシェ

那須龍膽湖LAKE VIEW入口前的餐飲複合設施，免入園費就能暢玩。觀光船造型的建築物裡有自助餐廳和市場，能看到各式各樣的那須美食。

⏰餐廳11:00～13:30(閉店為～15:00)、17:00～18:00(閉店為～20:00)／市場9:00～17:00　※有季節性變動　休Mekke Dinner為週一～週四

美食&伴手禮

牛奶抹醬
450日圓
濃縮著娟珊牛奶美味精華的絕品。商店販售

薪窯披薩
1000日圓
必吃的拿坡里披薩，特色是飽滿的莫札瑞拉起司搭配羅勒香味！

娟珊牛巧克力磚
各388日圓
↓使用濃厚的娟珊牛奶。有苦味、藍莓、牛奶、優酪乳、草莓等5種口味

波隆那香腸
1080日圓
↓使用了榮獲農林水產祭「天皇杯」的褐毛豬

乳製品(180mℓ)
各250日圓
↓使用自製娟珊牛奶的優酪乳和咖啡歐蕾等

農場超市

超市裡集結了由那須高原的風土孕育而生的美食。自製的娟珊牛乳製品和現烤麵包等豐富商品一應俱全。

↓陳列著那須高原製造的逸品

高地公園

在那須高原的大自然裡，從絕叫系到適合小朋友乘坐的9大雲霄飛車，還有能飽覽廣大景色的遊樂設施及適合小朋友的遊樂項目，可說是應有盡有。全家一起暢遊一整天吧。

那須高地公園
●なすハイランドパーク

東日本規模最大的遊樂園，不僅每個季節有各式各樣的角色活動，還能到流經園內的自然溪流釣魚、在大自然裡漫步，甚至有寵物能同遊的設施，以及官方飯店TOWA純淨小木屋（→P.119）。園內約有40種遊樂設施，其中有一半以上的項目連小朋友都能搭乘。

☎0287-78-1150 **MAP** 附錄②29 C-1
⏰9:30~17:00（有季節性變動）
休不定休、冬季有休園
所那須町高久乙3375 JR黑磯站搭經りんどう湖往那須ハイランドパーク的東野交通巴士55分，終點下車即到（行駛日需確認）P4000輛（收費）

入園費
成人（國中生以上）1600日圓、小孩（3歲～小學生）800日圓
幻想路徑套票（入園＋1日自由搭乘）成人5300日圓、小孩3700日圓
※2018年10月底時

盡情乘坐絕叫系設施吧!!

絕叫系雲霄飛車可說是那須高地公園的招牌，多達9種設計獨特的設施正等候著遊客們。其中最驚險、令人害怕到心跳加速的BEST 3是...？

BEST 2 F²
●身高130cm以上

懸空的懸吊式雲霄飛車。能一邊體驗螺旋軌道一個個猛然襲來的恐怖感，一邊感受那須高原涼風吹拂的舒暢感。

你能忍受被轉來轉去的恐怖感嗎!?

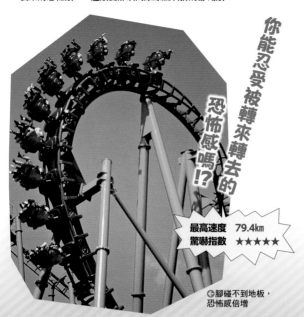

最高速度 79.4km
驚嚇指數 ★★★★★

●腳碰不到地板，恐怖感倍增

BEST 1 Big Burn 雲霄飛車
●身高120cm以上

那須高地公園的絕叫系設施代表。從最高處以將近垂直的75度下降。這種「被往下拉」的強烈感十分有名，搭乘其他雲霄飛車也無法體驗到。

從最高處滑落的恐怖體驗！

最高速度 88.5km
驚嚇指數 ★★★★★

●若想體驗更驚險的感覺，建議坐在最後面

那須

目標！稱霸所有娛樂設施！

Jabu Jabu Garden Chapun（夏季限定）

森林廣場

雲霄飛車廣場
Big Burn雲霄飛車

浮游感雲霄飛車悟空
Rock & Roll Diner

旋轉雲霄飛車
Rock & Roll Plaze

食

太空雲霄飛車

水上雲霄飛車
銀河星光廣場

旋轉木馬公園 &
維多利亞時代花園

飛天潛艇

蝙蝠
雲霄飛車

雷射任務
(JOYJOYPlaze)

旋轉木馬

大摩天輪

MeGaMo

斯堪的納維亞花園

WOOPY & NAPPY的
尋寶列車

食

美食區

食

Parabo

F2

Whoopy's Kingdom

冒險飛車SHINPI

買

烏比過山車

食

熱帶公園

Panic drive

買
食

活動館

入園大門

3D劇場

Kingscote

售票處
P↓

巴士站↓

計程車乘車處↓

Snacky's Walk

遊客服務中心

暢玩著名的娛樂設施吧！

下面介紹的著名遊樂設施，有其他地方玩不到的正宗立體迷宮、夏季限定的兒童水上世界等，若想100％暢遊「那須高原」就絕對不能錯過。

你可以攻略它嗎？

立體迷宮「MeGaMo」

日本最大規模的6層樓「立體迷宮」！名稱「MeGaMO」是MeGa Monster maze的簡稱，如同其名是一座難以攻克的巨大迷宮。有2種路線能玩。

⊕稱霸6層樓的迷宮後敲鐘，就能得到暢快的成就感

夏天才有的樂趣！

7月中旬～8月末限定

兒童專屬的水上樂園「Jabu Jabu Garden Chapun」

被森林環繞的兒童專用戲水場。有滑水道和噴水池等能在盛夏暢遊的人氣景點。

⊕⊕在6座大大小小的泳池裡開心地盡情戲水

BEST 3 旋轉雲霄飛車
●身高120cm以上

同時體驗到連續旋轉和暢快感，心情一定會興奮起來。車廂藉由離心力不規則地旋轉，刺激又快樂的感覺會讓人上癮。

最高速度 40.7km
驚嚇指數 ★★★

意想不到的不規則旋轉

↓興奮地等待下一輪讓人上癮的刺激感和旋轉，讓人不禁打算再坐一次的雲霄飛車

觀賞季節花卉享受森林浴！

那須高原健行‼

盡情地深呼吸，讓身心靈煥然一新吧！

想在自然景觀豐富的那須高原度過假日的話，就去健行吧。
在保留著珍貴環境的國立公園，或有著秀麗花卉的散步道漫步，
讓身心靈都煥然一新吧！

散步在從葉縫灑落的陽光下，使人心情愉快

在那須平成之森輕鬆地健行

560ha的廣大森林環繞著那須御用邸，北側的一半土地作為國立公園開放參觀。其中有2區，一區是「接觸之森」，能在豐富的自然景觀裡自在漫步；另一區是健行專用的「學習之森」，熟悉森林的工作人員們有提供導覽服務。

MAP 附錄②30 C-2
📞0287-74-6808（田野中心）
🕐9:00～17:00（冬季為9:30～16:30） 🈺週三（5、8、10月為無休），逢假日則翌日休，黃金週、過年期間、盂蘭盆節則營業 💰入園免費，學習之森的導覽健行2小時行程含保險費1600日圓（其他行程需洽詢）📍那須町高久丙3254 🚃JR那須鹽原站或JR黑磯站搭往那須湯本的東野交通巴士1小時50分，那須平成的森下車即到 🅿66輛

接觸之森路線

難易度	★
所需時間	90分
距離	2.8km
推薦季節	4～10月（楓葉季節10月）

備有散步道的區域，能自由享受漫步的樂趣。到駒止瀑布之前，都能乘車前往。另有無障礙行程，無論是想體驗健行或坐輪椅的人，都能夠輕鬆暢遊。

【接觸之森路線地圖】
北溫泉　駒止瀑布　余笹川　甲子
③駒止瀑布觀瀑臺　②駒止之丘　①碎石步道 坡度很陡，容易跌倒，要留意
縣道17號　注意陡坡　有休息的長椅　森林小徑　大門　田野中心 四阿　園道（無障礙設施）
④木屑步道
路線基本時間
━ 約3.0km 約1小時30分
━ 約1.0km 約40分
━ 約300m 約15分
🏠 四阿（azumaya）　●廣場
白戶川　盡頭　那須湯本　790　學習之森

①碎石步道

路面鋪著小碎石，請慢慢走以免跌倒。悠閒地欣賞周圍的風景吧。

➡ 穿高跟鞋或涼鞋走路NG

➡上累了，就坐在長椅上休息，再去瀑布吧

②駒止之丘

修建在駒止瀑布觀瀑臺旁邊的休息處。從瞭望臺能環視那須連山。

田野中心

那須平成之森的據點，提供當季可見花卉與大自然的相關資訊。先在地圖上確認路線後再出發吧。

➡ 走出建築物，前面就是路線的入口

START
GOAL

④木屑步道

回程都是下坡。路面鋪著木屑，行走方便，對登山新手也很友善。

➡柔軟的木屑步道能減輕腿部負擔

那須高原的花卉圖鑑

豬牙花

胡麻花

4月

五葉杜鵑

山杜鵑

5月

小繡球花

吊鐘花

6月

照片提供：那須平成之森

③駒止瀑布觀瀑臺

被譽為夢幻瀑布的知名瀑布。翠綠的瀑潭極其秀麗。從這裡能走到「北溫泉旅館」（→P.122）。

➡一直到觀瀑臺的地方都修整得方便行走

➡瀑布寬約2m、高約20m，震撼力十足

➡一邊俯瞰瀑布，一邊飽覽周圍的自然風景

在四阿休息

➡路途中也有附屋頂的休息處

➡路途中也有趕熊鈴鐺

搭Mt.JEANS 那須纜車到山頂遊覽

搭滑雪場的纜車觀賞那須連山的美景時,先享受約10分鐘的空中散步吧。在山頂的纜車站,不僅能享受在整備完善的步道漫步,還能使用吊床和彈翻床等設施。

☎0287-77-2300　MAP 附錄②30 C-1
🕐4月下旬～6月上旬、9月中旬～11月上旬預定、8:00～15:30(下山最終16:00)　休營業期間無休　¥來回成人1600日圓、小孩(3歲～小學生)、寵物800日圓　所那須町大島　🚌JR那須鹽原站搭預約的接駁巴士50分(期間需確認)　P800輛

從標高1400m處眺望秀麗的景緻,心靈也會獲得洗滌。

山頂站的樂趣♪

茶臼岳展望臺
從展望臺飽覽茶臼岳的雄偉景色和逐漸改變的季節變化。

狗狗運動場
設有約1200㎡天然草坪的狗狗運動場,並分為小型犬區和大型犬區。

五葉杜鵑展望臺路線

約有3萬株五葉杜鵑叢生,純白花卉在5月中旬～6月上旬綻放。從路線折返處的展望臺能欣賞美麗的景緻。

難易度	★★
所需時間	約40分(來回)
推薦季節	5～6月

○五葉杜鵑也是愛子內親王的徽印

⬆到標高1410m的山頂站之前,都是空中散步

山毛櫸步道

遍布著縣內最大規模的山毛櫸,在折返處附近可以喝到「長命水」泉水的景點。夏季會遍佈著漂亮的山百合。

難易度	★★
所需時間	約30分
推薦季節	8月

➡山毛櫸展著各個季節的姿態供人欣賞

搭那須索道的空中纜車 到茶臼岳遊覽

連接茶臼岳的9合目,是能乘載111人的大型空中纜車。可以輕鬆挑戰火山地區的登山。也能再走一段路,以深山的秘湯為目標前進。

☎0287-76-2449　MAP 附錄②30 A-1
🕐3月中旬～11月中旬、8:30～16:30(視季節而異)　休營業期間無休(暴風雨時停駛,當日的行駛狀況需電洽確認)　¥來回成人1800日圓、小孩900日圓　所那須町湯本那須岳215　🚌JR黑磯站搭往那須ロープウェイ的東野交通巴士1小時,終點下車即到　P165輛

各個季節的不同風景♪

春
可以觀賞茶臼山綠意盎然的廣大自然景觀。綠意和藍天的鮮明對比,讓人心曠神怡。

秋
一說到那須的賞楓景點,就是茶臼岳。能俯瞰染成紅色和黃色的山,別有一番樂趣。

山頂站出發的三斗小屋路線

難易度	★★★	距離	約4.5km
所需時間	單程約3小時	推薦時期	4～11月

到標高1915m的茶臼岳山頂約50分的路程。從山頂到三斗小屋溫泉(煙草屋旅館 ☎0287-69-0882)約花費3小時。

➡有許多陡峭的地方,所以需要正式的登山裝備

健行前先到情報中心!
那須高原旅客服務中心
●なすこうげんビジターセンター

不僅有和那須甲子地區自然景觀、那須、皇室相關的展示,也會介紹歷史、周邊遊覽景點、觀光資訊等。

☎0287-74-2301　MAP 附錄②30 C-3
🕐8:30～17:30(12～3月為9:00～16:30)　休週三(5·8·10月為無休)　¥免費入館　所那須町湯本207-2　🚌JR黑磯站搭往那須ロープウェイ的東野交通巴士37分,那須高原ビジターセンター下車,步行5分　P79輛

個性派博物館

去看魅力十足的作品

那須高原有許多能充實心靈的藝術景點。下面介紹充滿魅力的個性派博物館，像是會令人感到時間飛快流逝的美術館、能夠全家同遊的設施等。

聖加百列禮拜堂

象徵基督教權威的彩繪玻璃在眼前閃耀的禮拜堂。120年前的骨董音樂盒音色可為心靈帶來平靜。

TWO Angel

那須彩繪玻璃美術館的象徵，天使的表情很有魅力。19世紀活躍於英國的彩繪玻璃界巨匠「威廉·莫里斯」的作品

玫瑰窗

光線通過玻璃窗灑落在整間禮拜堂。晴天的下午3點最漂亮！

聖拉斐爾禮拜堂

東日本最大規模的禮拜堂，天花板高約14m。進門後，右側有館內最大的彩繪玻璃。1小時舉行1次風琴的現場演奏

Cafe&Goods Check

奶酪 550日圓
→人氣甜點，口味濃厚，口感滑順

Suncatcher 1300日圓～
→「召喚幸福的裝飾品」，十分受歡迎

書籤 432日圓
→以彩繪玻璃為造型的書籤

→佔地裡的咖啡廳會舉辦彩繪玻璃體驗教室（週一、三、五、六、日舉辦，1000日圓～），請務必嘗試看看

沐浴在彩繪玻璃的美麗光線下
那須彩繪玻璃美術館

●なすステンドグラスびじゅつかん

展示18～19世紀製作的45件骨董彩繪玻璃。另有許多相當罕見的作品，號稱日本國內規模最大的彩繪玻璃美術館。重現了英國莊園大屋（石造的貴族宅邸）的建築物，是一處融合那須高原自然環境、散發著沉靜氣氛的空間。

MAP附錄②28 F-1
☎0287-76-7111
⏰9:00～17:30（11～3月為～16:30）🈳無休（有臨時休館）💴入館費成人1300日圓、國高中生800日圓、小學生500日圓、老人（60歲～）1000日圓 🏠那須町高久丙湯道東1790 🚃JR黑磯站搭往那須湯本的東野交通巴士18分，守子坂下車，步行25分 🅿150輛

→館內以英國科茲窩地區的建築物為藍圖打造，是非常特別的空間

聖米迦勒教會

位在腹地內的聖米迦勒教會，屬於正統的教會建築，並從英國威爾斯地區的諸聖堂繼承了彩繪玻璃等歷史悠久的物品。免費參觀，也能攝影

那須幻視藝術美術館

●なすとりっくあーとぴあ

主題公園裡有3種不同主題的展館，能玩賞利用眼睛錯覺打造的神奇藝術「幻視藝術」。配合作品擺出姿勢拍照，肯定會成為有趣的回憶！

☎0287-62-8388 **MAP**附錄②28 F-3
⏰9:30～18:00（有季節性變動）🈳無休 💴成人（高中生以上）1300日圓～、國中小學生800日圓～、學齡前兒童免費 🏠那須町高久甲5760 🚃JR黑磯站搭經りんどう湖往那須ハイランドパーク的東野交通巴士11分，蒸氣機關車前下車即到 🅿200輛

→大膽的姿勢是拍出傑作照片的秘訣。照片為「叢林探險」

拍張驚嚇照吧！

那須泰迪熊博物館

●なすテディベアミュージアム

博物館以泰迪熊工房為藍圖打造，館內展示著約1000件世界各國泰迪熊作家的作品。泰迪熊和吉卜力的趣味聯名展覽「龍貓布偶展」好評展出中。

MAP附錄②28 F-2
☎0287-76-1711
⏰9:30～16:30（閉館為17:00）🈳3、6、12月為第1週二、2月為第2週二、週三（逢假日則開館）💴入館費成人1080日圓、國高中生860日圓、小學生640日圓、小學生以下、70歲以上免費 🏠那須町高久丙1185-4 🚃JR黑磯站搭經りんどう湖往那須ハイランドパーク的東野交通巴士24分，下池田下車即到 🅿150輛

「泰迪熊·愛德華」
因曾和已故攝影師Patrick Matthews環遊世界，而以「到世界各地旅行最多次的泰迪熊」聞名。另有展示旅行的照片。

→能遇見許多泰迪熊，從約100年前的骨董熊到藝術家打造的獨特熊應有盡有

去見見可愛的泰迪熊吧！

還有這些 個性派博物館

小戀情
©Seiji Fujishiro/HoriPro1981

在魔法森林裡燃燒的重生之火 ©Seiji Fujishiro/HoriPro2013

色彩繽紛的影繪
長3m×寬6m的大幅作品〈在魔法森林裡燃燒的重生之火〉最精彩的部分。另有常設展示約140幅影繪、約200件素描和珍貴資料。

夢幻的光之世界一覽無遺
藤城清治美術館
●ふじしろせいじびじゅつかん

全球影繪的代表藝術家——藤城清治的首座常設美術館。有藤城設計的彩繪玻璃小聖堂、以寬6m水槽打造的大作，務必要前去觀賞。能看見影繪舞臺後面設備的專區、重現工房裝潢的房間等，都別有一番樂趣。

光雕投影
影像融入天花板和地板等處，能陶醉在有如走進作品裡的氣氛當中。請留意童趣十足的機關，千萬別錯過囉！

MAP 附錄②30 C-4
☎0287-74-2581
🕐9:30～18:30 (閉館為19:30)
休週二 (逢假日則開館)
¥入館費成人1600日圓、國中生以下1100日圓
所那須町湯本203　🚌JR黑磯站搭往那須湯本的東野交通巴士23分，一軒茶屋下車，步行15分　🅿130輛

小聖堂
小聖堂的特色是能感到溫暖的手工切割磚頭。溫和的陽光穿過繪著人魚的彩繪玻璃照射進來

↑入口大廳有可愛的貓咪迎接遊客

↑有豐富的氣氛明亮的咖啡廳的飲品菜單

Good's Check

徽章
(小人是戀人系列)
810日圓
→種類琳琅滿目的可愛徽章，讓人不禁想收藏

一筆箋套組
(小人是戀人系列)
1300日圓
→用可愛的一筆箋寫上心情，收到的人似乎會展開笑容

影繪旋轉舞臺
播放約10分鐘的影繪舞劇。第1次能從正面看螢幕，第2次能從舞臺背面看裝置的構造，因而能更深入瞭解影繪

那須骨董車博物館
●なすクラシックカーはくぶつかん

博物館展示著1930年代的金氏世界紀錄車款（金氏世界紀錄的速度保持車），以及各個時代的代表性名車和機車。另有世界罕見的警帽、徽章和警車車牌等收藏！

MAP 附錄②28 F-4
☎0287-62-6662
🕐9:00～17:30 (10～3月為～16:30、閉館為30分後)
休無休　¥成人1000日圓、國高中生、小學生600日圓、學齡前兒童免費　所那須町高久甲5705　🚌JR黑磯站搭往那須湯本的東野交通巴士11分，田代下車，往龍膽湖步行7分　🅿62輛

世界罕見的車款收藏

↑主廳也有能實際觸摸和乘坐的車款

那須音樂盒美術館
●なすオルゴールびじゅつかん

展示約100件世界各國的骨董音樂盒。有熟悉的圓筒音樂盒，也有圓盤緩慢旋轉演奏的碟盤音樂盒，種類豐富。音樂盒的演奏會在每個整點舉行。

MAP 附錄②28 F-3
☎0287-78-2733
🕐9:30～16:00 (8月為～17:00、閉館為1小時後)
休1月15日～3月15日的週三　¥入館費成人1000日圓、國高中生800日圓、小學生600日圓　所那須町高久丙270　🚌JR黑磯站搭往那須湯本的東野交通巴士14分，廣谷地下車，步行25分　🅿80輛

全世界的音樂盒齊聚一堂

↑陳列著各式各樣的骨董音樂盒

玻璃藝術 埃米爾加勒美術館
●ガラスのげいじゅつエミールガレびじゅつかん

美術館展示著19世紀末「新藝術運動」的代表人物，法國玻璃藝術工藝家埃米爾・加勒的100多件作品。除了萬博會的展出作等珍貴作品之外，也有公開加勒的信件和素描等資料。

MAP 附錄②28 F-2
☎0287-78-6030
🕐9:30～16:30 (閉館為17:00)　休無休
¥入館費成人1000日圓、高中生、大學生700日圓、國中小學生300日圓　所那須町高久丙132　🚌JR黑磯站搭往那須湯本的東野交通巴士，廣谷地下車，步行20分　🅿50輛

代表新藝術運動的玻璃工藝

↑建築的美麗樣式得一看

2018年迎來第10週年的大型購物中心

那須花園暢貨中心

廣大的購物中心備齊了娛樂、購物和美食設施。從時尚單品、雜貨、運動和戶外活動，到當地生產者培育的新鮮蔬菜、餐廳、可與愛犬同樂的專區等，全部應有盡有，大人小孩都能暢遊一整天！

「Food Colosseum」能自由享用豐富料理，不論吃午餐或喝茶休息都很方便

人氣的「Nike Factory Store」在2017年開幕了

那須花園暢貨中心

0287-65-4999
L 10:00～19:00（視季節、星期幾而變動） 休 無休
所 那須塩原市塩野崎184-7
交 東北自動車道黒磯・板室IC搭車2分
P 2500輛
MAP 附錄② 26 E-3

免費接駁巴士行駛中！

有從那須鹽原站西口發車的免費直達接駁巴士，對搭電車的遊客來說也很方便。從8時40分到18時50分（視季節而異）每小時行駛1～2班，車程約8分。

小朋友&狗狗也滿足

玩樂

從小朋友會開心的娛樂設施到能讓狗狗歡欣鼓舞的寵物空間等應有盡有，玩法豐富。

狗狗運動場有區分小型犬專用和全型犬用場地，可安心使用

設施内MAP

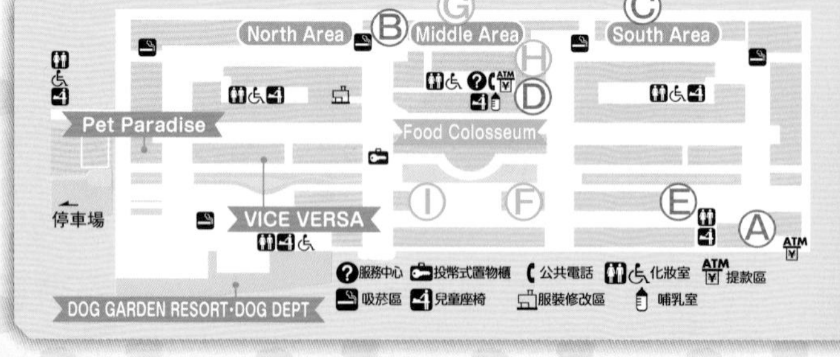
North Area
Middle Area
South Area
Pet Paradise
Food Colosseum
VICE VERSA
停車場
DOG GARDEN RESORT・DOG DEPT
A
B
C
D
E
F
G
H
I
服務中心
投幣式置物櫃
公共電話
化妝室
提款區
吸菸區
兒童座椅
服裝修改區
哺乳室

推薦的狗狗購物在這裡！

流行的寵物商品大集合！

PET PARADISE

0287-69-6595

以「和睦、療癒、鼓勵、接觸」為理念，寵物衣服和雜貨應有盡有的專賣店。

PB寵物提包 8900日圓

FG寵物推車 34800日圓

狗狗運動場&狗狗咖啡廳聚集了愛狗人士

DOG GARDEN RESORT・DOG DEPT

0287-69-6511

不僅能在約1000m²的運動場玩耍，還能逛逛由「DOG DEPT」設計的寵物咖啡廳和商店。

這裡才能嚐到的美味，使用矢板當地生產的八潮豬肉。

八潮豬排鐵板燒 1512日圓

狗狗吃這個！

狗狗大人♥便當 1404日圓

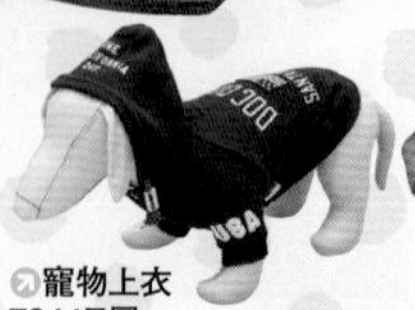

寵物上衣 7344日圓

DOG DEPT
SANTA MONICA

散步提包 (Free Size) 4104日圓

回家後如果還想玩

也有很多小朋友的商品

VICEVERSA

0287-67-2115

主打時尚的生活用具品牌，從廚房到客廳、文具、化妝品等用品都一應俱全。

卡通人物球 302日圓

Activity Ball Tent

帳篷球屋 3132日圓

更加好玩！小朋友會開心的設施check

在那須高原森之樂校體驗

能體驗各種創作，像是使用小樹枝或樹木果實的自然工藝品創作，或是在石頭上作畫的石頭彩繪。
L 10:00～17:00（有變動，僅週六日、假日、長假期間舉辦） ¥ 視體驗收費 0287-65-9199

行駛在購物中心裡的列車

從大門C前的小火車停靠站（週日、假日則在South Area的ABC-MART前）能搭乘小火車。帶著小朋友也能暢遊。
L 10:30～16:00 休 週二
¥ 300日圓（2歲以上）

B Columbia Sportswear

體驗奧勒岡州的壯麗的自然環境

☎0287-65-4810

從機能優秀的創新用品到舒適的外出服等，商品種類豐富、一應俱全。

919MID（防水鞋）
Outlet價格

WANDER WEST
30L後背包
Outlet價格

防風外套
Outlet價格

A mezzo piano

提供沉浸在溫柔夢想的每一天

☎0287-74-2712

以女孩最喜歡的浪漫感呈現出甜蜜世界的時尚品牌。質感優雅華麗，在細膩的手工創作上加入現代感。

泰迪熊長袖上衣
4806円

愛心後背包
5292円

購物

買到賺到的人氣品牌

從令人憧憬的時尚單品到孩童的時尚服飾、好評的廚房用具，全都應有盡有。抓緊目標，盡情聰明的購物吧。

D UNITED ARROWS OUTLET

深受各年齡層喜愛的簡約風品牌

☎0287-67-1303

UNITED ARROWS 的豐富商品都以實惠的價格販售。

女用輕便大衣
16200日圓

男用休閒長褲
7560日圓

C BEAMS OUTLET

人氣選貨店的OUTLET

☎0287-67-2166

嚴格把關品質，提供最適合當季的基本風格與款式。

拼接長袖T-SHIRTS
4968日圓

看似一體成形的剪裁

皮革風格托特包
7344日圓

笑臉標誌是時尚重點

E Foxfire FACTORY OUTLET

經營理念是與大自然共存

☎0287-65-2077

製造並販售能在變化多端的自然環境中發揮功效的服裝＆用品。能使用在健行、飛蠅釣等活動的商品應有盡有。

SC導遊
絨毛外套
Outlet價格

防水外套
Outlet價格

G Jacasse

跟朋友、伴侶或家人一起

☎0287-74-2273

氣氛平易近人的義式餐廳。在創業屆滿20週年之際，以實惠的價格提供種類豐富的原創醬汁義大利麵。

Jacasse漁夫
海鮮義大利麵
1490日圓

→漁夫義大利麵使用海鮮和飽滿高湯製作

F CHEESE GARDEN

有許多起司甜點

☎0287-65-9106

販售著自豪的職人手工製作起司蛋糕和烘焙點心。附設咖啡廳。

→穩坐人氣No.1。濕潤濃厚的起司蛋糕

御用邸起司蛋糕
1280日圓

←能享用5種起司蛋糕的拼盤

起司蛋糕拼盤
1180日圓

美食

當地蔬菜和乳製品深受喜愛

在使用那須生產食材的餐廳或甜品店，享用午餐或休息。

I 果樹工房 果琳

「喝的水果」專賣店

☎0287-74-2833

約有50種使用嚴選水果的果汁。堅持現做，收到訂單後才會細心地製作每一杯果汁。

→左起「草莓牛奶」M尺寸390日圓、「香蕉牛奶」M尺寸290日圓、「奇異果汁」M尺寸390日圓

H FRESHNESS BURGER

嚴選食材的漢堡

☎0287-69-6577

漢堡咖啡廳採美式風格，能在寬敞的店裡享用加有鮮蔬的現做漢堡和種類豐富的飲品。

→栃木限定商品。在炸蔬菜餃子上面放白髮蔥、海老辣醬和紫蘇葉

宇都宮蔬菜餃子漢堡 453日圓

品嚐新鮮&嚴選的蔬菜吧

高原野菜 餐廳

那須有著純淨水源和富饒土地的恩惠，當地現採的蔬菜既新鮮又營養。
一起品嚐充滿鮮蔬的餐點吧！

一邊眺望綠意盎然的樹林，一邊吃到飽吧！

午餐自助餐
90分・1980日圓

能從約50種餐點中選擇喜歡的菜色，盡情吃到飽的午餐自助餐

嚴選蔬菜

使用產地履歷標示清楚的當地蔬菜。店家還榮獲日本蔬菜Sommelier協會認證

↑一邊眺望大自然，一邊度過療癒的時間

高原蔬菜的美味祕密

除了那須連山流出的純淨水和高原的新鮮空氣以外，能栽培出大量的美味蔬菜，也是多虧了早晚的劇烈溫差和日照時間較長的風土氣候。

那須番茄　那須茄子　栃乙女草莓
那須的春香土當歸
韭菜　那須的白美人蔥

那須高原ビュッフェ voi etta
なすこうげんビュッフェヴォイエッタ

約有50多種使用大量那須產的鮮蔬餐點可以吃到飽。有那須產香草香腸、田園風金平小菜、酪梨和小黃瓜的鹽漬小菜等，菜單豐富得令人滿意。

☎0287-78-1223　**MAP**附錄②28 E-2
🕐11:00～14:00（閉店為15:00）、18:00～20:00（閉店為21:00）　休週三（逢旺季營業）
💴午餐自助餐成人1980日圓、小學生1280日圓、幼童750日圓、3歲以下免費　📍那須町高久乙2730-36　🚌JR黑磯站搭往那須湯本的東野交通巴士16分，上新屋下車即到　🅿60輛

嚴選蔬菜

使用自家菜園和簽約農家的安心、安全有機蔬菜

↑以在整塊土地上的「循環」為主題

那須恩惠的午餐全餐
2700日圓（「當季」蔬菜全餐）

數種前菜、主菜、玄米飯、味噌湯、甜點、飲品等內容豐富的餐點。每一種餐點都能嚐到食材的天然滋味

奢侈地享用自然派創作料理

Ours Dining
アワーズダイニング

夫妻所經營的預約制自然派餐廳。奢侈地使用了自家土壤上的自然菜園裡採收的無農藥蔬菜和野草，還有從簽約農家進貨的當季蔬菜，是很熱門的主廚推薦全餐。

☎0287-64-5573　**MAP**附錄②28 F-3
🕐11:30～13:30（閉店為15:00）、18:00～19:00（閉店為21:00）※午餐能當天預約，晚餐需一天前預約　休週四、五（冬季有休業）　📍那須町高久甲5834-14
🚌JR黑磯站搭經りんどう湖往那須ハイランドパーク的東野交通巴士11分，蒸気機関車前下車，步行10分　🅿10輛

↑人氣店寵山羊小豆在這裡迎接

↑氣氛舒適溫馨的店裡也販售了栃木創作者打造的生活雜貨

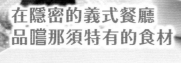

在隱密的義式餐廳 品嚐那須特有的食材

午餐全餐
2160日圓～
前菜、四選一的義大利麵、甜點、自製麵包等大滿足的餐點內容

→沉穩的北歐風室內裝潢。可一覽無遺落地窗外面的那須自然景觀

Cucina Hasegawa
クチーナハセガワ

料理口味溫和的人氣義式餐廳。午餐備有義大利麵為主的全餐和單點的餐點。能吃到以山菜、夏季蔬菜、香菇等大量那須當地食材入菜的料理。

☎0287-78-0333 **MAP**附錄②29 D-2
🕐11:30～14:00(閉店為15:00)、晚餐需一天前預約 休週三、四(有不定休，1月則休業) 所那須町高久乙3368-157 交JR黑磯站搭往那須湯本的東野交通巴士14分，友愛的森轉搭九尾狐號17分，清流の里下車，步行10分 P8輛

嚴選蔬菜
使用被當地評價為美味的農園無農藥蔬菜

↑位在森林裡的沉穩建築物

那須の里山料理 草花宿
なすのさとやまりょうりそうかじゅく

格外喜愛那須自然景觀的老闆，以結合當地蔬菜、季節感十足的野草及藥草的料理來招待顧客。享用對身體溫和的600kcal以下和食，感受那須的大自然恩惠。

☎0287-77-7023 **MAP**附錄②28 H-2
🕐11:00～14:00、18:00～21:00左右
※晚餐需一天前預約，週一僅中午營業 休週二
所那須町寺子丙2164-43 交JR黑磯站搭車18分 P7輛

嚴選蔬菜
使用老闆自採的野草和藥草，以及從當地農家進貨的蔬菜

季節午餐
2160日圓
能品嚐蔬菜、野草、藥草、當季食材的定食
※圖為「春の昼ご飯」。餐點內容視季節而異

透過對身體溫和的和食 感受日本的四季

森のテーブル
もりのテーブル

那須太陽谷渡假村(→P.118)森林別墅裡的餐廳。主打使用高原當地食材的豪華洋食，以及豐富的和食與甜點，還能夠盡情吃到飽。大廚現場製作披薩等美食的烹飪表演，也值得一看。

MAP附錄②30 C-4
☎0287-76-3800(那須太陽谷渡假村)
🕐17:00～20:00(閉店為21:00)※全採預約制，營業時間依日期而變動 休不定休 ¥晚餐吃到飽90分：成人5400日圓、小學生3780日圓、學齡前兒童～3歲2700日圓 ※過年期間、黃金週、夏季會額外加價 所交P→P.118參照(那須太陽谷渡假村)

嚴選蔬菜

可以吃到飽的豪華料理，大量地使用了營養滿分的那須高原蔬菜

↑因為是飯店內的寬敞餐廳，所以即使人數眾多，也能提供相連的座位

晚餐吃到飽
90分·5400日圓
除了當季的義大利麵、披薩、焗烤飯和咖哩之外，還有蕎麥麵和天婦羅等美食

全家能同樂的 飯店吃到飽自助餐

嚴選蔬菜
使用在地農家所栽培的無農藥鮮蔬

Hamburger Cafe UNICO
ハンバーガーカフェウニコ

精選那須食材的漢堡店，在當地也備受歡迎。漢堡以多汁的那須黑毛和牛肉醬搭配鮮脆的當地蔬菜，快來大塊朵頤！

MAP附錄②28 E-3
☎0287-64-1508
🕐11:00～15:00(週六日、假日為～20:00)、肉醬售完打烊，冬季有變動 休冬季不定休(逢黃金週、過年期間、盂蘭盆節則營業) 所那須町高久甲2888-38 交JR黑磯站搭往那須湯本的東野交通巴士12分，チーズガーデン前下車即到 P30輛

那須黑毛和牛醬搭配當地蔬菜的漢堡

↑店裡使用大量木材裝潢，氣氛既溫馨又時尚，還有販售飾品和雜貨

UNICO 漢堡套餐
1900日圓～(附飲料、薯條)
將新鮮蔬菜和上肉醬、半熟蛋、培根、濃厚起司一起品嚐

Cucina Italiana VINCI
クチーナイタリアーナヴィンチ

漂亮又時尚的義式餐廳，有多種料理能享用。用義式料理的烹調技巧，加以引出含有當地生產者心意的食材美味，再搭配精緻擺盤。

☎0287-74-6937　**MAP**附錄②26 E-4
🕚11:00〜14:00，18:00〜20:30
休週日　所那須塩原市大原間西1-13-13 La·Vita 1F（3号）
交JR那須鹽原站步行5分　P6輛

↑以義大利、法國生產為主的紅酒品項多達30種

↑間接照明營造出沉穩的氣氛

名店的講究
老闆親自嚴選的當地蔬菜是料理的主角。全餐內容視當日進貨的蔬菜而定

在道地的義式餐廳品嚐當地生產的嚴選食材

人氣No.1
晚餐全餐
3240日圓〜
有8種前菜、主菜、義大利麵、甜點、咖啡或紅茶等豐盛餐點

那須美食的名店

當地顧客都掛保證!!

那須有許多使用當地食材的餐廳。下面介紹的名店不只觀光客，連當地顧客都讚不絕口。

農村レストラン 高林坊
のうそんレストランこうりんぼう

人氣的蕎麥麵店，假日中午的排隊人潮甚至排到店外。自豪的手打蕎麥麵採用100%地粉，從當地的那須高原栽培的原料到採收、製粉、手工擀揉都是親手操刀。

☎0287-68-7775　**MAP**附錄②27 D-3
🕚11:00〜16:00
休無休（1〜4月為週四休）
所那須塩原市木綿畑451-1
交JR那須鹽原站搭車10分
P60輛

農家經營的手打地粉蕎麥麵店

人氣No.1
天盛高林蕎麥麵
1100日圓
以滑順的那須野秋蕎麥麵、地產蔬菜天婦羅所組成的套餐

↑店前的蕎麥田也能依季節欣賞到蕎麥花

↑現磨現打的蕎麥麵充滿甜味與香氣

名店的講究
使用高林地區栽培出的帶點綠色的那須野秋蕎麥麵。聽說美味的祕密在於劇烈的溫差變化

用自製食材製作的種類豐富料理

人氣No.1
森林定食
1280日圓
附10道鮮蔬配菜的健康套餐。米是玄米

創造の森·農園レストラン
そうぞうのもりのうえんレストラン

使用自家栽培的無農藥蔬菜和香草、天然釀造的味噌等，能享用滋味豐富的料理。將帶有食材天然滋味的蔬菜料理，配著有機米一起品嚐吧。

☎0287-68-0210　**MAP**附錄②27 D-3
🕚11:30〜14:00
休週四、五（1〜2月會休業）
¥燉牛肉套餐1380日圓
所那須塩原市高林369
交JR那須鹽原站搭車15分
P40輛

有40個座位的寬敞式店面的開放木造空間。店前也有

名店的講究
料理使用從店前農地收穫的無農藥蔬菜。調味料也是嚴選國產的無添加產品

那須和牛 的名店

ステーキハウス 寿楽 本店

ステーキハウスじゅらくほんてん

號稱「說到那須和牛，就是這裡」的人氣店。擁有當地精肉店直營才有的高CP值，能享用到熟悉肉品的專家所烹調出的正統滋味。頂級的味道和軟嫩的肉質都有老饕掛保證。

↑另有附設肉品店「牛楽」

人氣No.1
那須和牛推薦餐
骰子牛肉排套餐
3100日圓
主要使用牛肋肉。香甜的自製肉醬可以引出肉的美味。附飯、味噌湯、漬物、沙拉

☎0287-76-3844　　MAP 附錄②30 C-5
⏰10:30～14:30（結束點餐）、17:00～19:00（結束點餐）　休週四　所那須町湯本379
🚌JR黑磯站搭往那須湯本的東野交通巴士23分，寿楽本店前下車即到
🅿60輛

名店的講究
指定農家用心培育的那須和牛需要長到最美味的階段才能使用。

手打蕎麥麵 的名店

一里茶屋

いちりぢゃや

手打蕎麥麵店，位在距離那須御用邸約1里（約3.9km）處。店家招待的季節蔬菜漬物和味噌關東煮（320日圓）等餐點，全都講究手工製作。

☎0287-76-2188　　MAP 附錄②28 F-2
⏰11:00～15:00左右（食材用完打烊）
休週四（僅3月為週四、五）、1月9日～3月1日
所那須町高久丙1208
🚌東北自動車道那須IC搭車15分
🅿17輛

人氣No.1
鴨汁蕎麥麵
1300日圓
以優良的日產合鴨熬煮的溫暖沾醬，充滿高湯和鴨肉的美味。

↑「山藥蕎麥麵」880日圓，綿密香濃的山藥泥和蕎麥麵的搭配十分出色

↑以古民宅移建而成的沉穩建築物。店裡有圍爐裏

名店的講究
滑順的手打二八蕎麥麵
使用嚴選的
北海道蕎麥麵粉

那須便當

可愛動物的表情，
讓人不禁會心一笑

⑨那須的牛奶

①那須的米

1天限定20份
1300日圓（可預約）
動物造型童趣十足，
又符合動物園的氣
氛，非常可愛。

⑧那須的水果
（甜點）

⑦那須的食材
『な・す～ぷ』
（湯品、湯菜類）

⑥那須當季的
高原蔬菜

④那須和牛

③那須的
白美人蔥

②那須的韭菜

⑤那須的美茄子
和那須的
冬粉烏龍麵

「那須便當」能嚐到豐盛的那須食材，像是那須和牛、那須米、新鮮的高原蔬菜和牛奶。自2010年誕生以來，料理的內容每年都會更換，每家店的特色也很豐富。一起享用食材的寶庫──那須的恩惠吧。

那須便當是？

「那須の内弁当」的簡稱，是不能帶回家的便當，而是在店裡吃的午餐拼盤。是以有關「九尾狐傳說」的9種食材做成的9道料理，再放在9種餐具中。不僅能品嚐到各種那須美味，擺盤也很好看，是一份會令人身心滿足的當地美食。

那須便當的 **6** 種規則

1 正式名稱是「那須の内弁当」，暱稱是「なすべん」

2 使用9種那須生產的農畜產物

3 使用在那須八溝杉製作的特製餐具（那須便當餐具）

4 9種食材的料理全都裝在各別的容器裡。拼盤正中間放了那須和牛料理，其他料理則擺成圓形

5 附有「菜單」，上面記載著使用食材和餐點名稱、調理內容

6 價格含稅為1300日圓以下

A 那須動物王國 B.B.Q Garden
なすどうぶつおうこくバーベキューガーデン

露天座位很舒適的B.B.Q Garden。在一天前預約，就能利用划算的入園套裝方案！

☎0287-77-1110
MAP 附錄②26 F-1
⏰11:00～15:00
¥入園費成人2400日圓、小孩1000日圓
休所🄼P→參照P.84
➡景色秀麗，前面還有狗狗運動場

毫不客氣地使用了
自製娟珊牛乳

B 那須龍膽湖 LAKE VIEW 時計台2階レストラン
なすりんどうこレイクビューとけいだいにかいレストラン

接觸動物和手作體驗都很好玩的休閒景點。可以品嚐到濃厚的自製娟珊牛乳。

☎0287-76-3111
MAP 附錄②28 G-3
⏰11:00～14:30（有季節性變動）
¥入園費成人1600日圓、小孩（3歲～小學生）800日圓
休所🄼P→參照P.91
➡餐廳朝向能眺望那須連峰的湖面

1天限定20份1300日圓（不可預約）
自家牧場所製作的皇家娟珊牛乳的濃醇滋味。

那須便當 MAP

茶臼岳（標高1915m）
那須索道
休暇村 那須 D
戀人聖地
那須高原展望台
一軒茶屋交差點
殺生石
八幡杜鵑花
那須高原旅客服務中心
板室
南丘牧場
ロイヤルロード
那須Epinard飯店
旬彩廚房Lemon Balm
清流の里
那須野生動物園
鹽原
なすとらん
廣谷地交差點
公路休息站 那須高原友愛の森
りんどうライン
那須龍膽湖 LAKE VIEW
時計台2階レストラン B
黑磯板室IC
東北自動車道 那須IC
宇都宮
黑田原

那須平成之森
田野中心
Mt.JEANS那須
甲子
圍爐裏料理
与一
大谷交差點
那須彩繪
玻璃美術館 C
池田交差點
那須泰迪熊
博物館
那須高原SA
スマートIC
那須動物王國 B.B.Q Garden A
白河
花那弁也世界
白河

※刊載的菜單為2018年以前的照片。每年3月會更換菜單，而餐點內容也會隨季節改變。

C 囲炉裏料理 与一
いろりりょうりよいち

廚師手藝精湛，自產自銷的圍爐裏燒烤店。能品嚐由真功夫烹調出的當季食材滋味的料理。

☎0287-76-3486 　**MAP**附錄②28 F-2

🕐午餐為11:30～14:30

休週四

所那須町高久丙1338

🚌JR黑磯站搭經りんどう湖往那須ハイランドパーク的東野交通巴士26分，池田下車即到

🅿30輛

1天限量20份 1300日圓(可預約)
傳統的和食搭配精湛創作的那須便當。口味細緻溫和。

🔼東北自動車道那須IC搭車10分

展現出傳統與精緻的和風那須便當

D 休暇村 那須
きゅうかむらなす

標高1200m的瞭望餐廳，位在茶臼岳南麓，能一望那須野が原。另能享受不住宿溫泉。

☎0287-76-2467

MAP附錄②30 B-2

🕐午餐為12:00～13:00
(有季節性變動)

休所🅿→參照P.122

🔼海拔高，可以眺望雲海

無限量
1300日圓(可預約)
可以和家族同享的日式口味餐點一應俱全

各個季節景緻盡收眼底的天空度假區

E なすとらん

「公路休息站 那須高原友愛の森」內的餐廳。附設現摘蔬菜的直售所與手作體驗設施。

☎0287-78-1219　　**MAP**附錄②28 E-3

🕐11:00～14:00　休所🅿→參照附錄②
P.13「公路休息站 那須高原友愛の森」

1天限量15份 1300日圓(可預約)
充滿生產米和菜的農家媽媽的愛。

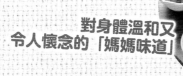

🔼位在公路休息站內，地標是大三角形的屋頂

對身體溫和又令人懷念的「媽媽味道」

F 那須Epinard飯店
旬彩廚房Lemon Balm
ホテルエピナールなすしゅんさいちゅうぼうレモンバーム

那須Epinard飯店裡的休閒餐廳。還能享受不住宿溫泉和溫水游泳池。

☎0287-78-6000

MAP附錄②28 E-2

🕐午餐為11:30～15:00

休所🅿→參照P.118

1天限量30份 1300日圓(不可預約)
由飯店製作的那須便當，能品嚐到種類豐富的和食及洋食。

飯店以嚴選食材製作的和食及洋食

🔼從餐飲、飲茶到深夜設施都能輕鬆利用

也能眺望那須連山

不只露天座位，從店裡

這裡是特等席！
有3桌寵物OK的露天座位，在天氣晴朗的日子能和寵物一起開心用餐

推薦菜單
facile pudding 300日圓
布丁使用那須牛奶、那須御養蛋，並以主廚的講究配方製成，數量有限

←「藏樂茶臼米麴甘味噌漢堡排套餐」1300日圓

Café facile
◆カフェファシル

可以享用添加了大量那須食材的餐點和飲料。飲品菜單豐富，有一杯一杯萃取的精緻咖啡和espresso冷飲等。溫暖的日子就坐在露天座位，冬天就到柴火暖爐前面，忘卻繁忙的日常，度過悠閒時光。

☎0287-62-5577　**MAP**附錄②28 E-3
⏰9:00～16:30（閉店為17:00）
休週三（逢假日則營業）　那須町高久甲5462-1　JR黑磯站搭往那須湯本的東野交通巴士12分，チーズガーデン前下車，步行3分　P20輛

←「小朋友的拼盤」1000日圓

高原露天咖啡廳
在綠意環繞的特等席放鬆休息吧

清風徐徐的那須高原上有許多各具特色的咖啡廳，提供充滿異國氛圍的空間、講究的甜點和美食等。坐在綠意環繞的特等席，忘卻都市的喧囂，度過一段輕鬆自在的時間吧。

Bakery & Cafe PENNY LANE

在「電視冠軍」（東京電視台）中獲勝的麵包、森林裡的開放式花園露天座位，都是店家的自豪之處。播放著披頭四歌曲的店裡也裝飾著吉他、親筆簽名等珍貴的披頭四商品，宛如博物館一樣。歌迷肯定會為之瘋狂。

☎0287-76-1960　**MAP**附錄②29 D-1
⏰8:00～19:00（閉店為20:00，麵包店為～18:00，有季節性變動）
休無休　那須町湯本656-2　JR黑磯站搭往湯本的東野交通巴士18分，守子坂下車，步行20分　P50輛

↑附設的麵包店（P.109），現烤麵包很受歡迎

推薦菜單
PENNY LANE漢堡排&肉排 2300日圓
PENNY LANE拿鐵 580日圓
能確實感受到栃木和牛美味的一道菜

能聆聽披頭四名曲
享受森林浴的咖啡廳

←午餐有麵包店所販售的麵包吃到飽

"Take Out"

這裡是特等席！
開放式的花園露天座位也播放著披頭四的BGM。在木造平臺度過優雅時光吧

コミュニティガーデン 那須倶楽部
◆コミュニティガーデンなすくらぶ

佇立在廣大庭園裡的
獨棟咖啡廳

佇立在約9000坪廣大庭園裡的獨棟咖啡廳。一邊聆聽鳥鳴和川流聲療癒身心，一邊悠閒地放鬆。露天座位能眺望生態池和綠意，備受歡迎。

📞0287-76-1242　MAP附錄②28 F-2
🕐12:00～17:00（夏季為10:30～17:30）
休週二　所那須町高久丙1224
🚃JR黑磯站搭經りんどう湖往那須ハイランドパーク的東野交通巴士24分，下池田下車，步行10分　P30輛

➡從天花板挑高的寬敞店裡，能眺望窗前一望無際的那須高原自然景觀

推薦菜單
起司蛋糕
450日圓
使用相同分量的自製酸奶油和起司奶油，因此能嚐到奶香味和酸味

這裡是特等席！
木板平臺的座位朝向精心保護的庭園，能飽覽那須的自然風光。帶寵物也OK

落地窗外樹木林立，
位在雜樹林裡的獨棟咖啡廳

這裡是特等席！
窗旁座位是一處療癒空間，能一邊享受森林浴一邊品嚐餐點和茶飲

Dining Cafe Borage

從座位上就能眺望整片玻璃窗前一望無際的秀麗雜樹林，並沉浸在森林浴的氛圍中用餐。餐點菜單豐富，除了午餐之外，也有早餐和晚餐，另有販售起司蛋糕和手工烘焙點心。

📞0287-78-2776　MAP附錄②28 E-2
🕐10:30～20:00（閉店為21:00，冬季平日和定休日前一天為～17:00）　休週三及每月2次週四
所那須町高久乙2731-12
🚃JR黑磯站搭往那須湯本的東野交通巴士18分，上新屋下車即到　P15輛

⬆四周環繞日光國立公園裡自然景觀豐富的森林

推薦菜單
烤起司蛋糕
432日圓
咖啡歐蕾 594日圓
起司蛋糕以當地生產的雞蛋和牛奶製作，口感香濃濕潤

チーズケーキ工房 MANIWA FARM
◆チーズケーキこうぼうマニワファーム

摩庭牧場腹地裡的手工起司蛋糕店，可於店內用餐。起司蛋糕以自家牧場的新鮮生乳製成，而生起司蛋糕和烤起司蛋糕都是帶著明顯奶香味的逸品。霜淇淋也很受歡迎。

📞0287-77-0534　MAP附錄②28 H-1
🕐11:00～16:50（閉店為17:00，週六日、假日為10:00～）　休週四（逢假日則前一天休）　所那須町豐原丙4525
🚃JR黑田原站搭車15分　P10輛

這裡是特等席！
午餐時間以那須連山為背景，邊用餐邊從露天座位眺望廣大牧場，會令人幾乎忘卻時間的流逝

在牧場直營的咖啡廳裡，一邊觀賞羊群一邊悠閒開放鬆

推薦菜單
烤起司蛋糕
410日圓
能品嚐起司原本滋味的口味

⬆佇立在牧場中央的絕佳位置

Take Out

➡生起司蛋糕「那須の雪解け」310日圓，當作伴手禮也深受歡迎

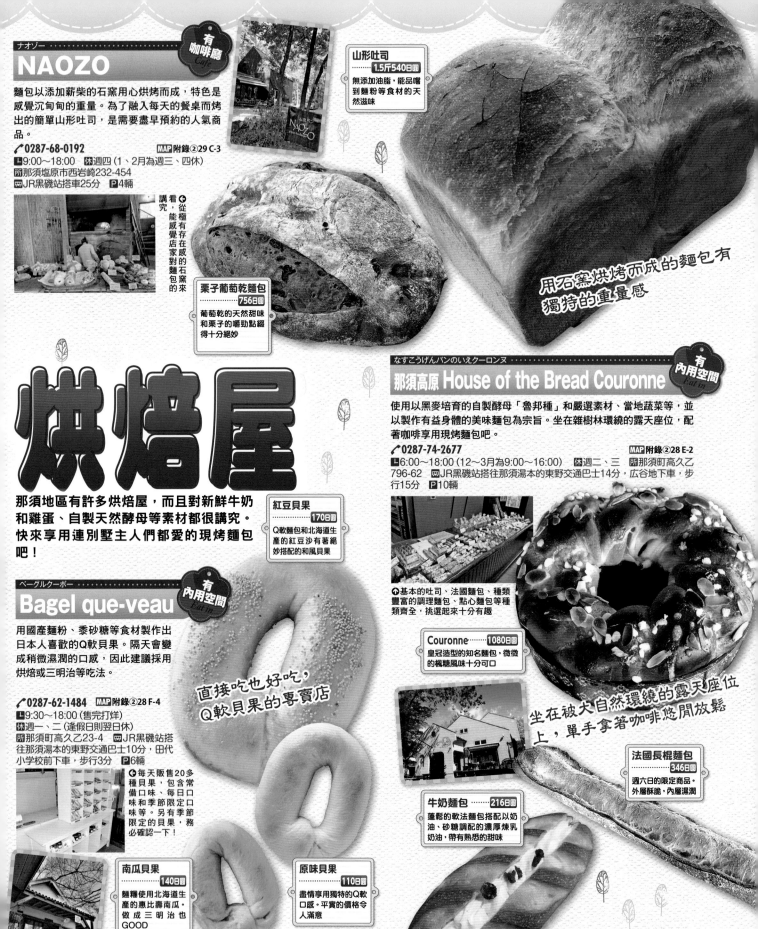

NAOZO

ナオゾー

有咖啡廳 Cafe

麵包以添加薪柴的石窯用心烘烤而成，特色是感覺沉甸甸的重量。為了融入每天的餐桌而烤出的簡單山形吐司，是需要盡早預約的人氣商品。

☎0287-68-0192　MAP附錄②29 C-3
🕘9:00～18:00　休週四（1、2月為週三、四休）
📍那須塩原市西岩崎232-454
🚃JR黑磯站搭車25分　🅿4輛

講究，從極有存在感的石窯的來看，能感覺店家對麵包的

山形吐司
1.5斤540日圓
無添加油脂，能品嚐到麵粉等食材的天然滋味

栗子葡萄乾麵包
756日圓
葡萄乾的天然甜味和栗子的嚼勁點綴得十分絕妙

用石窯烘烤而成的麵包有獨特的重量感

烘焙屋

那須地區有許多烘焙屋，而且對新鮮牛奶和雞蛋、自製天然酵母等素材都很講究。快來享用連別墅主人們都愛的現烤麵包吧！

Bagel que-veau

ベーグルクーボー

有內用空間 Eat in

用國產麵粉、黍砂糖等食材製作出日本人喜歡的Q軟貝果。隔天會變成稍微濕潤的口感，因此建議採用烘焙或三明治等吃法。

☎0287-62-1484　MAP附錄②28 F-4
🕘9:30～18:00（售完打烊）
休週一、二（逢假日則翌日休）
📍那須町高久乙23-4　🚃JR黑磯站搭往那須湯本的東野交通巴士10分，田代小学校前下車，步行3分　🅿6輛

每天販售20多種貝果，包含常備口味、每日口味和季節限定的口味等。另有季節限定的貝果，務必確認一下！

直接吃也好吃，Q軟貝果的專賣店

南瓜貝果
140日圓
麵糰使用北海道生產的惠比壽南瓜。做成三明治也GOOD

原味貝果
110日圓
盡情享用獨特的Q軟口感。平實的價格令人滿意

那須高原 House of the Bread Couronne

なすこうげんパンのいえクーロンヌ

有內用空間 Eat in

使用以黑麥培育的自製酵母「魯邦種」和嚴選素材、當地蔬菜等，並以製作有益身體的美味麵包為宗旨。坐在雜樹林環繞的露天座位，配著咖啡享用現烤麵包吧。

☎0287-74-2677　MAP附錄②28 E-2
🕘6:00～18:00（12～3月為9:00～16:00）　休週二、三　📍那須町高久乙796-62　🚃JR黑磯站搭往那須湯本的東野交通巴士14分，広谷地下車，步行15分　🅿10輛

↑基本的吐司、法國麵包、種類豐富的調理麵包、點心麵包等種類齊全，挑選起來十分有趣

紅豆貝果
170日圓
Q軟麵包和北海道生產的紅豆沙有著絕妙搭配的和風貝果

Couronne
1080日圓
皇冠造型的知名麵包，微微的楓糖風味十分可口

牛奶麵包
216日圓
蓬鬆的軟法麵包搭配以奶油、砂糖調配的濃厚煉乳奶油，帶有熟悉的甜味

法國長棍麵包
346日圓
週六日的限定商品。外層酥脆，內層濕潤

坐在被大自然環繞的露天座位上，單手拿著咖啡悠閒放鬆

パン香房BELLS FLEURS
パンこうぼうベルフルール

許多媒體介紹過的人氣義式餐廳「Gioia Mia」的麵包專賣店。義籍主廚所製作的獨創麵包，都是使用嚴選的那須當地麵粉和雞蛋、法國和義大利等國的食材。許多麵包都能試吃。

☎0287-76-7008　**MAP**附錄②28 E-1
🕐9:00～17:00（售完打烊）　休週四（8月無休，有季節性的臨時休業）　所那須町湯本494-15　🚃JR黑磯站搭往那須湯本的東野交通巴士20分，ジョイア・ミーア前下車即到　🅿80輛

味道獲得老饕認可的餐廳姊妹店

↑麵包完全不使用合成防腐劑和著色劑等添加物，全都能安心食用

香橙麵包
432日圓
充滿自製甜橙奶油的麵包上放著醃漬橙片的法國麵包

葡萄乾魯邦種麵包　777日圓
法國田園麵包以當地麵粉「ゆめかおり」和自製天然酵母烘焙而成

法式火腿蛋薄餅　648日圓
使用當地蕎麥麵粉、伊比利亞豬、格呂耶爾起司、那須御養蛋。

Bakery & Cafe PENNY LANE

製作出以那須的好水發酵而成的鬆軟麵包，是連雜誌和電視節目都給予好評的麵包店。另有商品名稱與披頭四有關的麵包，非常有趣。附設餐廳（→P.106）。

☎0287-76-1960　**MAP**附錄②29 D-1
🕐8:00～18:00（餐廳為～19:00〈閉店為20:00〉有季節性變動）　休所🅿為⇒P.106

藍莓麵包
600日圓
捲著醃漬藍莓和自製藍莓果醬的麵包

藍莓果醬是人氣商品1天能賣900瓶！

Ringo Starr　330日圓
香甜的丹麥麵包是在酥脆麵包中夾入卡士達醬和蘋果

↑店裡有許多珍貴的麵包種類的披頭四商品。70種以上商品。

Pain de Leun

過去曾為那須御用邸的晚餐會提供麵包，相當有來歷。麵糰以法國生產的酵母、那須的好水和空氣揉製而成，並於每天早上現烤。店裡陳列著約30種豐富齊全的口味。另有販售麵包餅乾等點心。

☎0287-76-6001　**MAP**附錄②28 F-2
🕐9:00～17:00（售完打烊）　休週三　所那須町高久乙1195-98　🚃JR黑磯站搭經りんどう湖往那須ハイランドパーク的東野交通巴士24分，下池田下車即到　🅿13輛

↑店內陳列著現烤麵包，飄散著香氣

蘋果麵包
580日圓
造型可愛，包覆著整顆煮透的蘋果。內有卡士達醬

皇室也喜愛的頂級精緻麵包

現烤麵包也美味伴手禮也美味

那須的現烤

那須のお米のパン屋さん
なすのおこめのパンやさん

米粉麵包專賣店，嚴選老闆老家所栽培的「あさひの夢」米、那須鹽原市和那須町所生產的米。除了常備的一般麵包之外，還有配菜麵包和甜點麵包等種類豐富的米粉麵包一應聚全。

☎0287-74-3272　**MAP**附錄②28 F-1
🕐9:00～17:00　休週三　所那須町高久丙1579-330　🚃JR黑磯站搭往那須湯本的東野交通巴士18分，守子坂下車，步行25分　🅿5輛

↑店的位置鄰近那須彩繪玻璃美術館，架上陳列著種類豐富的米粉麵包

米粉麵包特有的Q軟口感

米麵包
1個100日圓
米粒造型很可愛。品嘗前先用微波爐加熱10～20秒，就會更美味

米粉雪球餅　1個160日圓
香濃酥脆的法國麵包。包在麵包內的白色內餡Q彈鬆軟

高原伴手禮

精選

使用牧場直送的乳製品、那須御養蛋等優質食材的甜點＆美食大集合。只要嚐一口，眼前就會浮現綠意盎然的高原景色！

C 御用邸起司蛋糕
1280日圓
自創混合數種奶油起司的烘烤型起司蛋糕。以均勻的烤色和滑順的口感自豪。

濃厚優質的起司滋味

D 御用邸之月
(1顆) 135日圓～
以卡斯特拉蛋糕包覆卡士達奶油的人氣商品。從單賣到15顆裝的盒裝都有，拿來分送也很方便

夏天先冷藏會更好吃

D 皇家度假勝地年輪蛋糕
(巧克力) 720日圓
充滿巧克力味道的棒狀年輪蛋糕

鬆軟濕潤，甜味恰到好處

店家的招牌商品是這個！

那須必買

調味簡單，好吃到不會膩

A 維也納香腸
(100g) 360日圓
引出天然肉味，帶著煙燻香氣的自豪香腸

E 天空模樣系列
(3罐組) 1080日圓
札幌啤酒那須工廠所製造的當地啤酒。品嚐看看「陽ざしのピルスナー」等3種口味吧

時尚的包裝設計也很有魅力

B 烤焦麵包
500日圓
大膽做出微焦部分的一口麵包餅乾。口感酥脆，烤焦奶油的風味香氣四溢

麵包餅乾專賣店 無法撼動的No.1

B 那須的布丁蛋糕
1274日圓
布丁口味的蛋糕，連微苦的焦糖部分都有重現。濕潤口感和濃厚滋味備受好評

焦糖的香氣讓人受不了

E 那須特拉普派鬆餅
(10袋裝) 1000日圓
那須特拉普派修道院的手工烘焙點心。口感酥脆。1袋2塊裝

無添加手作法式點心

E 公路休息站 那須高原 友愛之森
みちのえきなすこうげんゆうあいのもり

能購買那須町的特產品和那須品牌認證的商品。牧場聯名的霜淇淋等餐點也不容錯過。

☎0287-78-0100
(故鄉物產中心)
🕐9:30～16:00 (視設施、季節而異) 休無休 所那須町高久乙593-8 🚌JR黑磯站搭往那須湯本的東野交通巴士14分，友愛的森下車即到
MAP 附錄②28 E-3

D 點心之城 那須愛心樂園
おかしのしろなすハートランド

日式和西式的那須知名點心一應俱全。能隔著玻璃參觀工廠的專區、同一腹地內的花與體驗之森的小廚師教室及手工藝品教室等，備受好評。

☎0287-62-1800
🕐8:30～17:30 (有季節性變動) 休無休 (冬季有1天設備檢查休業) 所那須町高久甲4588-10 🚌JR黑磯站搭往那須湯本的東野交通巴士10分，お菓子の城下車即到 Ｐ500輛
MAP 附錄②28 F-4

C CHEESE GARDEN 那須本店
チーズガーデンなすほんてん

以起司蛋糕等手工甜點和烘焙點心聞名。另有販售那須生產的起司和優格。鄰接的咖啡廳「しらさぎ邸」也備受歡迎。

☎0287-64-4848
🕐9:00～18:00 (有季節性變動) 休無休 所那須町高久甲喰木原2888 🚌JR黑磯站搭往那須的東野交通巴士12分，チーズガーデン前下車，步行5分 Ｐ150輛
MAP 附錄②28 E-3

B NASUの ラスク屋さん
ナスのラスクやさん

使用專門烘焙麵包餅乾的法國麵包粉，提供每天現烤的食物。商品有從甜到辣的口味，種類豐富。

☎0287-78-3309
🕐9:30～17:30 (冬季為～16:30) 休無休 所那須町高久乙586-905 🚌JR黑磯站搭往那須湯本的東野交通巴士14分，廣谷地下車即到 Ｐ300輛
MAP 附錄②28 E-3

A ノイ・フランク アトリエ那須
ノイフランクアトリエなす

對身體溫和的手工火腿、香腸店，使用那須生產的豬肉，且連無防腐劑的添加物都會酌量使用。另有內用空間。

☎0287-74-6255
🕐10:00～18:00 休週三、四 所那須塩原市西岩崎233-57 グリーンランド内 🚌東北自動車道那須IC搭車15分 Ｐ6輛
MAP 附錄②29 D-3

霜淇淋也要 Check!

アイス工房もいい
アイスこうぼうももい

📞 0287-64-4856
🕐 9:00～17:00（夏季為～17:30）
🈺 週三（逢假日則翌日休）
📍 那須町高久丙5033
🚌 JR黑磯站搭經りんどう湖往那須ハイランドパーク的東野交通巴士23分，りんどう湖下車，步行5分 🅿️40輛
MAP 附錄②28 G-3

使用隔壁桃井牧場牛奶的冰淇淋店

⬆️牛奶霜淇淋
300日圓
⬆️南瓜霜淇淋
300日圓

なすこぐまアイス

📞 0287-76-6113
🕐 11:00～17:00（週一～週五（逢假日則營業）
📍 那須町高久丙1183-68
🚌 JR黑磯站搭經りんどう湖往那須ハイランドパーク的東野交通巴士24分，下池田下車即到 🅿️5輛
MAP 附錄②28 F-2

在霜淇淋和義式冰淇淋裡加入冰粒的新口感冰淇淋

⬆️那須高原 低糖牛奶
小熊奶油霜淇淋 300日圓

餅皮濕潤柔軟，香濃奶油會從中流出

就彷彿一入口化開的口感

F 茶臼岳（山羊起司）
（180g）2060日圓
以山羊奶製作的契福瑞起司，獨特的風味讓人上癮。不僅能搭配紅酒品嚐，也能沾蜂蜜當作甜點

起司與和風口味有著絕妙搭配

F 雪柳起司
（150g）670日圓
口感Q彈的新鮮起司，優質的牛奶甜味會在口中擴散。不只必備的橄欖油，和芥末醬油也是絕配

品嚐新鮮牛奶的甜味吧

奶香&輕微的酸味

H 新鮮起司
澄白 580日圓
奶香起司，使用高達完成品5倍分量的生乳。搭配沙拉或咖哩也很不錯

獨特起司

葫蘆形狀的

H 醬油醃漬的莫札瑞拉起司
630日圓
以「たまり醬油」醃漬的莫札瑞拉起司。最適合拿來當下酒菜

品嚐美味的乳製品！
牧場的恩惠

G 馬背起司
950日圓
加熱後更可口，因此切塊後直接烤來吃，也很美味

前所未有的鬆軟

罕見的牛奶羊羹和巧克力羊羹

I 白雲（照片上方）、紫雲（照片下方）
（1條）1080日圓
「白雲」是牛奶羊羹，使用那須高原生產的白天現擠牛奶和煉乳，搭配白餡，再於內裡放入柚子羊羹。另有搭配巧克力的「紫雲」

I 萬雷
（8顆裝）1210日圓
柔軟的饅頭，基本的卡士達內餡大量地使用了那須高原生產的牛奶、雞蛋

J バターのいとこ
756日圓
由那須酪農和人氣餐廳共同開發，使用脫脂牛奶的比利時鬆餅

J Chus
チャウス

從市場、餐廳、住宿等3個方面傳播那須飲食文化的設施。市場陳列著當地農家精心製作的蔬菜和乳製品（→P.113）。

📞 0287-74-5156
🕐 10:00～23:00
🈺 第2週四（其他週四會因活動而更換料理）
📍 那須塩原市高砂町6-3
🚌 JR黑磯站步行10分
🅿️25輛
MAP 附錄②26 F-3

I 雲いづ（KUMOIZU）
くもいづクモイズ

NASUのラスク屋さん（→P.110）的姊妹店，提供以那須孕育的食材製作出的和菓子。所有點心都是手工製作。

📞 0287-73-8828
🕐 9:30～17:30（冬季為～16:30）
🈺 無休 📍 那須町高久乙1-3
🚌 JR黑磯站搭往那須湯本的東野交通巴士10分，田代小学校前下車，步行3分 🅿️28輛
MAP 附錄②28 F-4

H あまたにチーズ工房
あまたにチーズこうぼう

縣內首家起司工房。手工製作的起司以放養培育的乳牛牛奶為原料，有時中午就會賣光。

📞 0287-76-2723
🕐 10:00～17:00
🈺 週三（逢假日則翌日休）
📍 那須町湯本206-530
🚌 東北自動車道那須IC搭車20分 🅿️5輛
MAP 附錄②30 D-4

G ハーレー牧場
ハーレーぼくじょう

用那須高原的牧草和非基因改造飼料飼養健康的乳牛。牧場裡沒有常駐販售商品，但在公路休息站明治的森・黑磯、JR那須塩原站商店等地都能購買。

📞 0287-69-1180
🕐 需洽詢 🈺 無休
📍 那須塩原市百村489-3
🚌 東北自動車道黑磯板室IC搭車20分 🅿️1輛
MAP 附錄②29 A-3

F 那須高原今牧場
なすこうげんいまぼくじょう

飼養了約300頭牛和山羊的牧場。附設的起司工房有販售自製的起司。擠乳室和工房以管道連接，講究使用現擠牛奶。

📞 0287-74-2580
🕐 10:00～17:00 🈺 週三
📍 那須町高久甲5898
🚌 東北自動車道那須IC搭車10分 🅿️2輛
MAP 附錄②28 F-3

用「世界唯一」當作旅行的紀念

手作體驗

那須有許多手作體驗的景點。
邊和家人或朋友聊天邊動手做的時間，
肯定也會變成旅行的美好紀念！

可以做可愛的包裝

蠟燭
費用 共18種課程，864～3780日圓
時間 20～120分

沉醉在自己製作的蠟燭裡！

CANDLE HOUSE ChouChou
●キャンドルハウスシュシュ

店鋪不只販售蠟燭，還提供「有蠟燭的生活」建議。備有豐富的體驗課程。不使用火和熱水就能製作蠟燭，因此小朋友也能開心體驗。

☎0287-78-7060 **MAP**附錄②28 E-3
🕙10:00～18:00 休週四 所那須町高久乙796－234 JR黑磯站搭往那須湯本的東野交通巴士14分，広谷地下車，步行10分 ₽40輛

●陳列著顏色和香味琳瑯滿目的100多種蠟燭

●店裡有附設體驗教室的專用空間

↓啤酒約1個月後會送到家。體驗時的照片能當作商標使用

啤酒
費用 1組2人的話，1人8000日圓（含午餐費、運費）；3人的話，1人6000日圓；4人的話，1人5000日圓 時間 約7小時（預定9:40開始，16:30左右結束）

●在熟練的教學者的指導下，就連放入酵母的階段都能體驗

用手作啤酒乾杯吧！

札幌啤酒那須工場 手作啤酒工房
●サッポロビールなすこうじょうてづくりビールこうぼう

在那須工場「手作啤酒工房」能體驗從備料到發酵的過程。另有能品嚐現做啤酒的餐廳、陳列著那須名產的商店等。附設「那須森林啤酒園」。

☎0287-60-0331
MAP附錄②28 F-4
🕙體驗為預約制 休除指定的預約日之外 所那須町高久甲4453-49 JR黑磯站搭往那須湯本的東野交通巴士10分，お菓子の城下車即到 ₽220輛

玻璃
費用 吹玻璃體驗1件4320日圓、七寶燒1件2160日圓 時間 30～60分

在森林裡的度假區體驗製作藝術品

Art Biotop那須
●アートビオトープなす

能在豐富的自然環境裡享受休閒住宿和藝術活動的設施。在附設的玻璃和陶藝工房裡，可以埋頭創作，忘卻日常的喧囂。

☎0287-78-7833
MAP附錄②29 C-2
🕙10:30～17:00（當日最終受理16:00）休週三、定期檢查日 所那須町高久乙道2294-3 JR那須鹽原站搭接駁巴士30分（需預約）₽30輛

↓可以製作玻璃或小花瓶

還有其他！手作體驗景點

飾品
費用 能量石手環1944日圓～
時間 15分～

UNICO silver&powerstone
●ウニコシルバーアンドパワーストーン

從約600種能量石中挑選喜歡的石頭，製作手環。銀飾製作也備受好評。

☎0287-64-1508 🕙10:00～17:00 休無休（僅1～2月不定休）所那須町高久甲2888-38 JR黑磯站搭往那須湯本的東野交通巴士12分，チーズガーデン前下車即到 ₽30輛 **MAP**附錄②28 E-3

Snow Dome Factory

搖一搖就有銀色紙片飛舞，夢幻世界遍布水中的玻璃雪球。體驗教室在全日本也很少見。

☎0287-78-6644（體驗工房 和樂日）
🕙10:00～、13:00～、15:00～ 休週四、五（逢假日則營業，營業日遇大型連休會有變動）所那須町高久丙1那須Epinard飯店的體驗工房 和樂日內 JR黑磯站搭往那須湯本的東野交通巴士14分，広谷地下車，步行15分 ₽470輛 **MAP**附錄②28 E-2

玻璃雪球
費用 體驗費2160日圓（零件費另1件324日圓～）時間 約90分 ※小學生以下需家長陪同

黑磯就是這樣的街道

黑磯雖說在江戶時代曾經因為奧州街道的驛站而繁榮，但並非名聞遐邇。黑磯的地名會廣為人知，其實和「1988 CAFE SHOZO」的開業有很大的關係。老闆們現在仍抱持著信念跟隨前代的腳步，持續營造著這裡特有的氛圍。

地圖

```
04 STORE   ●ラパーク   1988 CAFE SHOZO
板室溫泉           Chus     feeze
           P專用停車場
菅間記念病院田  SHOZO   市營
           ROOMS    停車場   RAKUDA    新白河站
   Chus         和菓子処 明治屋
チーズ工房 那須の森  Cafe Centoro
           黑磯小  壹滿豐町
   黑磯高
      CAFÉ DE Grand Bois
   黑磯中        KANEL BREAD

周邊圖 附錄②P.26 F-3
0 ────── 200m
                    ↓那須鹽原站
```

ACCESS

🚃 鐵道
那須鹽原站
│JR宇都宮線
黑磯站
⏱5分
¥190日圓

🚗 車
東北自動車道 那須IC
│縣道17·55號
黑磯站前
⏱所需時間／10分

溫暖與優雅交融的街道

黑磯散步

咖啡風潮的先驅「1988 CAFE SHOZO」開業已30年。黑磯不僅咖啡廳愛好者喜歡前往，同時也是獲選為觀光景點的街道。看一看自己感興趣的店鋪，尋找自己的「喜好」吧。

Chus
●チャウス

希望許多人能享受那須的「飲食」，由這種想法產生的「那須朝市」就此發展起來。具備市場、餐廳、住宿等3種服務，傳播著那須的魅力。

MAP 附錄②26 F-3
📞0287-74-5156
🕙10:00～23:00（午餐12:00～14:30、晚餐18:00～22:00、咖啡廳12:00～22:30）、第2週三為～17:00
休第2週四 所那須鹽原市高砂町6-3 站JR黑磯站步行10分 P25輛

↑定食午餐1000日圓上下，附米飯、味噌湯、小菜

訪客來自全國！成為觀光景點的咖啡廳。

1988 CAFE SHOZO
●イチキュウハチハチカフェショウゾウ

在由老舊公寓翻修的空間裡，融入了菊地老闆「希望讓顧客感動」的想法，以及「希望來黑磯的人變多」這種對當地的愛。帶有韻味的桌椅隨處擺放，但每個座位都很舒適。

📞0287-63-9833 MAP 附錄②26 F-3
🕙11:00～19:30（L.O.19:00）
休不定休 所那須鹽原市高砂町6-6
站JR黑磯站步行10分 P20輛

老闆們使用廢棄原料和老舊建材，自行改裝2層樓的公寓。

↑「森林特調咖啡」580日圓。「午休蛋糕」640日圓是套餐，能任選喜歡的蛋糕和司康。

溫馨與優雅交融的氛圍，卻絲毫不會感到拘束。

CAFÉ DE Grand Bois

利用大正時期所建的銀行的咖啡餐廳。從過往的風貌產生的舒適感和精心提供的菜單，都深受當地顧客的喜愛。

📞0287-64-2330 MAP 附錄②26 F-3
🕙11:00～21:00 休週二（逢假日則營業）所那須鹽原市本町5-19 站JR黑磯站步行3分 P9輛

彌漫大正時代風貌的石造咖啡廳

↑招牌菜單「Grand Bois Rice」1000日圓

↓厚實的建築物獲指定為國家的有形文化財

---

04 STORE
●ゼロヨンストア

咖啡廳所重視的事物就用服裝來表現。以鐮倉的「STUDIO ORIBE」、葉山的「SUNSHINE＋CLOUD」為中心，簡單好穿的「日常服飾」應有盡有。

MAP 附錄②26 F-3
📞0287-64-4065
🕙11:00～17:00
休不定休 所那須鹽原市高砂町6-7 2F 站JR黑磯站步行10分 P無

好穿的日常服飾一應聚全 CAFE SHOZO的姊妹店

↑有鞋子和包包等，重視製造者故事的精選商品

使用罕見牛奶的起司
チーズ工房 那須の森
●チーズこうぼうなすのもり

📞0287-63-7241 MAP 附錄②26 F-3
🕙9:00～16:00 休無休 所那須鹽原市中央町5-3 站JR黑磯站步行10分 P2輛

布里起司蛋糕·那須
720日圓

素材只有100%瑞士黃牛的牛奶和食鹽。濃厚的奶香口感。容易入口的溫和口味

伴手禮也讓人眼花撩亂！

令人想預約的絕品泡芙
feeze
●フィーゼ

MAP 附錄②26 F-3
📞0287-74-2280
🕙10:00～18:00 休週一、二 所那須鹽原市中央町2-22 站JR黑磯站步行5分 P無（距離店家50m處有1小時免費的市營停車場）

feeze泡芙
1個230日圓

使用日產小麥和那須御養蛋。濃厚奶油搭配酥脆外皮，巧妙和諧

還有推薦這些！

那須高原
なすこうげん

矚目景點

MAP 附錄②P.26・28・30　住宿資訊 P.118～123

附錄有介紹！
●那須八幡杜鵑花園 ················ 附錄②P.7
●殺生石 ···························· 附錄②P.7
●那須高原展望台 ·················· 附錄②P.7

主題公園　MAP 附錄②28 F-4

SL Land 蒸汽火車博物館
●エスエルランド　ミュージアム

☎0287-63-4005　景點

能三代同樂的蒸汽機關車主題公園
有日本最大規模的立體透視模型、能在貨車內遊玩的遊戲室、能體驗虛擬實境的圓頂劇場。鄰接的「レストラン蒸気汽関車」有1/5尺寸的D51會幫忙上菜。

🕘9:00～17:30
🈺無休
💴成人1080日圓、小孩640日圓
📍那須町高久乙24-2
🚌JR黑磯站搭經りんどう湖往那須ハイランドパーク的東野交通巴士11分，蒸気機関車前下車即到
🅿200輛

↑精緻的立體透視模型十分出色。在每小時1次的行駛表演中，列車會在模型內奔馳

主題公園　MAP 附錄②28 F-3

人力車＆昭和復古博物館
●じんりきしゃアンド　しょうわレトロかん

☎0287-74-5333　景點

昭和風情復甦
在精心重現昭和街道的館內，能體驗手動彈珠檯和點唱機等設施。日本國內唯一有展示12輛歷代人力車之處。

🕘9:00～17:30
🈺不定休
💴成人1000日圓、國中小學生600日圓
📍那須町高久甲西山5805-22
🚌JR黑磯站搭經りんどう湖往那須ハイランドパーク的東野交通巴士22分，御富士山前下車即到
🅿70輛（可停大型巴士）

↑能免費搭乘人力車拍照

神社　MAP 附錄②30 C-3

那須溫泉神社
●なすゆぜんじんじゃ

☎0287-76-2306　景點

和那須与一有關的神社
神社自奈良時代發現源泉以來，一直為守護那須溫泉而祈禱。因為那須与一祈願戰勝的事情而廣為人知。

🕘境內自由
📍那須町湯本182
🚌JR黑磯站搭往那須湯本的東野交通巴士35分，那須湯本溫泉（那須溫泉）下車即到
🅿30輛

↑境內有細石等值得一看的諸多景點

橋　MAP 附錄②30 C-3

杜鵑花吊橋
●つつじつりばし

☎0287-76-2619
（那須町觀光協會）
景點

八幡杜鵑花群落前的吊橋
全長130m的吊橋。位在八幡杜鵑花群裡的散步道前方，從距離河川38m高的橋上，能飽覽那須連山的絕景。

🕘自由通行
🈺有因整備、定檢而不能通行
📍那須町湯本
🚌JR黑磯站搭往那須ロープウェイ的東野交通巴士40分，つつじ吊橋入口下車，步行10分
🅿46輛

↑苦戶川在下方流動

植物園　MAP 附錄②26 F-1

那須花卉世界
●なすフラワーワールド

☎0287-77-0400　景點

花卉盛開，宛如地上繪
能飽覽廣大的自然景觀和各個季節的花卉世界。鬱金香和羽扇豆等花草所描繪出的大地油畫也是必看的重點。

🕘5月～10月下旬，9:00～16:30（閉園為17:00）
🈺展覽期間無休
💴成人500～1000日圓（視花開狀況而變動）、國高中生300日圓、小學生200日圓
📍那須町豐原那須道下5341-1
🚌JR黑磯站搭車30分
🅿300輛

↑那須連山和花的對比很漂亮！

虛擬水族館　MAP 附錄②28 F-4

金漢3D童話水族館
●キングハムスリーディー　メルヘンすいぞくかん

☎0287-63-8787　景點

以探險家的心情，觀察海中生物吧
這是家虛擬水族館，魚先生會透過3D高畫質系統以立體影像的方式登場，為遊客介紹海底世界。體驗型遊戲Märchen Catch，肯定會令人玩得不亦樂乎。

🕘9:00～17:00
🈺無休
💴成人800日圓、小孩600日圓（1樓為免費入場）
📍那須町高久甲4583-16
🚌JR黑磯站搭往那須湯本的東野交通巴士10分，お菓子の城下車，步行5分
🅿150輛

↑也能體驗走在水塘上的奇妙感覺

美術館　MAP 附錄②28 F-3

黛安娜庭園天使美術館
●ダイアナガーテン　エンジェルびじゅつかん

☎0287-62-8820　景點

能觀賞天使的可愛模樣
展示約80件天使和邱比特的收藏品。另有許多珍貴的展示，像是義大利出土的西元前4世紀的邱比特像等。能欣賞各個季節花卉的英式庭園也是必逛重點。

🕘10:00～16:30（閉館為17:00）
🈺週三（1～3月為週二、三、四休）
💴入館成人700日圓、國中生以下免費
📍那須町高久乙3392
🚌JR黑磯站搭往那須湯本的東野交通巴士12分，上白沢橋下車，步行7分　🅿50輛

↑從可愛人偶到珍貴畫像都有

滑翔傘

MAP附錄②30 A-2

KPS那須滑翔傘學校
●ケイピーエスなすこうげん
パラグライダースクール

玩樂

☎0287-76-4740

體驗飄浮在空中的感覺

以那須岳為背景的大自然中挑戰滑翔傘。小學生以上即可參加。

🕐4~11月、9:30~16:00(有季節性變動)
休開課期間無休
¥1日體驗課程10800日圓
所那須町湯本弁天那須溫泉家庭滑雪場
交JR黑磯站搭往那須ロープウェイ的東野交通巴士50分,那須休暇村(弁天溫泉)下車,步行5分
P50輛

→半日挑戰課程6400日圓~

遊樂設施

MAP附錄②26 E-4

那須野が原公園
●なすのがはらこうえん

玩樂

☎0287-36-1220

在廣大的公園裡悠閒玩樂吧!

設有許多設施,像是小朋友能悠閒嬉戲的草地廣場、人氣的滑草遊戲、家庭泳池、能一望那須野が原的瞭望塔。

🕐8:30~18:30(10~3月為~17:30)
休週二(逢假日則翌日休,3/20~5/31、7/20~8/31、10/1~10/31為無休)、12/29~1/1 ¥入園費免費
所那須塩原市千本松801-3
交JR西那須野站搭往鹽原溫泉的JR巴士15分,千本松下車,步行25分 P1200輛

→荷蘭式風車。滑草遊戲成人300日圓、小孩150日圓

洋食

MAP附錄②28 E-3

Dining Kitchen A·COWHERD
●ダイニングキッチン
あかうはーど

美食

☎0287-78-2233

不禁想跟別人炫耀的美味

餐廳裡能享用必吃的牛排、漢堡排以及分量飽滿的諸多肉類料理。

🕐11:30~15:00、17:00~20:30(黃金週、暑假期間為11:00~21:00)
休無休
¥Mt.那須Rock 5378日圓
所那須町高久乙593-146
交JR黑磯站搭往那須湯本的東野交通巴士14分,友愛の森下車即到 P100輛

→超出鐵板的豐盛分量

和食

MAP附錄②28 E-3

茶屋 卯三郎
●ちゃやうさぶろう

美食

☎0287-78-7322

溫暖人心的季節鄉村料理

古民宅風格的店家,會讓人想起在奶奶家的美好回憶。「蒸飯」和「年糕」用從當地農家進貨的糯米製成,口味令人懷念。另有豐富的甜食,當作休憩場所也不錯。

🕐11:00~15:00(12~3月為11:30~14:30,平日為各30分前閉店)
休無休
¥單品餅180日圓
所那須町高久乙道東2727-344
交JR黑磯站搭往那須湯本的東野交通巴士14分,廣谷地下車,步行7分 P30輛

→能享用2種蒸飯的「卯三郎膳」1300日圓

美術館

MAP附錄②26 G-3

那須芦野·石頭美術館 STONE PLAZA
●なすあしのいしのびじゅ
つかんストーンプラザ

景點

☎0287-74-0228

體驗石造的秀麗世界

建築師隈研吾所設計的建築物,大量使用了栃木縣的芦野石和福島縣的白河石。由石頭、光和水的默契合奏的療癒空間展現在眼前。

🕐9:30~16:30(冬季為10:00~15:30)
休週一(逢假日則翌日休)
¥成人800日圓、國中小學生300日圓
所那須町芦野2717-5
交JR黑田原站搭往伊王野的東野交通巴士17分,芦野仲町下車即到 P30輛

→館內有石造的茶室和畫廊

遊樂設施

MAP附錄②30 B-5

那須溪流公園
●なすけいりゅうパーク

玩樂

☎0287-78-0080

許多龐大的遊樂設施讓人超興奮!

能暢玩「水上步行球」和「泰山鞦韆」等遊樂設施、釣魚。玩完後,就坐在圍爐裏品嚐鹽烤魚吧。

🕐9:00~16:00(夏季為~17:00、冬季為~15:00)
休無休(天氣惡劣時休)
¥入場免費
所那須町湯本213
交JR黑磯站搭經りんどう湖往那須ハイランドパーク的東野交通巴士35分,南ヶ丘牧場下車即到 P100輛

→進入透明球體內前行的水上步行球6分1000日圓

尋找寶石

MAP附錄②28 F-2

宝石探しトレジャーストーンパーク
●ほうせきさがしトレジャー
ストーンパーク

玩樂

☎0287-73-8039

在挖掘現場找出寶石吧!

尋找寶石的路線有「地下礦山」和「水晶之谷」2種。埋藏著30種以上的能量石,在限定時間內都能無限拿取。

🕐10:00~17:00(有變動,需洽詢)
休週四(暑假則無休)
¥地下礦山1組(3人)1800日圓(挖掘12分)、水晶之谷800日圓(挖掘20分)
所那須町高久丙123
交JR黑磯站搭往那須湯本的東野交通巴士14分,廣谷地下車,步行20分 P80輛

→能找到水晶或紫水晶、瑪瑙等寶石

遊樂設施

MAP附錄②30 C-5

那須バギーパーク
●なすバギーパーク

玩樂

☎0287-76-6700

以賽車選手的心情飆車吧!

有髮夾彎跑道和S形區域的路線,無論是新手或有經驗的人都能暢玩。6歲以上能騎50cc沙灘車,16歲以上能騎125cc沙灘車。

🕐3月中旬~11月底、10:00~16:30(有變動)
休週三(逢假日則營業)
¥入園費免費
所那須町湯本588
交JR黑磯站搭經りんどう湖往那須ハイランドパーク的東野交通巴士35分,南ヶ丘牧場下車,步行3分 P30輛

→90cc800日圓~、125cc900日圓~

夢屋
●ゆめや

咖啡廳　MAP附錄②29 D-2　☎0287-78-3272

時間緩慢流逝的和風空間

以150年前老舊民宅改裝的咖啡廳。能品嚐使用有機栽培、無農藥地產食材的料理。另有展示並販售草木染的商品。

🕙10:00～日落30分前　休週三（逢假日則營業）¥夢屋特調咖啡450日圓　所那須町高久乙4585-92　🚃JR黑磯站搭車20分　P5輛

「鹽奶油焦糖義式薄餅」600日圓

SUDA COFFEE
●スダコーヒー

咖啡廳　MAP附錄②28 E-3　☎0287-74-3150

喝一杯嚴選咖啡，小憩一番

在時間緩慢流逝的店裡用餐，咖啡也會變得格外美味。具備空間開放感的露天座位共有4桌。

🕙8:00～17:30（閉店為18:00）休週三（逢假日則營業）¥特調咖啡450日圓　所那須町高久乙593-402　🚃JR黑磯站搭往那須湯本的東野交通巴士12分，チーズガーデン前下車，步行5分　P7輛

「本日咖啡」500日圓是搭配350日圓的「本日蛋糕捲」的套餐

英國傳統紅茶館AUNTIES
●えいこくでんとうこうちゃかんアンティーズ

咖啡廳　MAP附錄②30 C-5　☎0287-76-2227

優雅地品味夢幻英國紅茶

使用完全無農藥的有機栽培茶葉。能享用到約130年前文獻裡記載的夢幻英國紅茶。英國製的美麗茶具也值得一看。

口味香醇豐富的奶茶真是絕品

🕙10:00～18:00　休週二　¥奶茶和本日蛋糕的套餐1200日圓　所那須町湯本667-43　🚃JR黑磯站搭經りんどう湖往那須ハイランドパーク的東野交通巴士35分，南ヶ丘牧場下車，步行15分　P8輛

CROCE
●クローチェ

麵包　MAP附錄②29 C-3　購物　☎0287-69-0310

森林裡的隱密麵包店

使用自製的天然酵母及嚴選國產材料的麵包店。在附設的咖啡廳內能享用到「香濃牛腱咖哩」等午餐拼盤（700日圓，附咖啡）。

🕙10:00～17:00　休週日、一　所那須塩原市細竹10-9　🚃JR黑磯站搭車25分　P5輛

自然甘甜的「英國麵包」1.5斤680日圓

和牛ステーキ桜 那須高原店
●わぎゅうステーキさくらなすこうげんてん

牛排　MAP附錄②28 F-4　美食　☎0287-62-9555

飼養到最佳品嚐時間的牛排

位於那須連山山麓的牛排館。嚴選的素材為能窺見生產者用心的知名黑毛和牛，料理也追求呈現出牛肉原本的天然鮮味和美味。

🕙11:30～14:30（閉店為15:00）、17:00～21:00（週六日、假日為11:00～21:00）休無休　¥國產牛漢堡排1944日圓　所那須町高久甲4585-4　🚃JR黑磯站往那須湯本的東野交通巴士10分，お菓子の城下車即到　P30輛

就在距離那須IC約10分鐘路程的那須街道旁

そば・ごはん 天水
●そばごはんてんすい

和食　MAP附錄②28 F-2　美食　☎0287-76-2844

享用香味四溢的淡綠色蕎麥麵

能品嚐到以嫩綠殼皮的蕎麥果實製作出的「青刈蕎麥麵」。喜歡這種強烈風味和嚼勁的回流客也很多。每日推薦菜單的絕品料理和地酒也很豐富。

🕙11:00～15:00、17:00～19:30　休不定休　所那須町高久丙1577-30　🚃JR黑磯站搭經りんどう湖往那須ハイランドパーク的東野交通巴士（季節運行）29分，上池田下車，步行4分　P25輛

「天婦羅蒸籠蕎麥麵」1512日圓

有許多樂趣的那須愛心樂園

點心之城 那須愛心樂園（→P.110）裡附設草莓園、植物園和及不住宿溫泉。可以一次體驗那須特有的口味和休閒娛樂，真是一石四鳥!?

那須 花與體驗之森
●なすはなとたいけんのもり

MAP附錄②28 F-4

☎0287-62-8701　🕙9:00～17:30　休無休（冬季為不定休，週六日、假日會營業）¥入園費成人500日圓、國中小學生250日圓（4月21日～11月30日）／成人300日圓、國中小學生150日圓（12月1日～4月20日）🚃JR黑磯站搭往那須湯本的東野交通巴士10分，お菓子の城下車即到　P500輛

四季的花卉綻放

源泉 那須山
●げんせんなすざん

MAP附錄②28 F-4

☎0287-62-4126　🕙10:00～21:30（閉館為22:00，週六日、假日為9:30～）休無休（6月有3天定檢休）¥入浴費成人870日圓、小孩410日圓（16:00～為入浴費成人670日圓、小孩310日圓）／週六日、假日為成人1020日圓、小孩510日圓（16:00～為入浴費成人820日圓、小孩410日圓）所🚃和那須 花與體驗之森相同

100%源泉的放流溫泉

大田原 牛超 本店
●おおたわらぎゅうちょうほんてん

牛排　MAP附錄②26 E-5　美食　☎0287-24-0909

享用頂級的大田原牛

供應的料理都是使用頂極肉質著稱的大田原牛。以牛排和漢堡排等肉品為主的全餐料理，能充分體驗到大田原牛的魅力。

🕙11:00～21:00　休無休　¥牛排3800日圓～　所大田原市本町1-2701-17　🚃JR西那須野站搭往大田原的東野交通巴士6分，一本松下車即到　P40輛

大田原牛100%的漢堡排（單點）2600日圓

那須高原 清流の里
●なすこうげんせいりゅうのさと

和食　MAP附錄②29 D-2　美食　☎0287-78-0337

頂級那須品牌認證的菜單

嚴選當地食材的「栃木軍雞沾醬蕎麥麵」榮獲那須品牌認證。另有使用當地優良素材的「慢食」認證菜單。

🕙食堂11:00～16:00　休週四（夏季無休）¥黃金咖哩烏龍麵864日圓　所那須町高久乙2714-2　🚃JR黑磯站搭往那須湯本的東野交通巴士17分，那須サファリパーク入口下車，步行20分　P70輛

有沾醬提味的「栃木軍雞沾醬蕎麥麵」1296日圓

ごはんや 麦
●ごはんやばく

和食　MAP附錄②28 E-3　美食　☎0287-78-7179

充滿女老闆愛心的小菜

混合當地生產的越光米和小麥煮出的鬆軟小麥飯，讓人勾起食慾。使用當季蔬菜、魚製作的配菜也是絕配。

🕙11:00～19:00（閉店為19:30）休週四（逢假日則營業）¥洋蔥小魚蓋飯1100日圓　所那須町高久乙東號796-1　🚃JR黑磯站搭往那須湯本的東野交通巴士14分，廣谷地下車，步行8分　P15輛

「山藥小麥飯」1570日圓

山ぼうし
●やまぼうし

烏龍麵　MAP附錄②28 E-2　美食　☎0287-78-2266

高原上的創意烏龍麵餐廳

提供大量使用新鮮食材的創意烏龍麵。自創業以來反覆改良的講究湯汁、口感Q彈的烏龍麵等，都讓人想品嚐一番。

🕙11:00～15:00（有季節性變動）休週三（逢假日則翌日休）¥高原蔬菜沙拉烏龍麵1100日圓　所那須町高久乙2733-33　🚃JR黑磯站搭往那須湯本的東野交通巴士16分，新屋下車，步行5分　P11輛

嚴選的手桿烏龍麵佐特製芝麻醬

116

那須高原 矚目景點／鹽原溫泉鄉

CLOSE UP!
在高原義式餐廳大快朵頤

如果想體驗到更多那須高原度假區的樂趣，建議到人氣的義式料理店用餐。一起品嚐使用當地生產的新鮮蔬菜和食材的義式餐點吧。

洋食家ファンタジア/イタリア小僧
●ようしょくやファンタジア/イタリアこぞう　MAP附錄②28 E-2
☎0287-78-3639　⏰11:00～18:30（冬季有提早打烊，イタリア小僧～16:00）🈹週三
💰番茄拉麵1200日圓、黑毛和牛燉牛肉套餐2180日圓、燉煮漢堡排1200日圓　🏠那須町高久乙2730-35
🚌JR黑磯站搭往那須湯本的東野交通巴士14分，友愛の森下車，步行7分　🅿50輛

↑使用義大利麵的番茄拉麵

那須高原義式料理 Gioia Mia 那須本店
●なすこうげんイタリアりょうりジョイアミーアなすほんてん　MAP附錄②28 E-1
☎0287-76-4478　⏰11:00～20:30（冬季為～20:00）🈹第3週四（逢假日則營業、8月無休）💰義大利麵　🏠那須町高久甲493-3
🚌JR黑磯站搭往那須湯本的東野交通巴士20分、ジョイア・ミーア前下車即到　🅿70輛

↑使用那須御養蛋的「濃厚培根蛋麵」1300日圓（稅另計）

温泉
板室健康のゆ グリーングリーン
●いたむらけんこうのゆ グリーングリーン　MAP附錄②29 A-1
☎0287-69-0232
備受當地人喜愛的不住宿溫泉
有「大空之湯」和「綱之湯」2種露天浴池。鹼性泉質的單純溫泉。另有大廳和食堂，可以悠閒地休息。

⏰10:00～19:00（11～3月為～18:00）🈹第4週三（逢假日則翌日休）💰成人500日圓、小孩200日圓　🏠那須塩原市百村3090-6　🚌JR黑磯站搭往板室溫泉的東野交通巴士28分，幾世橋下車即到　🅿50輛

↑綱之湯是在比腰部深的粗繩、浸泡的浴槽裡

温泉
小鹿の湯
●こじかのゆ　MAP附錄②30 C-4
☎080-6627-2333
木造浴槽裡充滿乳白色的溫泉
鄰接「立花屋はなやホテル」飯店，提供不住宿的溫泉設施。白濁的放流溫泉以公共浴場・鹿の湯為元湯，泡完後肌膚變得光滑濕潤。

⏰9:00～20:00（閉館為21:00，露天浴池為～19:00，週六、旺季14:30以後會有以住宿者為優先而閉館的情況）🈹無休　💰成人400日圓（週六日、假日為500日圓）、3歲～小學生300日圓　🏠那須町湯本77　🚌JR黑磯站搭往那須湯本的東野交通巴士34分，湯本1丁目下車即到　🅿10輛

↑有男女分開的室內浴池、露天浴池等完善設施

洋菓子
nasu rusk terrace
●なすラスクテラス　MAP附錄②28 E-3　購物
☎0120-950-077
口感酥脆的麵包餅乾
那須街道旁的時尚建築物裡販售著口感酥脆的麵包餅乾。有義式冰淇淋聖代，可以悠哉地放鬆一下。

⏰9:00～18:00（有季節性變動）🈹無休（有季節性變動）🏠那須町高久甲5290　🚌JR黑磯站搭往那須湯本的東野交通巴士14分，友愛の森下車即到　🅿40輛
🛍「烤巧克力」120g560日圓

和菓子
扇屋
●おうぎや　MAP附錄②30 C-4　購物
☎0287-76-2735
御用邸御用名店的頂級和菓子
老牌和菓子店。和天皇家有關的貢品饅頭帶有獨特的濕潤口感，非常誘人。另有使用地區特產品的點心一應俱全。

⏰8:30～16:30　🈹不定休　🏠那須湯本200　🚌JR黑磯站搭往那須湯本的東野交通巴士25分，仲町下車即到　🅿30輛
🛍「御用饅頭」（8顆裝）865日圓

亞洲雜貨
Asian Old Bazaar
　MAP附錄②28 E-1　購物
☎0287-76-7600
亞洲迷你主題公園
有3家不同主題的店舖，2家能享用道地亞洲料理的餐廳。店員從東南亞各國進口的趣味雜貨也是應有盡有，很適合當作伴手禮。

⏰10:00～18:00（有季節性變動）🈹無休　🏠那須町湯本ツムジガ平506-20　🚌JR黑磯站搭往那須湯本的東野交通巴士18分，守子坂下車，步行3分　🅿100輛

↑亞洲雜貨齊全的店面，光看就覺得開心！

温泉
芦野温泉
●あしのおんせん　MAP附錄②26 G-3　温泉
☎0287-74-0211
泡在功效豐富的藥草湯小憩
有刺激性強的「那岐之湯」和「那美之湯」。那岐之湯浸泡泡5分鐘後，全身就能立刻感受到針刺感。

⏰8:00～21:00　🈹無休　💰1500日圓（16:00～為1000日圓，小學生以下、紋身、刺青者不能入館）🏠那須町芦野1461　🚌JR那須塩原站搭免費接駁巴士30分　🅿150輛

↑除了藥草湯以外，還有2座自家源泉

朝市
大日向市場
●おおひなたマルシェ　MAP附錄②28 F-3　購物
☎080-5457-2539
前往深入當地生活的朝市
以不使用農藥和化學肥料栽培的農作物及其加工品為中心，陳列著許多嚴選食材，像是自製酵母麵包、平地放養的有精蛋等。

⏰5～11月的第2、4週六、9:00～12:30　🏠那須町高久甲5834-14　🚌JR黑磯站搭往ハイランドパーク的東野交通巴士11分，蒸気機関車前下車，步行10分　🅿可利用附近的臨時停車場

↑聚集著許多追求安心、安全蔬菜的人

和菓子
風月堂菓子舖
●ふうげつどうかしほ　MAP附錄②30 C-4　購物
☎0287-76-2153
有著頂級甜味的溫泉饅頭
由第3代老闆持續守護著不變的口味，特徵是使用北海道生產的紅豆的頂級甜味。僅在店舖販賣，不提供批發販售。

⏰8:00～18:00　🈹週三（逢假日則營業、8月無休）🏠那須町湯本291　🚌JR黑磯站搭往那須湯本的東野交通巴士32分，湯本旭町下車即到　🅿無

↑「溫泉饅頭」1顆90日圓。恰到好處的甜味令人印象深刻

洋菓子
LE CHEVREFEUILLE
　MAP附錄②28 F-1　購物
☎0287-76-3236
嚴選當地食材的甜點
使用那須麵粉、米粉、雞蛋及牛奶烘焙出的甜點備受好評。在飄散著香甜氣味的店裡，除了適合送禮的「nascuit」之外，也有販售「泡芙」250日圓和「義式冰淇淋」350日圓。

以海綿蛋糕糕體乾燥烘焙成的「nascuit」500日圓

⏰9:00～17:00　🈹無休　🏠那須町高久丙1579-10　🚌JR黑磯站搭往那須ハイランドパーク的東野交通巴士27分，那須ステンドグラス美術館下車即到　🅿5輛

火腿・肉加工品
キングハム手づくりハムのお家
●キングハムてづくりハムのおうち　MAP附錄②30 C-5　購物
☎0287-76-6110
那須的別墅饕客族、御用們的愛店
可以選擇帶骨雞柳、莎樂美腸、包蔬菜的香腸、雞肉火腿等喜歡的肉品裝盒，當作禮品。每月28日King Ham日會舉辦大特價促銷。

⏰9:00～17:00（有季節性變動）🈹無休　🏠那須町湯本新林383-1　🚌JR黑磯站搭往那須湯本的東野交通巴士23分，一軒茶屋下車即到　🅿30輛

↑陳列著能品嚐到肉品天然鮮味的火腿和香腸

那須高原的住宿

介紹樂趣十足的高原度假勝地——那須的推薦住宿。精選各式各樣的住宿，有具備充實設施能讓全家同樂的飯店，也有想在特殊日子入住的豪華又乾淨的旅館。

那須太陽谷渡假村

ホテルサンバレーなす ➡P.101 也有介紹

是能暢遊各種設備齊全的豐富SPA設施和大浴場的大型飯店。Check in前和Check out後都能使用館內設施，全家一起入住也很方便！有從那須鹽原站發車的免費接駁巴士，非常便利。

MAP 附錄②30 C-4

☎ 0287-76-3800

🏠那須町湯本203 🚃JR黑磯站搭往那須湯本的東野交通巴士24分，新那須下車，步行5分（那須鹽原站有免費接送，預約制）🅿500輛

住宿DATA

¥1泊2食
平日／14580日圓～
假日前日／18360日圓～
in14:30 out10:00
♨室內溫泉:男4、女4／露天:男4、女4、混浴1／有附按摩浴缸的客房、附露天浴池的客房 🚪10:00～22:00／無休／1000日圓（週六日、假日1500日圓）💳可

↑早、晚餐是吃到飽。料理種類豐富，超滿足！

↑大浴池「湯遊天國」有能享受3種泉質的溫泉

享受溫泉和SPA，開心地放鬆一下！

爸爸&媽媽 ☑Check

22種溫水游泳池
在有按摩浴池和洞窟浴池的AQUA VENUS，親子共同暢玩吧！

室內溫水游泳池。另有小朋友專用的游泳池，可以安心遊玩

帶著小朋友度假也能安心！
嬰兒和兒童樓層也相當完善

↑一邊眺望瀑布，一邊泡在露天浴池裡放鬆

帶小朋友旅行也很愉快

家族度假勝地

下面介紹的住宿，都有豐富的趣味娛樂設施和適合家庭的服務。

那須Epinard飯店

ホテルエピナールなす ➡P.105 也有介紹

館內有托兒設施，爸爸和媽媽都能悠哉度假。溫泉大浴場和露天浴池有齊全的女性用品，兩手空空也能前往度假，十分方便。請善用從關東各地直達的巴士或那須鹽原站發車的接駁巴士。

☎ 0287-78-6000 **MAP** 附錄②28 E-2

🏠那須町高久丙1 🚃JR黑磯站搭往那須湯本的東野交通巴士14分，広谷地下車，步行15分（那須鹽原站有接送服務，預約制）🅿470輛

住宿DATA

¥1泊2食 平日／14040日圓～
假日前日／15444日圓～ in15:00 out11:00
♨室內溫泉:男1、女1／露天:男1、女1
🚪12:00～22:00（最終受理21:00）／無休／1240日圓（週六日、假日為1890日圓）💳可

爸爸&媽媽 ☑Check

幼童專屬的吃到飽
有「兒童專區」，桌子的高度讓小朋友能夠輕鬆拿取食物。另有準備離乳食品（5～12個月※隔月）。

圖示：in Check in　out Check out　♨浴池的種類　🚪不住宿溫泉　💳信用卡

那須湯菜の宿 芽瑠鼓
なすゆさいのやどめるこ

能在綠意盎然的那須森林懷抱中，度過平靜時光的住宿。有和室和西式客房，能邊從窗戶眺望自然景觀邊悠閒地休息。和風創作料理是絕頂美食，使用了如旅館名稱所說的那須當地野菜、栃木縣產和牛。好想配著栃木自豪的地酒一起享用。

☎0120-83-1126（預約中心）　**MAP** 附錄②30 C-4
所那須町湯本203-86　交通JR黑磯站搭往那須ロープウェイ的東野交通巴士23分，一軒茶屋下車，步行20分（那須湯本巴士站有接送服務，預約制）P7輛

住宿DATA
¥1泊2食 平日／16350日圓～ 假日前日／18510日圓～ in15:00 out11:00 室內溫泉:男1、女1／露天:男1、女1／有包租浴池 無不可 C可

↑提供的料理不僅重視食材的天然滋味，又對身體溫和

↑為了帶小孩的旅客而準備的包廂餐廳（1天限定1組，其他用途1080日圓／1位）

帶著孩子也能悠閒度假

爸爸&媽媽 ☑Check
有幼童專用的設備
自助餐會場有嬰兒床和塗鴉專區，並備有離乳食品。

↑備有兒童菜單

可以實際感受到那須大自然的林中住宿

爸爸&媽媽 ☑Check
可包租的浴池
18時～22時30分能當作私人浴室使用。全家一起享受溫泉吧！（需預約）

Royal Hotel 那須
ロイヤルホテルなす（りんどうこロイヤルホテル）

歡迎帶小朋友入住，此飯店是由Miki House子育て総研所認證的「嬰兒友善住宿」。距離龍膽湖LAKE VIEW約2分鐘車程，最適合作為旅行的據點。推薦能一望那須高原景色的展望自助餐。

☎0287-76-1122　**MAP** 附錄②28 F-3
所那須町高久丙4449-2　交通JR黑磯站搭經りんどう湖往那須ハイランドパーク的東野交通巴士23分，りんどう湖下車，步行10分（那須鹽原站有免費接送，預約制）P300輛

住宿DATA
¥1泊2食 平日／9900日圓～ 假日前日／15000日圓～ in15:00 out11:00 室內溫泉:男1、女1／露天:男1、女1 無13:00～21:00／無休／1000日圓 C可

TOWA純淨小木屋
トーワピュアコテージ

82㎡的小屋型客房全都附有北歐製的暖爐。這是那須高地公園（→P.92）的官方飯店，房客能免費進入高地公園，非常划算。

☎0287-78-1164　**MAP** 附錄②29 C-1
所那須町高久乙3375　交通JR黑磯站搭經りんどう湖往那須ハイランドパーク的東野交通巴士55分，終點下車，步行5分（那須鹽原站有免費接送，預約制）P150輛

住宿DATA
¥1泊2食 平日／9330日圓～ 假日前日／16200日圓～ in15:00 out10:00 室內溫泉:男1、女1／露天:男1、女1 6:00～10:00、13:00～24:00／冬季有休業／1130日圓 C可

爸爸&媽媽 ☑Check
像住在別墅般的自在
有客廳和寢室等2間寬敞的房間，愛玩的小朋友也會超滿足！

那須高地公園的官方飯店

家族能同樂的露天浴池個室很受歡迎

爸爸&媽媽 ☑Check
家庭露天浴池
有可以免費使用的露天浴池個室。更衣室也備有尿布檯！

↑位在能感受到四季變化的那須五峰山腳

↑附晚餐專案可以享用到甜點自助區

那須綠色明珠酒店
ホテルグリーンパールなす

2017年7月重新整裝開幕。由於位在那須的高地上，從客室裡就能眺望各個季節的美麗景色。另有洗ာ專區和繪本齊全的圖書區，帶著小朋友入住也能安心度假。另有嬰兒用棉花棒和香皂等完善設備。

☎0287-76-2523　**MAP** 附錄②30 C-4
所那須町湯本213　交通JR黑磯站搭往那須湯本的東野交通巴士24分，新那須下車，步行10分　P30輛

住宿DATA
¥1泊2食 平日／12000日圓～ 假日前日／15000日圓～ in14:00 out10:00 室內溫泉:男1、女1／露天:男1、女1／有包租浴池 無13:30～20:00／不定休／550日圓（週六日、假日750日圓） C可

在頂級的空間裡度過最幸福的假日

那須高原之宿 山水閣 日式旅館
なすこうげんのやどさんすいかく

有效地利用了昭和初期的木造建築，彌漫著溫暖與懷舊氣息的住宿。在純和風的客房裡能度過平靜的時光。在旅館園區內，客房備有專用浴池，另有附設能享受頂級旅居的「那須別邸回」。和重要的人一起度過幸福時光吧。

📞0287-76-3180　**MAP**附錄②30 C-4

🏠那須町湯本206　🚌JR黑磯站搭往那須湯本的東野交通巴士23分，つつじヶ丘下車，步行3分　🅿25輛

住宿DATA

¥1泊2食　平日／19590日圓～　假日前日／23910日圓～

in15:00　out11:00　室內溫泉:男1、女1／客房有露天浴池／有包租浴池　11:30～14:30／不定休／3290日圓～(附餐點、預約制) C可

→想在療癒的和室裡度過悠閒時光

→許多料理都是使用那須生產的食材，擺盤也很美

自豪的浴池是這個

特別室的露天浴池
特別室「梧桐」的半露天浴池。好想眺望窗外一望無際的綠色景觀，享受私人的泡澡時間。

擁有名湯「鹿の湯」源泉的浴池

自豪的浴池是這個

泡在名湯裡
從那須名湯「鹿の湯」分流的引湯。一邊眺望高原的自然景觀，一邊好好享受功效豐富的溫泉吧。

→功能設計良好的典雅客房。好想從大窗戶觀賞朝夕的秀麗景色和星光閃爍的夜空

→加入和風口味的洋食創作料理

以浴池自豪的住宿

下面介紹稍微時尚奢華的住宿，可以度過優雅的泡澡時光

那須景宮酒店
なすこうげんホテルビューパレス

從客房裡能眺望到關東平原。客房全採用典雅的家具，十分舒適。在餐廳內能享用道地法式料理搭配和食的新感覺創作料理。

📞0287-76-1111　**MAP**附錄②30 C-4

🏠那須町湯本212　🚌JR黑磯站搭往那須湯本的東野交通巴士35分，那須湯本溫泉(那須溫泉)下車，步行5分(那須湯本巴士站有接送服務，預約制)　🅿40輛

住宿DATA

¥1泊2食 平日／13000日圓～　假日前日／16000日圓～

in15:00　out11:00　室內溫泉:男1、女1／露天:男1、女1　11:30～15:00／無休／1000日圓　C可

花奈里 (canarii)
かなりーカナリー

季節花卉綻放的磚瓦建築住宿。有裝點著簡單家具的西式客房、和風庭園環繞的檜木露天浴池等，真想體驗和洋調和的氣氛。清靜的舒適住宿。

📞0287-78-3181　**MAP**附錄②28 E-3

🏠那須町高久甲5423-2　🚌JR黑磯站搭往那須湯本的東野交通巴士12分，チーズガーデン前下車，步行5分　🅿20輛

住宿DATA

¥1泊2食　平日／10800日圓～　假日前日／11900日圓～

in15:00　out10:00　室內溫泉:2／露天:2(室內溫泉、露天都能免費包租使用)　不可　C不可

→所有客房（9間）都是1層樓建築，附朝向庭園的陽臺

→在點著蠟燭的餐廳裡能享用全餐晚餐

自豪的浴池是這個

獨佔浴池
有2種以古代檜木和青岩石打造的露天浴池、2種室內浴池，這4種都能免費包租，十分吸引人。

包下奢華的露天浴池，盡情享受

圖示:in Check in　out Check out　浴池的種類　不住宿溫泉　C 信用卡

120

昔日（OLD DAYS）
せきじつオールドデイズ

館內採大理石裝潢，彌漫著優雅氛圍。重視隱私的建築構造是理想的特點，能和重要的人一起度過特別的假日。晚餐能品嚐使用當地食材的季節感創意料理。

☎0287-76-3561　**MAP** 附錄②28 E-2
🏠那須町高久乙3814-17　🚌JR黑磯站搭往那須湯本的東野交通巴士18分，那須SAFARI PARK入口下車，步行5分　🅿8輛

住宿DATA

¥1泊2食（泡湯另外收稅）	平日／26800日圓～
假日前日／28800日圓～	in 15:00　out 10:00
♨無大浴場／客房有露天浴池	🚭不可　©可

→全部客房都有以粉紅矽晶石打造的岩盤浴

所有客房都備有完善的露天浴池和岩盤浴

↑和彌漫著奢華氛圍的客房。有4種不同設備的房型

自豪的浴池是 這個
客房露天浴池
全部客房都備有溫泉露天浴池和重視清潔的岩盤浴。2人一起並肩度過溫馨的時光吧。

ぬくもりに心なごむ湯宿
星のあかり
ぬくもりにこころなごむゆやどほしのあかり

電視節目也有介紹的人氣住宿。全部房間都附有能眺望關東平原和那須岳的展望露天浴池，以及能觀賞綠意盎然庭園的庭園露天浴池。一邊在和風裝潢的客房裡放鬆，一邊在喜歡的時間享受泡湯。晚餐能在包廂風格的餐廳裡，享用主打的栃木和牛熔岩燒、使用地產食材的創作全餐。硫磺泉的乳白放流溫泉大浴池，也備受好評。

☎0288-53-6050（預約中心）　**MAP** 附錄②30 D-4
🏠那須町湯本206-1120　🚌JR黑磯站搭往那須湯本的東野交通巴士24分，新那須下車，車站搭免費接駁車3分（那須鹽原站有接送服務，預約制40分）　🅿15輛

住宿DATA

¥1泊2食 平日／19980日圓～	
假日前日／22140日圓～	in 15:00　out 11:00
♨室內溫泉：男1、女1／客房有露天浴池	🚭不可　©可

享受客房內的露天浴池和大浴池的2種溫泉

↑和風創作全餐也有加入西式口味

自豪的浴池是 這個
有不同樂趣的4種客房浴池
客房的露天溫泉浴池有「岩石」、「陶器」、「檜木」、「御影石」4種不同設計。

那須心之御宿 自在莊
こころのおやどじざいそう

連餐具都很講究，能用眼睛和舌頭品嚐饗宴。大浴場24小時都能使用。泡在對肌膚溫和的無色透明溫泉裡療癒一番吧。附露天浴池的客房能一邊眺望庭園一邊放鬆，很受歡迎。

☎0287-76-3020　**MAP** 附錄②30 C-4
🏠那須町湯本206-98　🚌JR黑磯站搭往那須湯本的東野交通巴士40分，新那須下車，巴士站搭免費接駁車3分 ※「東野巴士」1日1次免費上下車（需事先預約，需洽詢）　🅿13輛

住宿DATA

¥1泊2食 平日／14040日圓～	
假日前日／17280日圓～	in 14:00　out 10:00　♨室內溫泉：男1、女1／露天：男1、女1／客房有露天浴池／有可包租浴池
🕐11:00～20:00／無休／700日圓	©不可

對肌膚溫和的溫泉能療癒身心

自豪的浴池是 這個
露天浴池設備完善
露天浴池除了一般的浴池之外，也有設置按摩浴池和半身浴專用的浴缸。另備有蒸氣三溫暖。

松川屋那須高原飯店
まつかわやなすこうげんホテル

位在那須高原上，可眺望到十分迷人的景緻。有鹿の湯和奧之澤的2種引湯。包租浴池每次使用後都會更換新的溫泉水，隨時都能享受第一個泡湯的樂趣。

☎0287-76-3131　MAP 附錄②30 C-4

那須町湯本252　JR黑磯站搭往那須湯本的東野交通巴士35分，終點下車，步行3分　P50輛

住宿DATA

¥1泊2食
平日、假日／16200日圓～

in14:00　out10:00　室內溫泉：男1、女1／露天：男1、女1／有包租浴池
14:00～20:00／無休／1200日圓（週六日、假日為1500日圓）　C可

↑創作宴席料理以各個季節的食材製成

↑從浴場裡向外觀賞的景色也值得一看

從露天溫泉眺望到的美景是那須湯本第一

這點　最自豪
從浴池眺望風景
男性浴場的露天溫泉可眺望到的美景。楓葉季的女性浴場也有一番樂趣。

休暇村 那須
きゅうかむらなす　→P.105也有介紹

從和室、西式等房型齊全的客房內，能眺望到鬼面山、朝日岳及那須野ヶ原。飯店裡的溫泉「相之湯」是大丸溫泉的引湯，不只房客，連沒有住宿的客人也能使用。

☎0287-76-2467　MAP 附錄②30 B-2

那須町湯本137-14
JR黑磯站搭往那須ロープウェイ的東野交通巴士50分，休暇村那須下車即到　P70輛

住宿DATA

¥1泊2食　平日、休日／12200日圓～

in15:00　out10:00　室內溫泉：男2、女2／露天：男1、女1　11:30～17:00(16:00受理結束)／無休／成人860日圓、小孩540日圓　C可

↑入浴同時還能欣賞隨季節變換的景色

這點　最自豪
絕景的露天浴池
推薦在登山或遊覽後入浴。距離那須索道和那須平成之森很近。

雄偉山林環繞的絕景度假勝地

這點　最自豪
溫泉可以美肌
矽酸豐富的美人溫泉。在生氣蓬勃的大野天浴池確認看看溫泉的觸感吧！

大丸溫泉旅館
おおまるおんせんりょかん

位在標高1300m大丸溫泉的一處住宿。「川之湯」是引自旅館後山淌流的溫泉河川而建成，野趣十足。從彌漫著沉靜和風氣息的客房內偶爾也能眺望到雲海。在清靜的環境中，遠離日常塵囂，度過一段特別的時間吧。

☎0287-76-3050　MAP 附錄②30 B-2

那須町湯本269　JR那須鹽原站搭往那須ロープウェイ的東野交通巴士60分，大丸溫泉下車即到　P30輛

住宿DATA

¥1泊2食　平日、假日／17430日圓～

in14:00　out10:00　室內溫泉：男1、女1／露天:女2、混浴3／有可包租浴池　11:30～14:30／不定休／1000日圓　C可

↑使用源泉的栃木和牛涮涮鍋等餐點含有豐富的當地食材

↑享受5種露天溫泉

多彩多姿的溫泉湧出
那須溫泉鄉的住宿

下面介紹那須溫泉鄉風格獨特的住宿，每處都有以那須岳山麓為中心湧出的各種溫泉。

這點　最自豪
寬敞到能游泳
曾在電影《羅馬浴場》裡出現的超寬敞溫泉游泳池。另設有滑水道。

←有圍爐裏的龜之間

有巨大天狗面具的「天狗之湯」

北溫泉旅館
きたおんせんりょかん

北溫泉的一處住宿。江戶、明治、昭和3個時代的建築物述說著悠久的歷史。溫泉水量豐富，泉質是單純泉，有舒緩關節痛和風濕的功效。享受一下絕無僅有、彌漫著祕湯氣氛的雅緻溫泉吧。

MAP 附錄②30 B-1

☎0287-76-2008

那須町湯本151
JR黑磯站搭往那須ロープウェイ的東野交通巴士60分，大丸溫泉轉搭往黑磯站的巴士2分，北湯入口下車，步行30分　P30輛

能飽覽溫泉風情的一處山中住宿

住宿DATA

¥1泊2食 平日、休日／7700～9700日圓

in14:00　out10:00　室內溫泉：男2、女2／露天：男1、女1、溫泉游泳池1　8:30～16:30／不定休／700日圓　C不可

那須高原的住宿

板室溫泉 大黑屋
いたむろおんせんだいこくや

以「保養和藝術」為理念的住宿，附設的倉庫美術館收藏300多件藝術家菅木志雄的作品。使用黃土的低溫三溫暖Ataraxia也很受歡迎。

☎0287-69-0226　MAP附錄②29 A-1
那須鹽原市板室856　JR黑磯站搭往板室溫泉的東野交通巴士35分，終點下車即到(那須鹽原站搭收費的接駁計程車30分，預約制)
P20輛

住宿DATA
¥1泊2食　平日、假日／20670日圓～
in13:00　out10:30
室內溫泉:男2、女2／露天:男1、女1　日不可
c可

這點 最自豪
與藝術品相遇
會舉辦各種藝術家的展覽。不管何時造訪都能遇見新的藝術品。

大自然與現代藝術品交融的住宿

也是深受歡迎的溫泉療養場
板室溫泉的住宿

下面的精選住宿都能享受到稱為「下野藥湯」的溫泉。

↑在自然景觀的環繞下，一邊感受季節的風情一邊度假

奧那須大正村
幸乃湯溫泉
おくなすたいしょうむらさちのゆおんせん

佔地面積約3萬坪，全館都是鋪著榻榻米的住宿。館內外有9處源泉放流的奢侈浴池。佔地裡的玻璃工房館能體驗製作玻璃的樂趣。

☎0287-69-1126　MAP附錄②29 A-2
那須鹽原市百村3536-1
JR黑磯站搭往板室溫泉的東野交通巴士27分，深山ダム入口下車即到 (那須鹽原站有接送服務，預約制)　P80輛

住宿DATA
¥1泊2食　平日、假日／8050日圓～　in15:00
out10:00　室內溫泉:男1、女1／露天:男2、女2
／男女輪流:2／包租浴池:1　日10:00～21:00
／無休／800日圓(17:00～為500日圓)※不住宿溫泉只能使用男女浴池各3種　c不可

具備豐富魅力的溫馨溫泉住宿

↑深達120～140cm的綱之湯

這點 最自豪
板室知名的浴池
另有茅草屋頂的露天浴池，以及可抓著繩索浸泡在深底浴池的板室知名站立式溫泉。

山喜溫泉旅館
オンセンリョカンやまき

共有8間客房的住宿，能在寧靜的環境中悠閒度假。在能享受源泉放流溫泉的大浴場裡，重現了板室溫泉從古代傳承下來的入浴法，即站立式溫泉。料理使用了近郊的蔬菜，對身體溫和，十分美味。

MAP附錄②29 A-1
☎0287-69-0011 (預約專線)
那須鹽原市板室844　JR黑磯站搭往板室溫泉的東野交通巴士35分，終點下車即到　P8輛

住宿DATA
¥1泊2食　平日／17280日圓～
假日前日／18360日圓～　in15:00　out11:00
室內溫泉:男1、女1／露天:男1、女1／客房有露天浴池　日不可　c可

↑特別吸睛的外觀，有種時髦的氛圍

這點 最自豪
放鬆的客房
8間客房全都是不同建築。另有完善的西式客房，帶有木頭的溫度，而且氣氛沉靜。

能度過清淨時光，共8間客房的隱密住宿

熱霧繚繞的鄉村，能享受拍攝各個季節的景緻。除了溫泉之外，還能享受溪谷美景、健行、獨特的當地美食等

Shiobara Onsenkyo

鹽原溫泉鄉

しおばらおんせんきょう

大自然環繞，與文人有關的溫泉勝地

有1200年歷史的溫泉鄉。有150處以上的源泉，浴池和住宿也是五花八門。從吊橋上觀賞到的絕景，絕不容錯過。

↑「塩原もの語り館」能感覺到與鹽原有關的文人就在身邊

↑探訪漱石等文豪喜愛的歷史悠久溫泉住宿吧

↑比較平緩的鹽原溪谷遊步道「八潮路線」讓全家能夠一起同樂

CONTENTS

是這樣的地方！

① 栃木周邊觀光的「中心」

位置距離那須和日光、宇都宮・鬼怒川約1小時～1個半小時的車程，因此最適合當作栃木觀光的據點。

② 文人喜愛的溫泉勝地

如夏目漱石和尾崎紅葉等，是以明治、大正時代為中心的諸多文人造訪的地區。遍布著許多文學紀念碑。

③ 當地美食的寶庫

有可以邊吃邊逛的「TOTE燒」、以鄉土料理為基礎的「下野家例咖哩」、有點獨特的「加湯的炒麵」，全都能大快朵頤。

| 洽詢 | 鹽原溫泉觀光協會 ✆0287-32-4000 |

鐵道・巴士

東京站

JR東北新幹線
1小時15分 ￥5910日圓
↓

那須鹽原站

JR巴士關東　　　　JR宇都宮線
1小時6分 ￥1170日圓　5分 ￥190日圓
↓　　　　　　　　　　↓

西那須野站

JR巴士關東
45分 ￥920日圓
↓

Busta新宿（新宿站新南口）

JR巴士關東「那須・鹽原號」
（僅週六、假日行駛）
3小時5～15分
￥3090日圓
↓

車

川口JCT

東北自動車道
約139km
↓

西那須野塩原IC

國道400號
約17km
↓

鹽原溫泉巴士轉運站

鹽原溫泉鄉
しおばらおんせんきょう

P.126

鹽原溫泉鄉從前叫做「鹽原十一湯」，正如其名就是一處連接著11座溫泉地的土地。特徵是11座溫泉都是不同的泉質，在明治、大正時代也有許多文人造訪，並親筆寫下許多名作。再者，鹽原也有許多獨特美食，像是TOTE燒或加湯的炒麵、下野家例咖哩等，而品嚐這些美食也是一大樂事。

⊙乘坐觀光遊覽馬車，悠閒地遊覽溫泉街吧

鹽原溫泉鄉區域 遊覽要點

鹽原區域巴士路線圖

圖示

JR巴士關東 西那須野分店 ☎0287-36-0109

━━ 那須鹽原站～西那須野站～鹽原溫泉巴士轉運站

━━ 上三依鹽原溫泉口站～夕の原～湯步之里入口～鹽原溫泉巴士轉運站(ゆー巴士鹽原・上三依線)
※搭1次200日圓

━━ 高速巴士「那須・鹽原號」Busta新宿(新宿站新南口)～鹽原溫泉巴士轉運站 ※僅週六日行駛，1天1趟來回，需事先預約

━━ 東北新幹線・JR宇都宮線

10分200日圓 從西那須野站搭巴士的所需時間、費用（部分從其他地方出發）

※從上三依鹽原溫泉口站

45分 920日圓　22分 200日圓

3小時5～15分 3090日圓　※從Busta新宿(新宿站新南口)

22分 620日圓

27分 760日圓

13分 390日圓

23分500日圓

※那須鹽原站～西那須野站搭JR宇都宮線為5分、190日圓

會津田島站

上三依鹽原溫泉口站
會津鬼怒川鐵道

別当坂　塚原　上塩原
鬼怒川溫泉站
會津鬼怒川線

元湯溫泉口
宮島
塩原田代
明神下
木の葉石園入口
塩原支所
源三窟
追沢橋

紅葉橋

生きいきの里入口
新鹽原飯店前
湯步之里入口

鹽原溫泉巴士轉運站
塩原門前
塩原畑下
塩原塩釜
七ツ岩吊橋
福渡口

四季の里

醫師会塩原溫泉病院前
ビジターセンター前
記念公園前
天皇の間
塩原福渡
夕の原
塩原大網
竜化の滝入口
連珠の滝
回顧橋
回顧園地
紅葉谷大吊橋
入勝橋
リッチランド入口
愛宕山口
關谷上宿
關谷宿
旭町
下田野
關谷工業團地入口
塩原工業團地入口
研修牧場前
千本松
試驗場前

千本松駐車場
Busta新宿(新宿站新南口)

ホウライ
赤田
中赤田
下赤田
南赤田
西小學校入口
老人ホーム入口
上赤田

三島農場
五軒町
三島小學校前
那須三島
三島小學校
三島
東京

會津

新白河
白河
黑磯站
JR宇都宮線
東北新幹線
那須鹽原站
西那須野站

蛇尾川
西富山
体育館前

宇都宮

※往西那須野站方向的上行不會停車，往鹽原方向的下行僅4月下旬～11月會停車

用「湯めぐり手形」來趟划算的溫泉遊覽

若有湯めぐり手形（900日圓）就能在21間飯店、旅館中免費泡湯1次，之後採半價計費。再者，到物產店、餐飲店、觀光設施等32間相關店鋪都有折扣。
洽詢：鹽原溫泉旅館協同組合　☎0287-32-2248

若有重遊意願，請善用「おもて那須手形」

「おもて那須手形」內含豐富的實惠優惠券，在那須・鹽原地區的伴手禮店、餐飲店、觀光設施、入浴設施等130項設施皆可使用，只要1080日圓就能使用1年。洽詢：鹽原溫泉觀光協會　☎0287-32-4000

觀光的交通工具選擇「ゆー巴士」的話很方便

「ゆー巴士」的路線是以鹽原溫泉巴士轉運站為中心，繞著鹽原溫泉鄉行駛，上午每2小時1班，白天每1小時～1個半小時1班。1日乘車券為400日圓。

鹽原溫泉鄉遊覽

能暢遊景點並享受溫泉

從360度飽覽
鹽原的雄偉自然景觀！

鹽原溫泉鄉以頂級溫泉和架著吊橋的溪谷美景聞名，從明治到昭和時代都深受夏目漱石和谷崎潤一郎等諸多名人喜愛。造訪知名景點和著名溫泉，試著用肌膚感受雄偉的大自然吧。

1 紅葉谷大吊橋
もみじだにおおつりばし

架在鹽原水庫湖上的大吊橋。用鋼索支撐的無補剛桁吊橋，全長320m。高度很高，因此看著遍布在腳底鐵絲網下的湖泊水面，都會不禁縮回腳步。

MAP 附錄②31 D-2
☎0287-34-1037
🕗8:30～18:00（閉門，視季節而異）🈚無休 💴入場費成人300日圓、國中小學生200日圓、幼童免費、65歲以上200日圓 📍那須塩原市関谷1425-60 🚌JR西那須野站搭往塩原溫泉的JR巴士27分，もみじ谷大吊橋下車，步行5分 🅿123輛（使用森林の駅的停車場）

←紅葉最佳觀賞時間是11月上旬～中旬

↑在360度的視野下，享受空中散步吧

↓大吊橋旁的森林の駅（→P.135）有餐廳和物產店。

路線導覽

所需時間 約6小時	移動距離 約32km

START 西那須野鹽原IC
　　　　　　　　車12分
① 紅葉谷大吊橋
　　　　　　　　車10分
② 鹽原溪谷遊步道
　　　　　　　　車2分
③ 不動之湯
　　　　　　　　車5分
④ 紅吊橋
　　　　　　　　步行1分
⑤ 塩原もの語り館
　　　　　　　　車2分
⑥ 鹽原觀光遊覽馬車
　　　　　　　　車3分
⑦ 鹽原溫泉湯步之里
　　　　　　　　車20分
GOAL 西那須野鹽原IC

路線的要點
各個景點都有停車場，但④⑤⑥比較近，因此建議停在市內2處供觀光客使用的免費停車場。附近有TOTE燒等當地美食（→P.128）的許多店家，能享受邊逛邊吃的樂趣。

鹽原十一湯是？
尾崎紅葉作品《金色夜叉》中出現的鹽原溫泉。有多達150座源泉，目前劃分為11個地區。請善用「湯めぐり手形」（→P.125）吧。

●●●這些是十一湯●●●
大網／福渡／鹽釜／鹽之湯／畑下／門前／古町／中鹽原／上鹽原／新湯／元湯

雖然是混浴，但營業日有工作人員，因此不用擔心

3 不動之湯
ふどうのゆ

位在偏遠森林裡的混浴大眾溫泉。沒有加水和加熱的設備，也別有一番魅力。女性規定得穿泡湯用的浴衣，可到附近的旅館「松楓樓松屋」購買（1件1620日圓）。

MAP 附錄②31 D-5
☎0287-32-4000（鹽原溫泉觀光協會）
🕗🈚營業為期間限定。詳情需洽詢 💴300日圓 📍那須塩原市塩原福渡 🚌JR西那須野站搭往塩原溫泉的JR巴士35分，塩原福渡下車，步行5分 🅿無

←從福渡不動吊橋沿著河川走5分鐘就到了

悠閒地在當地志工所管理的大眾溫泉
泡泡湯吧

---

2 鹽原溪谷遊步道
しおばらけいこくゆうほどう

有適合腳力強勁者的回顧路線，也有適合全家健行的八潮路線，一年四季都能遊覽溪谷的森林。八潮路線是從遊客中心出發到不動之湯附近往返的1小時行程。

MAP 附錄②31 C-5
☎0287-32-3050（鹽原溫泉遊客中心）
🕗自由遊覽（遊客中心為9:00～16:30）🈚週二（遊客中心）📍那須塩原市塩原前山國有林（遊客中心）🚌JR西那須野站搭往塩原溫泉的JR巴士37分，七ッ岩吊橋下車，步行5分 🅿34輛（其中大型車4輛）

←遊客中心的照片和看板有鹽原自然景觀的介紹

→八潮路線比較平緩，一年四季都能欣賞森林的變化

在來回約2km的路程中享受森林浴吧

可以感覺和鹽原有關的文人近在身邊

→架在箒川上的吊橋，長52.5m，寬1.5m

←有足湯和觀光情報中心，可以收集情報

秀麗的賞楓勝地，紅葉鮮明又美麗

④ くれないのつりばし 紅吊橋

架在塩原もの語り館後方的吊橋。能飽覽各個季節的自然美景，秋天還能觀賞染成紅色的楓葉。

MAP 附錄②31 B-4

📞0287-32-4000（鹽原溫泉觀光協會）
🚶自由渡橋 🏠那須塩原市塩原 🚃JR西那須野站搭往塩原溫泉的JR巴士45分，終點下車即到 🅿23輛（使用塩原もの語り館的停車場）

→賞楓期間是10月下旬～11月中旬。有約900m的散步道

日光 鬼怒川 那須高原 鹽原溫泉鄉 鹽原溫泉鄉遊覽

⑤ しおばらものがたりかん 塩原もの語り館

以明治、大正時代為中心的諸多文豪曾造訪的鹽原。主要展示與這些文豪有關的物品，並介紹鹽原的魅力。另有販售湯めぐり手形。

MAP 附錄②31 B-4

📞0287-32-4000（鹽原溫泉觀光協會）
🚶8:30～18:00（閉館，視季節而異）
❌無休 💴展示室 成人300日圓、國中小學200日圓
🏠那須塩原市塩原747 🚃JR西那須野站搭往塩原溫泉的JR巴士45分，終點下車即到 🅿23輛

↑設施裡也有新鮮蔬菜和配菜的直營所

全長60m！享受日本最大規模的足湯

↑邊刺激腳底邊悠閒度過吧

腳底下能體驗到各種刺激，非常好玩

足湯MAP で尋找喜歡的刺激感吧！

每10m為1區，共分為6區，從入口走到裡面，溫泉的溫度也逐漸上升。

刺刺小石的踩踏步道
鬆軟的腳踏步道
凹凸岩石的踩踏步道
被壓淋巴的步道
足湯MAP
抓著鬆動岩石的步道
溫和舒爽的舒適步道

↑檜木建造的莊嚴外觀

←拉著觀光遊覽馬車的銀次郎

「TOTETOTE」的喇叭聲讓人印象深刻

⑥ しおばらかんこうゆうらんてばしゃ 鹽原觀光遊覽馬車

馬車曾是鹽原以前的交通工具，現在則作為觀光之用，行駛在妙雲寺附近的門前～古町馬車停靠站之間。約2.6km的路程要花30分鐘行走。**MAP** 附錄②31 A-4、B-4

📞0287-32-2305（大脇馬車店）
🚶9:00～15:00（視季節而異、4～11月）
❌週四（雨天時需確認）💴1人1000日圓（2人以上出發）
🏠那須塩原市塩原（古町縣營停車場）🚃JR西那須野站搭往塩原溫泉的JR巴士45分，終點下車，步行10分 🅿30輛

↑位在縣營停車場的停靠站。最多可坐12人

⑦ しおばらおんせんゆっぽのさと 鹽原溫泉湯步之里

盡情暢遊鹽原之後，就到日本最大規模的足湯設施休憩。東洋醫學表示刺激腳底能活化肌肉和頭腦。慢慢地踩踏全6種凹凸石頭步道，刺激一下腳底穴道吧。

📞0287-32-3101 　　　　**MAP** 附錄②31 B-5
🚶9:00～18:00（視季節而異）　❌週四
💴成人200日圓、國中小學100日圓、幼童免費
🏠那須塩原市塩原602-1 🚃JR西那須野站搭往塩原溫泉的JR巴士38分，塩原畑下下車，步行3分 🅿29輛

鹽原3大當地美食

盡情品嚐熱門的B級美食！

鹽原的觀光名物不只有溫泉，還有豐富的當地美食。快來享用溫泉街漫步的午餐、或適合當作溫泉遊覽貢品的外帶美食吧！

C 下野家例咖哩烏龍麵 850日圓
在咖哩的辣味中能嚐到紅蘿蔔泥的甜味，滋味絕妙。套餐1100日圓，附溫泉蛋、小碗飯、咖啡。

在鄉土料理中加入咖哩!?

下野家例咖哩

「下野家例」是栃木的鄉土料理。以豆類、白蘿蔔、紅蘿蔔、鮭魚頭、酒粕長時間熬煮而成。在使用這些食材的當地咖哩中，除了搭配米飯之外，有些店家也會搭配麵條。

A 加湯的炒麵 650日圓
雞肉湯底的湯和香味四溢的醬料融合而成的新感覺中華炒麵。配料只有簡單的豬肉和高麗菜，十分美味，吃到最後都不會膩。

D 下野家例咖哩蕎麥麵 500日圓
濃稠的咖哩醬添加白蘿蔔、雞肉、蔥，味道有點辛辣。蕎麥麵嚐起來有溫和的甜味。

在鹽原受歡迎了50年！

加湯的炒麵

在醬汁炒麵中加入醬油味湯品的一道料理。外觀看起來是拉麵，但碗裡卻飄出香味宜人的醬汁香氣。

B 加湯的炒麵 750日圓
使用特製醬汁，好吃到讓人回味無窮。雞肉、高麗菜、鳴門卷等配料都拌上醬油基底的湯。自昭和30（1955）年延續至今的店家傳統菜單。

F 塩原もの語り館
しおばらものがたりかん

附設蔬菜直販所和小賣店的市營管理設施（→P.127）。
MAP 附錄②31 B-2
☎0287-32-4000
（鹽原溫泉觀光協會）
⏰8:30～18:00※TOTE燒為蔬菜直販所販售8:30～16:00、餐廳10:00～16:00 🈺不定休（12～3月為週三休，遇假日則營業）🅿同P.127

E くだものやカフェ 通りの茶屋 藤屋
くだものやカフェとおりのちゃやふじや

咖啡廳改裝自大正時代營業至今的蔬果店。
MAP 附錄②31 B-5
☎0287-32-2314
⏰10:00～18:00
🈺不定休 🏠那須塩原市塩原689 🚌JR西那須野站搭往塩原溫泉的JR巴士41分，塩原門前下車即到 🅿2輛（使用市營停車場）

D 多助そば 湯津上屋
たすけそばゆずかみや

提供現打蕎麥麵的蕎麥店。
MAP 附錄②31 B-4
☎0287-32-2127
⏰11:00～15:30（售完打烊）🈺不定休 🏠那須塩原市塩原771-2 🚌JR西那須野站搭往塩原溫泉的JR巴士41分，塩原門前下車即到 🅿5輛

C 栄太楼
えいたろう

老舖和菓子店的飲茶區，能眺望箒川。
MAP 附錄②31 B-5
☎0287-32-2155
⏰小賣店8:00～18:00、餐廳11:00～15:00 🈺不定休 🏠那須塩原市塩原689 🚌JR西那須野站搭往塩原溫泉的JR巴士41分，塩原門前下車即到 🅿4輛

B 釜彦
かまひこ

開業至今60年。添加元祖湯品的炒麵店。
MAP 附錄②31 A-4
☎0287-32-2560
⏰11:00～15:00（售完打烊）🈺不定休 🏠那須塩原市塩原2611 🚌JR西那須野站搭往塩原溫泉的JR巴士45分，終點下車，步行10分 🅿20輛

A こばや食堂
こばやしょくどう

一如既往的小食堂，第2代老闆守護著不變的口味。
MAP 附錄②31 B-4
☎0287-32-2371
⏰11:00～15:00（售完打烊）🈺不定休 🏠那須塩原市塩原795 🚌JR西那須野站搭往塩原溫泉的JR巴士45分，終點下車即到 🅿10輛

黑糖黃豆粉TOTE 450圓

完全不使用防腐劑，就連餡料都是自製的！當地受歡迎的饅頭＆製菓店，以獨門的鬆軟麵糰製作的甜點。

TOTE燒

當作溫泉街遊覽的貢品

一種手拿美食，用當地生產的牛奶和雞蛋製作成海綿蛋糕，再捲入各種餡料。當地共有13家店，都有各自下了不少功夫的可口滋味，讓人大快朵頤。邊吃邊比較各種口味，也格外有趣。

水果聖代TOTE 500日圓

人氣水果店所經營的咖啡廳特有的水果聖代風TOTE。以正值產季的草莓和巨峰葡萄，搭配清爽的起司慕斯。

草莓餡

鮮奶油

蔬菜霜淇淋TOTE 400日圓

自創的蔬菜霜淇淋TOTE燒，帶著絕無僅有的口感和滋味。（冬季會變更內容）

草莓

自製豆沙餡

湯之花地雞TOTE 700日圓

地雞丸子拌著特製雞肉醬和手工美乃滋，搭配十分絕妙！另有添加高原蔬菜，吃過一次就會上癮。

奶油可樂餅TOTE 500日圓

這道分量豐盛的美食是由肉品店所經營的花水木，在常備菜單中的奶油可樂餅裡添加生菜和高麗菜製作而出的。

和風甜點TOTE 400日圓

加入自製豆沙餡、草莓餡和鮮奶油、草莓的TOTE。1天限量20份。

壽司TOTE 880日圓

手捲風TOTE，將使用紅醋的醋飯和醃漬鮪魚、魚卵、小黃瓜、葫蘆乾等人氣壽司，用玉子燒的外皮捲起來。

K くいものや 花水木
くいものやはなみずき

肉品店所經營的餐廳。招牌菜是肉類料理。
MAP 附錄②31 A-4
☎0287-32-4417
⏰11:30〜14:00、17:30〜22:00（閉店為用餐完畢為止）※TOTE燒販售為11:30〜14:00（僅外帶）休週二（逢假日則會改為其他時間休）所那須塩原市塩原1108-2 JR西那須野站搭往塩原溫泉的JR巴士45分，終點下車，步行12分 P6輛

J 割烹旅館 湯之花莊
かっぽうりょかんゆのはなそう

以溫泉和手作懷石料理招待客人的住宿（→P.130）。
MAP 附錄②31 C-5
☎0287-32-2824
⏰10:00〜17:30※TOTE燒販售為10:30〜18:00（店內飲食的情況為11:30〜15:00）休不定休 所那須塩原市塩原323 JR西那須野站搭往塩原溫泉的JR巴士37分，塩原塩釜下車，步行3分 P50輛

I 今井屋製菓
いまいやせいか

完全不使用防腐劑的自製饅頭店。
MAP 附錄②31 B-4
☎0287-32-2301
⏰6:30〜17:00
休不定休 所那須塩原市塩原786-8 JR西那須野站搭往塩原溫泉的JR巴士45分，終點下車即到 P10輛

H 亀屋本舖
かめやほんぽ

溫泉饅頭的製造商。以自製豆沙餡自豪。
MAP 附錄②31 B-5
☎0287-32-2568
⏰7:00〜18:00※TOTE燒販售為10:00〜16:00（數量有限）休不定休 所那須塩原市塩原618-15 JR西那須野站搭往塩原溫泉的JR巴士38分，塩原畑下車即到 P4輛

G 幸楽寿司
こうらくずし

使用無農藥米的平價江戶前壽司店。
MAP 附錄②31 B-4
☎0287-32-2061
⏰11:00〜15:00、17:00〜22:00 休週一
所那須塩原市塩原725-1 JR西那須野站搭往塩原溫泉的JR巴士45分，終點下車，步行5分 P5輛

文豪也喜愛的歷史悠久溫泉鄉 鹽原溫泉鄉的住宿

鹽原溫泉鄉連接著箒川清流沿岸各種不同泉質和功效的溫泉。好想住宿在被尾崎紅葉、夏目漱石、谷崎潤一郎等文豪們所喜愛的歷史悠久的溫泉旅館裡,療癒一下身心靈。

割烹旅館 湯之花莊
かっぽうりょかんゆのはなそう

12間客房都朝向溪谷,能眺望各個季節的景觀。浴池中注入的都是無加溫、加水的100%源泉放流的奢華溫泉。另有販售TOTE燒。 ➡P.129

☎0287-32-2824 **MAP**附錄②31 C-5
🏠那須塩原市塩原323
🚌JR西那須野站搭往塩原溫泉的JR巴士37分(從JR那須鹽原站為60分),塩原塩釜下車,步行3分 **P**50輛

↑每月更換菜單的懷石料理使用當季食材,能在包廂的宴會場享用

住宿DATA
¥1泊2食
平日／21600日圓～
假日前日／24300日圓～
in15:00 out11:00
🛁室內溫泉:男1、女1／露天:男1、女1／客房有露天浴池／有包租浴池 🚫不可 💳可

這點**最自豪**
在陽臺飽覽溪流
獨棟的客房有設置朝向溪流的陽臺,形成一處療癒的空間。

↑提供枡酒和冰淇淋的送餐服務
露天浴池只要有點餐,也會

絕景露天浴池和當季懷石料理,誠摯的招待讓人感動

這點**最自豪**
在浴池觀賞絕景
從客房專用的露天浴池能眺望大自然的絕景。有時也能觀賞流星群和螢火蟲。

真誠服務與提供美味料理

盡情享受功效豐富的溫泉
溪谷沿岸的溫泉住宿

許多住宿都有能觀賞溪谷的露天浴池,和大自然融為一體的感覺令人驚艷。

在河岸的露天浴池,和溪流融為一體

這點**最自豪**
荒野河岸旁的露天溫泉
荒野河岸旁的露天溫泉。雖然是混浴,但有設置女性專用時間。

↑大窗戶能眺望綠意盎然的溪流。從氣氛沉靜的客房

不二家四季 味亭旅館
しきみていふじや

6間客房都很重視服務品質。大廚以產地直送的素材,用心烹調出的山海創作懷石料理是絕頂美食,有許多回流客都把這裡當作歸居的小屋。

悠閒地享用奢華的山珍海味

MAP附錄②31 A-1
☎0287-32-2761
🏠那須塩原市上塩原675
🚌野岩鐵道上三依鹽原溫泉口站搭往塩原溫泉的ゆ一巴士鹽原・上三依線13分,塚原下車,步行5分 **P**10輛

住宿DATA
¥1泊2食 平日／18500日圓～ 假日前日／21500日圓～
in15:00 out10:00 🛁室內溫泉:男1、女1／露天:男1、女1／客房有露天浴池／有包租浴池 🚫不可 💳可

明賀屋本館
みょうがやほんかん

自江戶時代營業至今的老牌旅館。有食鹽泉和單純溫泉2種不同功效的自家源泉,房客能到附設的姊妹館「彩つむぎ」享受10種不同泉質的浴池。

☎0287-32-2831 **MAP**附錄②31 C-2
🏠那須塩原市塩原353 🚌JR西那須野站搭往塩原溫泉的JR巴士37分(從JR那須鹽原站為60分),塩原塩釜下車,步行25分(塩原塩釜巴士站有接送服務,需聯絡) **P**50輛

住宿DATA
¥1泊2食 平日／10950日圓～
假日前日／16350日圓～
in14:00 out10:00 🛁室內溫泉:男1、女1／露天:混浴1、女1／有包租浴池 🏠10:00～18:00／週六日、假日休／2200日圓 💳可

鹽原溫泉鄉

鹽原溫泉鄉的住宿

有溪流浴池和
圍爐裏料理的溫泉住宿

湯守 田中屋
（ゆもりたなかや）

走下約300層的階梯，
眼前就是露天溫泉仙鄉湯

能享受溫泉巡禮的住宿，有日本三大溪流的露天溫泉仙鄉湯、開放感十足的展望溫泉等。晚餐能二擇一，有發揮食材天然滋味的圍爐裏料理、宴席料理。

☎0287-32-3232　**MAP**附錄②31 C-2
🏠那須塩原市塩原6　🚌JR西那須野站搭往塩原溫泉的JR巴士30分（從JR那須鹽原站為53分），塩原大網下車即到
🅿40輛

住宿DATA
💴1泊2食 平日／15174日圓～
假日前日／17172日圓～
🕐15:00　🕙10:00
室內溫泉：男1、女1／露天：女1、混浴1、男女輪流制1／客房有露天浴池／有包租浴池／🚭不可　🐶可

這點 **最自豪**
野趣十足的
圍爐裏料理
使用當季的當地食材，奢華地烹調出食材的天然滋味。

在日本四大美人湯
泡出潤澤美肌

源美之宿會津屋飯店
（げんびのやどあいづや）

有400年歷史的自噴型源泉，名列日本四大美人湯之一。料理使用這種弱碳酸鹽泉，讓人能從體內變漂亮，廣受好評。晚餐能在寬敞的餐廳享用。

☎0287-32-2020　**MAP**附錄②31 B-4
🏠那須塩原市塩原733　🚌JR西那須野站搭往塩原溫泉的JR巴士45分（從JR那須鹽原站為1小時6分），終點下車即到　🅿40輛

住宿DATA
💴1泊2食 平日／12500日圓～25800日圓
假日前日／15500～28800日圓
🕐15:00　🕙10:00
室內溫泉2(男女輪流制)／露天：男1、女1／客房有露天浴池／有包租浴池／🚭不可　🐶可

這點 **最自豪**
使用美人湯的
全身美容
主要使用美容效果極佳的優質源泉、二氧化碳、溫泉泥，以提升肌膚原本的保護力。

↑可以品嚐到使用當季食材和溫泉的創作料理，並追求從體內散發出來的美麗。

這點 **最自豪**
附寬敞露天
浴池的客房
共有11間客房附有不同風趣的露天浴池。露天浴池帶有開放感，景緻宜人。

客房附有不同風趣的
多彩多姿露天浴池

寬敞舒適的溫泉旅館
松楓樓松屋日式旅館
（ゆったりのやどしょうふうろうまつや）

建在閒靜溪流沿岸的成人住宿，以絕佳景緻自豪。另有豐富的設施，像是休息室、俱樂部、伴手禮店等。能感受四季的露天浴池、使用當季食材的季節更換和食宴席料理，都備受喜愛。

☎0287-32-2003　**MAP**附錄②31 D-5
🏠那須塩原市塩原168　🚌JR西那須野站搭往塩原溫泉的JR巴士35分，塩原福渡下車，步行4分　🅿25輛

附露天浴池的客房
「水きよく」（上）「山そまり」（左）的露天浴池

住宿DATA
💴1泊2食 平日／14040日圓～
假日前日／17280日圓～
🕐14:30　🕙11:00　內湯：男1、女1／露天：男1、女1／有包租浴池／🚭14:00～17:00／不定休／1000日圓　🐶可

能飽覽雄偉大自然的
溫泉住宿

鹽原 湧花庵
（しおばらゆうかあん）

擁有自家源泉的住宿。7樓的展望大浴池有絕佳的景緻。溪流露天浴池和7樓的3間露天浴池，全部都能包租。晚餐能享用當季食材入菜的地產地銷和食。

MAP附錄②31 B-5
☎0287-32-2010
🏠那須塩原市塩原451　🚌JR西那須野站搭往塩原溫泉的JR巴士38分（從JR那須鹽原站為約1小時），塩原畑下車即到　🅿30輛

這點 **最自豪**
景緻秀麗的
展望浴池
從7樓的展望浴池能飽覽周圍自然豐富的美景，還能享受溫泉。

↑所有客房都具備大型電視、DVD、藍光播放機，相當重視休閒品質

住宿DATA
💴1泊2食 平日／11800日圓～
假日前日／12800日圓～
🕐15:00　🕙10:00　室內溫泉：男2、女2／露天：4(全都能包租)／🚭不可　🐶可

山之宿 下藤屋日式旅館
やまのやどしもふじや

能在檜木建造的大浴場和岩石建造的露天浴池放鬆的住宿。從後山的噴氣口湧出的源泉是硫磺泉，有助於排出體內毒素，又有去除老舊角質的功效，極具美肌效果。

☎0287-31-1111 MAP附錄②31 A-2

所那須塩原市湯本塩原11 交JR西那須野站搭往塩原溫泉的JR巴士45分（從JR那須鹽原站為1小時6分），終點下車，搭計程車10分（終點有接送服務，需一天前預約）P25輛

住宿DATA
¥1泊2食 平日／15000日圓～
假日前日／17000日圓～ in15:00
out10:00 浴室內溫泉:男1、女1／露天:男1、女1／有包租浴池 日不可 C可

↑懷石料理主要使用淡水魚和本地的當季嚴選食材，就連擺盤也很漂亮

↑在重視舒適感的客房裡，窗邊放置著時尚的沙發

在功效豐富的白濁溫泉裡
悠閒泡澡

這點 最自豪
功效極佳的白濁溫泉
白濁的硫磺泉有促進血液循環、燃燒脂肪的效果。

這點 最自豪
講究乾淨水質的放流溫泉
溫泉是從浴池內外放流，因此水質隨時都很乾淨。美容功效極佳。

享受100%放流的
乾淨溫泉

混濁的秘湯溫泉旅館 溪雲閣
ひとうにごりゆのやどけいうんかく

以300年歷史自豪的老牌旅館的祕湯。有裝滿白色溫泉的展望浴池、和能感受山中氛圍的露天浴池。餐點能享用發揮當地食材滋味的山村料理，就連地酒也應有盡有。

☎0287-32-2361 MAP附錄②31 A-2

所那須塩原市湯本塩原37 交JR西那須野站搭往塩原溫泉的JR巴士45分（從JR那須鹽原站為1小時6分），終點下車，搭計程車15分（終點有接送服務，預約制）P18輛

住宿DATA
¥1泊2食 平日／12500日圓～
假日前日／15250日圓～
in15:00 out10:00 浴室內溫泉:男1、女1／露天2（僅有包場浴池）日12:00～15:00／無休／1000日圓 C不可

充滿山村魅力
奧鹽原的秘湯
在湧出白濁溫泉的療癒鄉村，一邊飽覽大自然一邊泡湯吧。

↑韻味十足的傳統寬敞和室

湯莊白樺
ゆそうしらかば

標高970m天然硫磺泉溫泉備受好評的住宿。樸素的料理使用附近農家所採收的高原蔬菜和山菜製作，能讓旅行的樂趣更加豐富。早晚餐都有客房服務，非常方便。

☎0287-32-2565 MAP附錄②31 A-2

所那須塩原市湯本塩原14 交JR西那須野站搭往塩原溫泉的JR巴士45分（從JR那須鹽原站為1小時6分），終點下車，搭計程車17分（終點有接送服務，預約制）P20輛

住宿DATA
¥1泊2食 平日／7710日圓～ 假日前日／9870日圓～
in12:00 out10:00
浴室內溫泉:男1、女1／露天:混浴1(有女性專用時間)
日10:00～20:00／無休／500日圓 C不可

這點 最自豪
溫泉泥面膜
挖掘自源泉底的泥土含有大量的溫泉成分，美容效果極佳。塗抹後，肌膚會變得光滑。

這點 最自豪
可以飲用的溫泉
有在鹽原也很罕見的飲用泉，身體內外都能享受溫泉的療效。

3種源泉
泡到滿足為止

秘湯之宿 元泉館
ひとうのやどげんせんかん

位在鹽原溫泉的開湯處，能飽覽大自然的住宿。有乳白色和綠色等3種硫磺泉的放流浴池，非常適合治療疲勞。山中特有的名產山豬鍋和岩魚骨酒也務必品嚐看看。

☎0287-32-3155 MAP附錄②31 A-2

所那須塩原市湯本塩原101 交JR西那須野站搭往塩原溫泉的JR巴士45分（從JR那須鹽原站為1小時6分），終點下車，搭計程車15分（終點有接送服務，需一天前預約）P40輛

住宿DATA
¥1泊2食
〈本館〉平日／14730日圓～
假日前日／16890日圓～
〈別館〉平日／11490日圓～
假日前日／13650日圓～
in15:00 out10:00 浴室內溫泉:男2、女2、混浴1(有女性專用時間)／露天:男1、女1
日8:00～18:00（使用高尾之湯）／不定休／800日圓 C可

體驗大自然奧奧的
硫磺泉功效

↑放流式的室內浴池除了8:00～9:00之外皆能入浴，露天浴池24小時都能入浴

圖示: in Check in out Check out 浴池的種類 日不住宿溫泉 C信用卡

伊東園飯店 鹽原
（いとうえんホテルしおばら）

2017年12月全館整新開幕。不僅有氣泡浴池、附帶寢湯的大浴池、露天浴池，還有桌球、卡拉OK等豐富設施。早晚餐都是菜色豐富的吃到飽形式，非常划算。

☎0287-32-2811　MAP附錄②31 A-4
所那須塩原市塩原2196-4　JR西那須野站搭往塩原溫泉的JR巴士45分（從JR那須鹽原站為1小時6分），終點下車，步行10分　P70輛

住宿DATA
¥1泊2食(入湯另收稅) 平日、假日前日／8424日圓 (含服務費)　in15:00　out12:00　室內溫泉：男1、女1／露天：男1、女1　13:00～18:00（最終入場17:00）／無休／540日圓　C可

↑另有氣泡浴池、寢湯、露天浴池等豐富溫泉

これ點 **最自豪**
種類豐富的吃到飽自助餐
陳列著和洋合璧的料理，晚上附酒精飲料、軟性飲料喝到飽（90分），十分划算。

也能享受娛樂設施，充實的短暫停留

溫泉設施「湯仙峽」能享受多彩多姿的浴池

這點 **最自豪**
晚餐吃到飽
提供栃木名物「煎餃」、天婦羅、肉類料理等種類豐富的現做料理。

大江戶溫泉物語 鹽原溫泉
新鹽原飯店
（おおえどおんせんものがたりしおばらおんせんホテルニューしおばら）

度假飯店裡有15種豐富浴池能享受，像是源泉放流溫泉和站立式溫泉等。娛樂設施也很豐富。在自助餐能享用到壽司、天婦羅、肉類料理等70種和、洋、中式料理，十分吸引人。

☎0570-021-126　MAP附錄②31 B-5
所那須塩原市塩原705　JR西那須野站搭往塩原溫泉的JR巴士45分（從JR那須鹽原站為1小時6分），終點下車，步行3分　P約250輛

住宿DATA
¥1泊2食 平日／10928日圓～週六、特定日／14168日圓～　in15:00　out10:00　室內溫泉：男3、女3／露天：男1、女1／有包租浴池　11:00～21:00(最終入場20:00)／週日休／平日700日圓、週六日、特別日1000日圓　C可

住得很開心
平價的住宿
一網打盡有多種設施的住宿。
好想和家人或朋友等一群人一起旅行。

清琴樓
（せいきんろう）

因尾崎紅葉撰寫《金色夜叉》而聞名的旅館。主打平價入住的純住宿服務，但也有1天限定2組的1泊2餐專案。明治時期建造的本館目前無法入住，但是可以參觀。

MAP附錄②31 B-5
☎0287-32-3121
所那須塩原市塩原458　JR西那須野站搭往塩原溫泉的JR巴士38分，塩原畑下下車，步行3分　P30輛

住宿DATA
¥純住宿 平日／4968日圓～
1泊附早餐 平日／5940日圓～
1泊2餐（1日限定2組）
平日／9720日圓
in15:00　out10:00　室內溫泉：男1、女1／有包租浴池　15:00～18:00／500日圓　C不可

↑客房全都位在河岸邊。從窗戶飽覽四季的景緻

能眺望到與文豪尾崎紅葉有淵源的溪谷的溫泉住宿

這點 **最自豪**
公開「紅葉之間」
公開尾崎紅葉住過的房間。彷彿穿越時空一般，可以感覺到歷史的浪漫。

↑明治時代營業至今，韻味十足的閒靜老牌旅館。旅館名稱來自《金色夜叉》書裡出現的「清琴樓」

有許多愉快的免費服務

伊東園Hotel
New Momiji
（いとうえんホテルニューもみぢ）

能在寬敞的大浴池和充滿風情的露天浴池裡放鬆的住宿。能免費使用卡拉OK、桌球、網路等設施。晚餐能享用以備受好評的現炸天婦羅為主的和食等料理。

☎0287-32-3215　MAP附錄②31 A-4
所那須塩原市塩原1074　JR西那須野站搭往塩原溫泉的JR巴士45分（從JR那須鹽原站為1小時6分），終點下車，步行5分　P50輛

這點 **最自豪**
自家源泉的浴池
不僅有寬敞的室內浴池、岩石建造的露天浴池，還有50分鐘免費入浴的包租露天浴池。

住宿DATA
¥1泊2食
平日、假日前日／10734日圓～　in15:00　out12:00　室內溫泉：男1、女1／露天：男1／包租浴池：2　15:00～19:00(最終入場18:00)／無休／648日圓　C可

還有推薦這些！
鹽原溫泉鄉
しおばらおんせんきょう
矚目景點

| MAP 附錄②P.31 | 住宿DATA P.130～133 |

介紹！ 附錄②有 ●鹽原あかつきの湯…… 附錄②P.9

水上活動 玩樂

ZACK
MAP 附錄②31 A-4
●ザック
☎0287-48-7539

能實際感受大自然的活動
春天和秋天能體驗獨木舟和立槳衝浪，春天到夏天會舉辦溪降的遊程。如滑行般從瀑布往下滑，用全身體驗那須鹽原的大自然。

🕐8:00～17:00
休週三（7～9月為無休）
¥各遊程成人7000日圓～、小孩4000日圓～
所那須鹽原市鹽原2196-13
🚌JR西那須野站搭往鹽原溫泉的JR巴士45分，終點下車，步行10分 P15輛

←工作人員會幫遊客拍攝體驗時的模樣。肯定會是旅行的美好回憶

←有導遊陪同，初學者和小朋友都能安心地體驗

火山口遺跡 景點

新湯爆裂火山口遺跡
MAP 附錄②31 A-2
●あらゆくれつかこうあと
☎0287-32-4000（鹽原溫泉觀光協會）

岩石表面裸露的荒涼光景
火山口遺跡位在標高950m處，現在仍會持續噴出水蒸氣和硫磺臭味。同時是新湯溫泉的源泉。

🕐自由參觀
所那須鹽原市湯本鹽原
🚌JR西那須野站搭往鹽原溫泉的JR巴士45分，終點下車，搭計程車15分 P無

←相當震撼的景觀展現在眼前

洞窟資料館 景點

史跡鐘乳洞 源三窟
MAP 附錄②31 A-4
●しせきしょうにゅうどう げんざんくつ
☎0287-32-2338

義經的家臣曾躲藏其中的鐘乳洞
據說是源有綱遭到源賴朝追擊時曾經躲藏的鐘乳洞。用雕像重現當時的生活。

🕐8:30～17:00（12～3月為9:00～16:00）
休不定休
¥成人600日圓、國中小學生400日圓
所那須鹽原市鹽原1118
🚌JR西那須野站搭往鹽原溫泉的JR巴士45分，終點下車，轉搭ゆー巴士2分，源三窟下車即到 P55輛

←洞窟內用LED照明，很明亮

文化施設 景點

木葉化石園
MAP 附錄②31 B-1
●このはかせきえん
☎0287-32-2052

在日本數一數二的產地觀賞化石吧
展示約1200件動植物的化石和礦物。另外也能參加尋找樹葉化石的體驗（600日圓）。

🕐9:00～16:00 休無休 ¥成人500日圓、小孩300日圓
所那須鹽原市中鹽原472
🚌野岩鐵道上三依鹽原溫泉口站搭往鹽原溫泉的ゆー巴士鹽原・上三依15分，木の葉化石園入口下車，步行3分 P60輛

←這個地方出產的化石

公園

Hunter Mountain百合公園
MAP 附錄②31 A-3
景點
☎0287-32-4580（Hunter Mountain鹽原）

滑雪場變身成花園！
夏天會有約50種、400萬朵百合花綻放。纜車會行駛，因此能從高地眺望百合花。

🕐7月中旬～8月下旬、9:00～16:00（纜車上行最終時間15:30）
休展覽期間無休
¥入園費（夏）成人1000日圓、小孩500日圓／花卉纜車（夏）成人700日圓、小孩400日圓／秋季楓葉纜車（來回）成人1600日圓、小孩800日圓
所那須鹽原市湯本鹽原前黑
🚌JR那須鹽原站搭計程車1小時（7月下旬～8月中旬有免費接駁巴士預定運行）P3000輛

←10月中旬～11月上旬也有楓葉纜車行駛

瀑布 景點

回顧瀑布
MAP 附錄②31 D-2
●みかえりのたき
☎0287-32-3050（鹽原溫泉遊客中心）

美得讓人不禁回首欣賞
在文豪尾崎紅葉的作品《金色夜叉》裡出現的瀑布，落差有53m。通過「回顧吊橋」（→上述），再走一小段路就有觀瀑臺，從那裡能隔著箒川觀賞瀑布。

🕐自由參觀
所那須鹽原市關谷
🚌JR西那須野站搭往鹽原溫泉的JR巴士28分，回顧橋下車，步行5分 P10輛

←瀑布從岩石之間沉穩地往下流再注入箒川

橋

回顧吊橋
MAP 附錄②31 D-2
●みかえりのつりばし
景點
☎0287-32-4000（鹽原溫泉觀光協會）

威武聳立，風情十足的橋
以全長100m、高30m為特點的吊橋。環境相當清幽，韻味十足，又能飽覽溪谷的自然景觀。名稱由來據說是因為景色宜人，讓人不禁回首駐足。

🕐自由參觀
所那須鹽原市關谷
🚌JR西那須野站搭往鹽原溫泉的JR巴士28分，回顧橋下車，步行5分 P10輛

←綠意盎然的鹽原特有景色

瀑布 景點

留春瀑布
MAP 附錄②31 D-2
●りゅうしゅんのたき
☎0287-32-3050（鹽原溫泉遊客中心）

向溪谷宣告春天來臨的瀑布
以往在冬季期間會乾枯，天氣回暖後就會再次流出，因此取了這個名字。旁邊也有吊橋和休憩場所，能享受療癒的時光。

🕐自由參觀
所那須鹽原市鹽原
🚌JR西那須野站搭往鹽原溫泉的JR巴士30分，鹽原大網下車，步行20分 P10輛

←觀賞纖細的水流

日光

鬼怒川

那須高原

鹽原溫泉鄉

鹽原溫泉鄉 矚目景點

遊客中心

鹽原溫泉遊客中心 MAP附錄②31 C-5
●しおばらおんせんビジターセンター
景點
☎0287-32-3050

鹽原溪谷漫步的據點

這個設施會介紹日光國立公園鹽原地區的自然景觀和溫泉設備。由於位在「鹽原溪谷遊步道」的入口，相當適合在觀光或健行前收集資訊。

🕐9:00～16:30
休週二（逢假日則翌日休）
💴無料
📍那須塩原市塩原前山国有林
🚌JR西那須野站搭往塩原溫泉的JR巴士37分，七ツ岩吊橋下車，步行5分
🅿20輛

↑館內也有榻榻米的休息空間

另會舉辦有導遊陪同的自然散步活動。園內能以1周10分鐘的時間遊覽。

寺院 MAP附錄②31 B-4

妙雲寺
●みょううんじ
景點
☎0287-32-2313

感受800年的歷史和文豪的足跡

創建於建久5（1194）年。境內有稱做「文學之森」的地方，豎立著成排和鹽原有淵源的夏目漱石、尾崎紅葉等文豪的文字紀念碑。

🕐8:30～16:30
休無休
💴免費（牡丹祭期間為參觀費200～400日圓）
📍那須塩原市塩原665
🚌JR西那須野站搭往塩原溫泉的JR巴士40分，塩原小學校入口下車即到
🅿10輛

↑氣氛莊嚴肅穆的本堂。境內有牡丹花等季節花卉綻放

伴手禮店 MAP附錄②31 D-2

森林の駅
●もりのえき
購物
☎0287-34-1037

伴手禮也很豐富的複合設施

紅葉谷大吊橋（→P.126）旁邊的設施。物產店販售附近農家的新鮮蔬菜和伴手禮。餐廳也很受歡迎。

🕐全部店鋪、收費站8:30～18:00（11～3月為～16:00）、餐廳11:00～14:00（11～3月為不定休）
休無休
📍那須塩原市関谷1425-60
🚌JR西那須野站搭往塩原溫泉的JR巴士27分，もみじ谷大吊橋下車，步行3分
🅿123輛

↑陳列著鹽原名產

蕎麥麵 MAP附錄②31 B-5

遊蕎
●ゆうきょう
美食
☎0287-32-2262

名產是綿密的湯波蕎麥麵

用口感綿密的豆皮捲著蕎麥麵吃，這種與眾不同的蕎麥麵很受歡迎。

🕐11:00～15:00（蕎麥麵售完打烊）
休不定休
💴綿密的湯波蕎麥麵1100日圓
📍那須塩原市塩原683-4
🚌JR西那須野站搭往塩原溫泉的JR巴士41分，塩原門前下車即到
🅿2輛

↑使用嚴選的蕎麥粉

公園 MAP附錄②31 B-1

箱之森遊樂公園
●はこのもりプレイパーク
玩樂
☎0287-32-3018

在大自然中活動身體吧

有體育運動廣場和住宿設施的綜合休閒設施。另有不住宿溫泉「湯遊中心」。

🕐4月～11月，9:00～17:00（溫泉設為10:00～20:00）
休開放期間的週三（逢假日則翌日休，暑假期間無休）
💴入村免費，陶藝、木工教室1200日圓
📍那須塩原市中塩原字箱の森
🚌JR西那須野站搭往塩原溫泉的JR巴士45分，終點下車，搭計程車7分
🅿200輛

↑能讓全家同樂的寬廣公園

伴手禮店 MAP附錄②31 C-2

しおばら千二百年物語
●しおばらせんにひゃくねんものがたり
購物
☎0287-32-2337

以鹽原為主題的商店&咖啡廳

具備甜點房、茶房、酒房，並販售「七湯起司蛋糕」等烘焙點心、香醇茶飲、陶器、酒。一家充分網羅鹽原魅力的店。

🕐9:00～18:00（視季節而異）
休不定休
📍那須塩原市塩原17
🚌JR西那須野站搭往塩原溫泉的JR巴士33分，夕の原下車即到
🅿12輛

↑附設咖啡廳，能品嚐午餐和甜點

和食 MAP附錄②31 B-4

日本料理 松本
●にほんりょうり まつもと
美食
☎0287-32-2223

品嚐當季的味道

妙雲寺（→P.134）旁邊的日本料理老店。推薦使用各種當季食材的素食料理。

🕐11:00～14:00、17:30～21:00
休不定休
💴懷石午餐1300日圓、素食午餐1200日圓
📍那須塩原市塩原706
🚌JR西那須野站搭往塩原溫泉的JR巴士45分，終點下車，步行3分
🅿3輛

↑發揮食材天然滋味的溫和口味

CLOSE UP! 體驗！當地的大眾溫泉

鹽原有幾處由志工管理的大眾溫泉。每一座大眾溫泉都只收清潔費，而且很便宜。更衣室等設施皆為共用，因此進入時請遵守規則。

貉之湯
●むじなのゆ MAP附錄②31 A-2
☎0287-32-4000（鹽原溫泉觀光協會）
🕐7:00～18:00（五為清掃日）
休週一、五
💴入浴費300日圓
📍那須塩原市湯本塩原新湯
🚌JR西那須野站搭往塩原溫泉的JR巴士45分，終點下車，搭計程車15分
🅿無

↑傳說從前有貉來泡湯療養，因此取的名稱

紅葉之湯
●もみじのゆ MAP附錄②31 B-4
☎0287-32-4000（鹽原觀光溫泉協會）
🕐7:00～19:00（清掃時不可入浴）
休不定休
💴入浴費100日圓
📍那須塩原市塩原古町
🚌JR西那須野站搭往塩原溫泉的JR巴士45分，終點下車，步行3分
🅿無

↑位在塩原もの語り館旁的箒川對岸，空間寬敞，約能容納10人入浴

從東京・神奈川・千葉・埼玉前往日光・鬼怒川・那須・鹽原

搭鐵道・高速巴士前往

開車前往的方法 P.141

前往日光、鬼怒川要從淺草站或新宿站搭東武鐵道的特快車；前往那須、鹽原要從東京站搭東北新幹線，這兩者都是主要的交通手段。在日光・鬼怒川區域也能善用實惠的一日乘車券。

交通方式要點

1 日光・鬼怒川方向 搭東武特快車絕對便利

- 往日光、鬼怒川基本上都是利用東武鐵道的特快列車。
- 行駛路線有從淺草站往東武日光站或往鬼怒川溫泉站的行進路線，以及搭乘JR東日本從新宿站出發，停靠池袋站、浦和站、大宮站，再前往東武日光站或鬼怒川溫泉站的行進路線。從淺草發車的車次比較多。

2 那須・鹽原方向 搭東北新幹線很快

- 那須、鹽原區域的起點站是那須鹽原站。
- 在那須鹽原站有東北新幹線「那須野號」和「山彥號」部分車次停靠，因此從東京、大宮、仙台出發的交通方式也很方便。
- 要從那須鹽原站前往那須高原、鹽原溫泉鄉，請搭乘路線巴士或在車站租車。從那須鹽原站出發的詳細交通資訊請參閱P.138。

3 那須・鹽原方向 若想便宜前往就搭高速巴士

- 從Busta新宿往那須或鹽原的高速巴士「那須・鹽原號」的各路線班次會在那須、鹽原的中心地區停車。
- 雖然車程約要3小時～3個半小時，但是來回車資比經由新幹線便宜約6000～7000日圓，因此請根據預算分開搭乘。

4 日光・鬼怒川方向能同時前往的 東武特快車「Revaty」可留意

- 從淺草站出發後，列車會在下今市站分開車廂，再分別開往東武日光站和鬼怒川溫泉站，因此1列列車能同時載乘客前往2個目的地。
- 和一般的特快車並行行駛，因此時間和班次請確認時刻表。

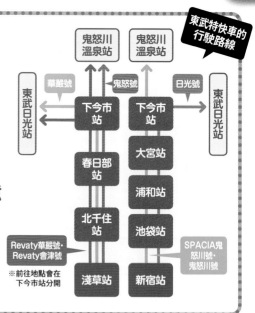

東武特快車的行駛路線

鬼怒川溫泉站　鬼怒川溫泉站

華嚴號　鬼怒號　日光號

東武日光站　下今市站　下今市站　東武日光站

春日部站　大宮站

浦和站

北千住站　池袋站

Revaty華嚴號・Revaty會津號

淺草站　新宿站　SPACIA鬼怒川號・鬼怒川號

※前往地點會在下今市站分開

日光・鬼怒川 方向

		大宮站	下今市站	東武日光線	東武日光站
橫濱站	JR湘南新宿線・JR上野東京線 1小時 920日圓 每小時10班			10分 200日圓 每小時1～3班	
新宿站・池袋站	JR・東武直行特快「日光號」 2小時 4000日圓（從池袋站為3870日圓）1天1班 ●從大宮站為1小時30分 3530日圓				
	JR・東武直行特快「鬼怒川號」、「SPACIA鬼怒川號」 2小時10分 4000日圓（從池袋站為3870日圓）1天3班 ●從大宮站為1小時40分 3530日圓				
淺草站	東武特快「華嚴號」、「Revaty華嚴號」 1小時50分 2800日圓 1天9～13班 ●從北千住站為1小時40分 2800日圓				
	東武特快「鬼怒號」、「Revaty會津號」 2小時 2990日圓 每小時1～2班 ●從北千住站為1小時50分 2800日圓			東武鬼怒川線 20分 250日圓 每小時1～2班	鬼怒川溫泉站
柏站	JR常磐快速線 16分 390日圓 每小時6～7班				
船橋站	JR總武快速線 17分 310日圓 每小時5～7班	錦系町站 東京Metro半藏門線 （東武晴空塔線直行） 12分 340日圓 每小時6班			

中央縱向：大宮站／下今市站／北千住站／春日部站

- 從新宿站、池袋站前往日光方向，是搭東武直行特快車「日光號」到東武日光站；前往鬼怒川方向同樣搭「鬼怒川號」、「SPACIA鬼怒川號」到鬼怒川溫泉站。
- 從淺草站前往日光方向，是搭東武特快車「華嚴號」、「Revaty華嚴號」到東武日光站；往鬼怒川方向同樣搭「鬼怒號」、「Revaty會津號」到鬼怒川溫泉站。
- 若搭到目的地不同的特快車，請到下今市站轉搭普通列車。
- 往神奈川、千葉方向分別能在新宿站或大宮站、北千住站轉搭特快車。

↑東武的特快列車「SPACIA」。另有繪著橘線、金色塗裝的「日光詣SPACIA」

↑「Revaty」是香檳色車體搭配綠色線條的前衛設計

請注意　鐵道的車資為整趟行程的普通車資加一般時期的普通車對號座（淺草發車的東武特快「鬼怒號」、「華嚴號」為週六假日的費用）的總和金額。若只搭乘快速・普通列車則只有普通車資的金額。所需時間是記載來回的基本時間。可能因季節、更換時刻表、車資調整等因素而變更，出發前請先確認清楚。

JR・東武／鐵道・巴士能配套使用

實惠的優惠乘車券

往返新宿・池袋到日光・鬼怒川很方便!

JR・東武 日光・鬼怒川往復きっぷ

價格	東京都區內出發 **6680日圓**	有效期間 **2天**

自由搭乘區間	●東京都區內～東武日光站・鬼怒川溫泉站 ※另有制定橫濱市內、大宮～川口、戶田公園、八王子～立川、千葉、大船出發。價格需洽詢

能否搭乘特快	○	可以搭乘JR・東武直行特快「日光號」、「SPACIA鬼怒川號」、「鬼怒川號」

划算的實例	東京都區內各站➡JR山手線等 來回約800日圓➡新宿站➡JR・東武直行特快「日光號」來回8000日圓➡東武日光站	**來回8800日圓變成6680日圓** 總共便宜2120日圓!!

能自由搭乘日光・鬼怒川區域內的鐵道・巴士!

まるごと日光・鬼怒川 東武フリーパス

價格	淺草出發 **6150日圓** (12～3月為5630日圓)	有效期間 **4天**

自由搭乘區間	●出發站～下今市站來回乘車券 ●自由搭乘區乘車券 ※自由搭乘區間為東武線下今市站～東武日光站・湯西川溫泉站之間、和東武巴士日光的日光區域巴士路線(→參照P.29)、日光交通巴士的鬼怒川區域巴士路線(→參照P.57)

能否搭乘特快	✕	若要搭乘特快,需另外購買特急券

划算的實例	淺草站➡來回2720日圓(僅乘車券)➡下今市站 ●在日光・鬼怒川區域搭鐵道移動約1500日圓●日光・鬼怒川區域搭巴士移動 約2500日圓	**來回6720日圓變成6150日圓** 總共便宜570日圓!!

能自由搭乘日光區域內的鐵道・巴士!

日光廣域周遊券

價格	淺草出發 **4520日圓** (12～3月為4150日圓)	有效期間 **4天**

自由搭乘區間	●出發站～下今市站來回乘車券 ●自由搭乘區乘車券 ※自由搭乘區間為東武鐵道下今市站～東武日光站之間、和東武巴士日光的日光區域巴士路線(→參照P.29)

能否搭乘特快	✕	若要搭乘特快,需另外購買特急券

划算的實例	淺草站➡來回2720日圓(僅乘車券)➡下今市站 ●在日光區域搭巴士移動約2500日圓	**來回5220日圓變成4520日圓** 總共便宜700日圓!!

鬼怒川區域內的鐵道・巴士能自由搭乘!

まるごと鬼怒川 東武フリーパス

價格	淺草出發 **4730日圓** (12～3月為4370日圓)	有效期間 **4天**

自由搭乘區間	●出發站～下今市站來回乘車券 ●自由搭乘區間乘車券 ※自由搭乘區間為東武鐵道下今市站～東武日光站之間、和日光交通巴士的鬼怒川區域巴士路線(→參照P.57)

能否搭乘特快	✕	若要搭乘特快,需另外購買特急券

划算的實例	淺草站➡來回2720日圓(僅乘車券)➡下今市站 ●在鬼怒川區域搭巴士移動約2500日圓	**來回5220日圓變成4730日圓** 總共便宜490日圓!!

交通路線概要圖

日光・鬼怒川 區域

鬼怒川溫泉站 / 東武日光站 / 下今市站 / 日光站 / 今市站

那須・鹽原 區域

那須溫泉(那須湯本溫泉) / 鹽原溫泉巴士轉運站 / 友愛の森 / 那須鹽原站

宇都宮站 / JR日光線 / JR宇都宮線(上野東京線・湘南新宿線) / 東北新幹線

「隼號」、「疾風號」不停靠

東京出發
東北新幹線「山彥號」、「那須野號」

淺草出發
東武特快「鬼怒號」、「Revaty會津號」
東武特快「華嚴號」、「Revaty華嚴號」

新宿出發
JR・東武直行特快「鬼怒川號・SPACIA鬼怒川號」
JR・東武直行特快「日光號」
高速巴士「那須・鹽原號」

大宮站 / 浦和站 / 池袋站 / 上野站 / 淺草站 / 春日部站 / 柏站 / 北千住站 / 押上站 / 船橋站 / 錦糸町站

東武都市公園線(野田線) / JR常磐快速線 / 東京Metro銀座線 / 東武晴空塔線 / 東京Metro半藏門線

新宿站 / Busta新宿(新宿站新南口) / 東京站 / 品川站 / 橫濱站

JR中央快速線 / JR湘南新宿線 / JR山手線 / JR總武快速線 / JR東海道本線(上野東京線)

往那須・鹽原 方向

- 從東京站或上野站搭乘東北新幹線「那須野號」、「山彥號」前往那須鹽原站。在車站可以租車,或是利用路線巴士。(詳情請參照P.138)
- 若搭乘從Busta新宿出發的高速巴士「那須・鹽原號」,往那須要搭「往那須溫泉」的班車;往鹽原則搭「往鹽原溫泉巴士轉運站」的班車。兩個方向的班車都會在那須高原・鹽原溫泉鄉的中心地區停車。

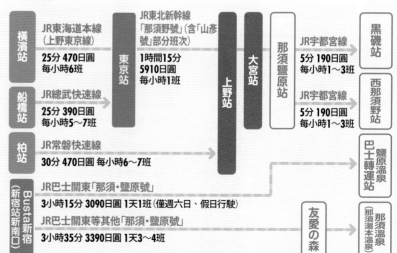

橫濱站	JR東海道本線(上野東京線) 25分 470日圓 每小時6班	東京站	JR東北新幹線「那須野號」(含「山彥號」部分班次) 1時間15分 5910日圓 每小時1班	上野站	大宮站	那須鹽原站	JR宇都宮線 5分 190日圓 每小時1～3班	黑磯站
船橋站	JR總武快速線 25分 390日圓 每小時5～7班						JR宇都宮線 5分 190日圓 每小時1～3班	西那須野站
柏站	JR常磐快速線 30分 470日圓 每小時6～7班							鹽原溫泉巴士轉運站
Busta新宿(新宿站新南口)	JR巴士關東「那須・鹽原號」 3小時15分 3090日圓 1天1班(僅週六、假日行駛) JR巴士關東等其他「那須・鹽原號」 3小時35分 3390日圓 1天3～4班					友愛の森		那須湯本溫泉

優惠乘車票的購買地點　「JR・東武 日光・鬼怒川往復きっぷ」能在出發地周邊的JR東日本主要車站的對號座售票機等處購買;其他3種東武フリーパス能在東武鐵道(伊勢崎線系統)的主要車站、東武TOP TOURS等處購買。

巴士的優惠乘車券 P.140

開車前往的方法 P.141

從日光・鬼怒川・那須・鹽原的起點站前往各個景點

在區域內移動

從那須鹽原站、鬼怒川溫泉站、JR、東武日光站都有前往各個方向的巴士發車。除了日光的世界遺產巡遊巴士之外，有許多季節行駛或班次較少的路線，因此若要搭巴士移動，請確認時刻表。

從那須鹽原站前往各個景點

那須・鹽原區域移動的要點

1 往那須高原方向搭 東野交通巴士

● 那須、鹽原區域的交通起點是JR那須鹽原站、黑磯站。前往那須高原方向要搭往那須湯本・那須索道（那須線）的東野交通巴士。每小時1～2班，上行最終班次為19時左右。許多班次都是在那須鹽原站發車和停車，但部分班次是在黑磯站發車和停車。

2 往鹽原溫泉鄉方向搭 JR巴士關東

● 前往鹽原溫泉鄉要搭往鹽原溫泉巴士轉運站的JR巴士關東。每小時1～2班，上行最終班次為18時左右。白天是在那須鹽原站發車和停車，並連接東北新幹線，但其他時間帶的全部班次都是在西那須野站發車和停車。

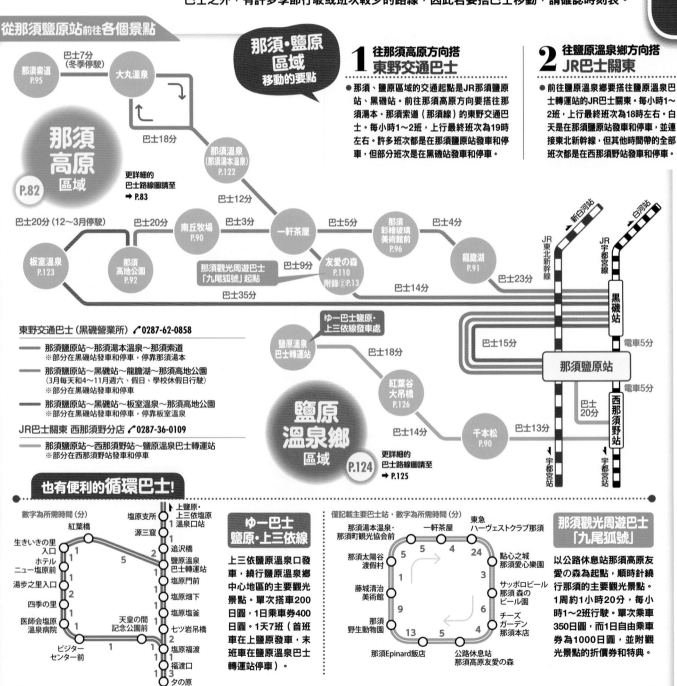

東野交通巴士（黑磯營業所）☎0287-62-0858
━━ 那須鹽原站～那須湯本溫泉～那須索道
※部分在黑磯站發車和停車，停靠那須湯本
━━ 那須鹽原站～黑磯站～龍膽湖～那須高地公園
（3月每天和4～11月週六、假日、學校休假日行駛）
※部分在黑磯站發車和停車
━━ 那須鹽原站～黑磯站～板室溫泉～那須高地公園
※部分在黑磯站發車和停車，停靠板室溫泉

JR巴士關東 西那須野分店 ☎0287-36-0109
━━ 那須鹽原站～西那須野站～鹽原溫泉巴士轉運站
※部分在西那須野站發車和停車

也有便利的循環巴士！

ゆ一巴士 鹽原・上三依線

上三依鹽原溫泉口發車，繞行鹽原溫泉鄉中心地區的主要觀光景點。單次搭車200日圓，1日乘車券400日圓。1天7班（首班車在上鹽原發車，末班車在鹽原溫泉巴士轉運站停車）。

那須觀光周遊巴士「九尾狐號」

以公路休息站那須高原友愛の森為起點，順時針繞行那須的主要觀光景點。1周約1小時20分，每小時1～2班行駛。單次乘車350日圓，而一日自由乘車券為1000日圓，並附觀光景點的折價券和特典。

日光・鬼怒川區域移動的要點

1 前往日光山內搭世界遺產巡遊巴士 前往奧日光方向搭東武巴士日光

● 日光區域的交通起點是東武日光站。巴士大多都在步行距離3～4分的JR日光站發車，再行經東武日光站前往各個方向。
● 前往日光山內搭世界遺產巡遊巴士（→P.26）很方便。白天每10～15分發車，也有優惠乘車券。
● 前往中禪寺湖、奧日光方向搭日光中禪寺溫泉・湯元溫泉的東武巴士。每小時1～5班。

2 鬼怒川溫泉街的巡遊用步行 前往觀光景點則搭日光交通巴士

● 鬼怒川區域的交通起點是鬼怒川溫泉站。巴士有前往各個方向的班次，因此鬼怒川溫泉街的遊覽（→P.64）只要步行即可。
● 若要前往東武世界廣場、日光江戶村等休閒景點，則搭乘往日光江戶村的日光交通巴士。每小時2～3班，上行最終班次為17時左右。
● 另有巡迴鬼怒川溫泉內部分住宿的Dial Bus。搭車1次190日圓。詳情請洽詢旅館。

3 湯西川溫泉・奧鬼怒溫泉鄉 也能搭巴士前往，但班次很少

● 要前往湯西川溫泉，能從鬼怒川溫泉站或野岩鐵道湯西川溫泉站搭往湯西川溫泉的日光交通巴士。1天8～12班，末班車15:47在鬼怒川溫泉站發車。
● 要前往奧鬼怒溫泉鄉，能從鬼怒川溫泉站搭往女夫渕（1天4班）的日光市營巴士到女夫渕，再請旅館接送，或步行約2個半小時當作健行。
● 兩個地方的巴士班次都很少，因此建議在鬼怒川溫泉租車或自行開車前往。（→開車的交通路線詳情在P.141）

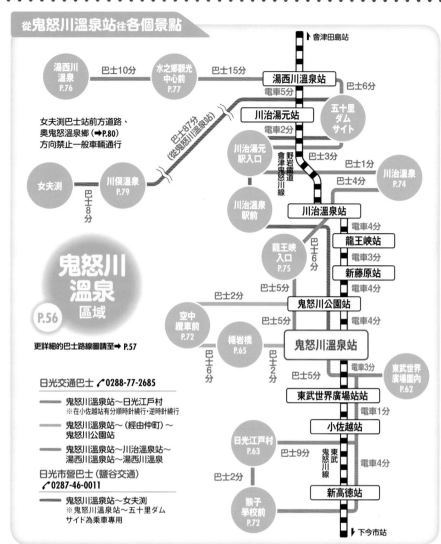

從鬼怒川溫泉站往各個景點

日光交通巴士 ☎0288-77-2685

━━ 鬼怒川溫泉站～日光江戶村
　※在小佐越站有分順時針繞行・逆時針繞行
━━ 鬼怒川溫泉站～（經由仲町）～鬼怒川公園站
━━ 鬼怒川溫泉站～川治溫泉站～湯西川溫泉站～湯西川溫泉

日光市營巴士（鹽谷交通）☎0287-46-0011

━━ 鬼怒川溫泉站～女夫渕
　※鬼怒川溫泉站～五十里水壩サイド為乘車專用

鬼怒川溫泉區域 P.56
更詳細的巴士路線圖請至➡P.57

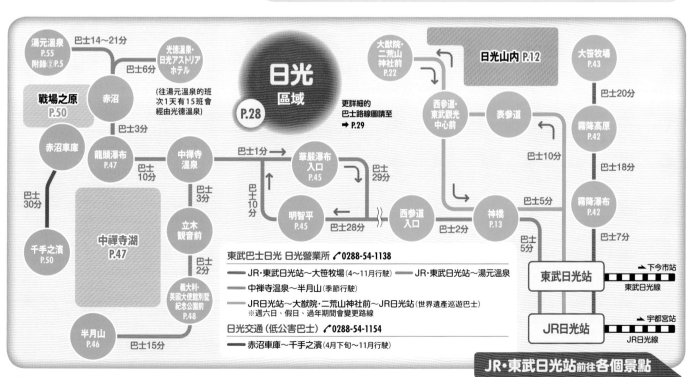

東武巴士日光 日光營業所 ☎0288-54-1138

━━ JR・東武日光站～大笹牧場（4～11月行駛）
━━ JR・東武日光站～湯元溫泉
━━ 中禪寺溫泉～半月山（季節行駛）
━━ JR日光站～大猷院・二荒山神社前～JR日光站（世界遺產巡遊巴士）
　※週六日、假日、過年期間會變更路線

日光交通（低公害巴士）☎0288-54-1154

━━ 赤沼車庫～千手之濱（4月下旬～11月行駛）

JR・東武日光站前往各個景點

有許多方便在當地移動的優惠乘車券

巴士的優惠乘車券

除了P.138所介紹的那須觀光周遊巴士「九尾狐號」和ゆー巴士鹽原‧上三依線之外，幾乎所有巴士都是根據路線的距離收費。另一些光是來回車站和景點，就比一般車資便宜的乘車券。也有許多2天內有效的優惠乘車券，若要搭巴士在當地移動，不妨善用一下。

日光區域

詳細巴士路線圖在 P.29

來回JR‧東武日光站和日光山內很方便

世界遺產巡禮手形	500日圓 限當日有效

由東武巴士日光所經營，在JR、東武日光站發車和停車且繞行日光山內的「世界遺產巡遊巴士」、和同公司的路線巴士JR日光站～東武日光站～西參道～蓮華石等班次，在一天內都能無限搭乘。

販售場所 JR日光站的綠色窗口、東武日光站的旅客中心

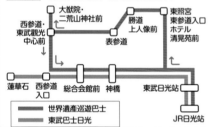

日光～奧日光的移動很方便 配合行動範圍來選擇吧

中禪寺溫泉免費乘車券	2000日圓 2日內有效
戰場之原免費乘車券	2650日圓 2日內有效
湯元溫泉免費乘車券	3000日圓 2日內有效

以JR、東武日光站為起點，東武巴士日光下圖區間的各班次在2天內都能無限搭乘。

販售場所 JR日光站的綠色窗口、東武日光站的旅客中心

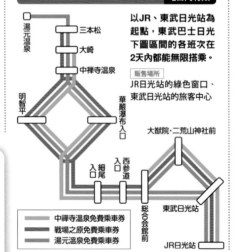

前往日光山內和霧降高原 兩方都很方便

霧降瀑布免費乘車券	600日圓 限當日有效
霧降高原免費乘車券	1200日圓 2日內有效
大笹牧場免費乘車券	1800日圓 2日內有效

以JR、東武日光站為起點，東武巴士日光下圖區間的各班次都能無限搭乘。同時能搭乘世界遺產巡遊巴士，因此也能計畫第1天遊日光東照宮、第2天遊霧降高原。霧降高原優惠乘車券和大笹牧場優惠乘車券僅在每年巴士運行的4～11月販售。

販售場所 JR日光站的綠色窗口、東武日光站的旅客中心

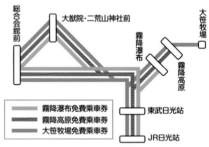

那須‧鹽原區域

詳細巴士路線圖在 P.83‧125

遊覽那須高原很方便

那須高原フリーパス券	2600日圓 2日內有效

東野交通巴士行駛在那須區域的路線巴士，能在2天內無限搭乘。有附那須索道的成人來回車資打9折的特典。

販售場所 黑磯站西口的東野交通巴士黑磯營業所、那須鹽原站待機中的東野交通巴士車內

巡遊鹽原區域很方便

塩原渓谷フリーきっぷ	
那須鹽原站發車	2050日圓 2日內有效
西那須野站發車	1650日圓 2日內有效

JR巴士關東的那須鹽原站和西那須野站～千本松來回搭1次免費，千本松～鹽原溫泉巴士轉運站之間能自由搭乘。那須鹽原站～鹽原溫泉巴士轉運站的單程票為1170日圓，因此優惠乘車券光是來回一趟就很划算。

販售場所 JR巴士關東的巴士車內

鬼怒川區域

詳細巴士路線圖在 P.57

巡遊東武世界廣場和日光江戶村很方便

鬼怒川1日フリーパス	
820日圓 1日內有效	

日光交通巴士的鬼怒川溫泉站～東武世界廣場園內～猴子學校前（日光猴子軍團劇場）～日光江戶村，都能在1天內無限搭乘。若想在這個地區1天逛2個以上的景點，購買優惠乘車券比較划算。

販售場所 鬼怒川溫泉站觀光服務中心

這裡也要check!

日光山內～鬼怒川溫泉的直達巴士

日光‧鬼怒川Express	1000日圓 1天2班

預約制的巴士，連接鬼怒川溫泉站和日光山內的入口——西參道（東武觀光服務中心前）及東武日光站，車程約50分。鬼怒川溫泉站發車的班次會依序在東武日光站、神橋※停車。西參道發車的班次也能從東武日光站搭乘，並依序在日光江戶村※、東武世界廣場※、鬼怒川溫泉站停車。必須電洽鬼怒川溫泉站觀光服務中心✆0288-77-1158或東武日光站旅客中心✆0288-54-0864預約，並於搭乘前5分鐘購買。（※記號表示有乘客要下車才會停車）

從自家開車・在當地租車

開車前往

若要前往日光、鬼怒川，就在日光宇都宮道路的今市IC、日光IC、清瀧IC下交流道；若要前往那須、鹽原地區，就在東北自動車道的那須IC、那須高原SIC（ETC專用）、西那須野鹽原IC等處下交流道。若在當地租車，使用JR乘車券的鐵道＋租車券會比較划算。

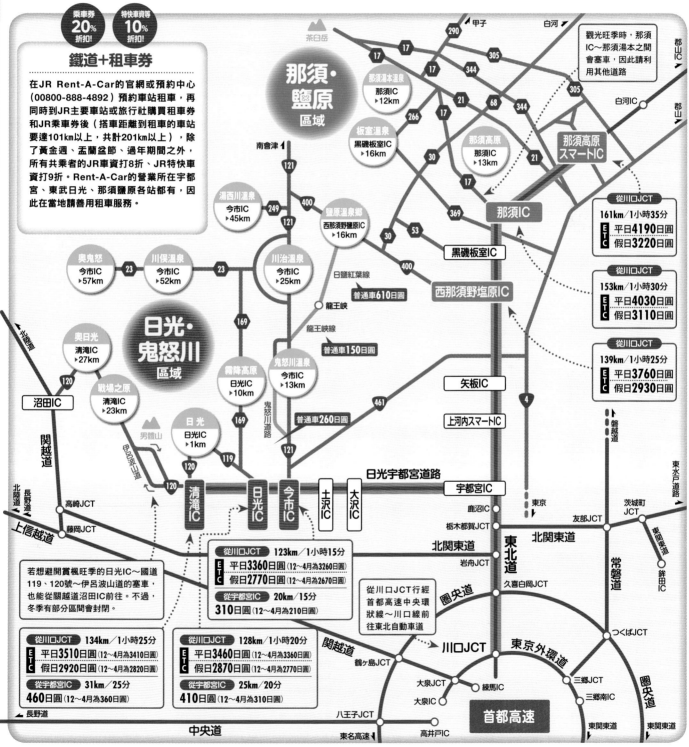

乘車券 20% 折扣！
特快車資等 10% 折扣！

鐵道＋租車券

在JR Rent-A-Car的官網或預約中心（00800-888-4892）預約車站租車，再同時到JR主要車站或旅行社購買租車券和JR乘車券後（搭車距離到租車的車站要達101km以上，共計201km以上），除了黃金週、孟蘭盆節、過年期間之外，所有共乘者的JR車資打8折、JR特快車資打9折。Rent-A-Car的營業所在宇都宮、東武日光、那須鹽原各站都有，因此在當地請善用租車服務。

茶臼岳

那須・鹽原 區域

那須湯本溫泉 那須IC ▶12km

板室溫泉 黑磯板室IC ▶16km

那須高原 那須IC ▶13km

那須高原スマートIC

南會津

湯西川溫泉 今市IC ▶45km

鹽原溫泉鄉 西那須野鹽原IC ▶16km

那須IC

黑磯板室IC

西那須野塩原IC

奥鬼怒 今市IC ▶57km

川俣溫泉 今市IC ▶52km

川治溫泉 今市IC ▶25km

日鹽紅葉線

龍王峽

龍王峽線

普通車610日圓

從川口JCT
161km／1小時35分
ETC 平日4190日圓
假日3220日圓

從川口JCT
153km／1小時30分
ETC 平日4030日圓
假日3110日圓

從川口JCT
139km／1小時25分
ETC 平日3760日圓
假日2930日圓

日光・鬼怒川 區域

奥日光 清瀧IC ▶27km

戰場之原 清瀧IC ▶23km

霧降高原 日光IC ▶10km

鬼怒川溫泉 今市IC ▶13km

普通車150日圓

普通車260日圓

矢板IC

上河內スマートIC

鬼怒川道路

日光宇都宮道路

宇都宮IC

北越道

沼田IC

関越道

男體山

伊呂波山道

北陸道

長野道

高崎JCT

藤岡JCT

上信越道

清瀧IC

日光IC

今市IC

土沢IC

大沢IC

鹿沼IC

栃木都賀JCT

岩舟JCT

久喜白岡JCT

北関東道

東京

東北道

北関東道

友部JCT

茨城町JCT

常磐道

鉾田IC

東水戸道路

東関東道

若想避開賞楓旺季的日光IC～國道119、120號～伊呂波山道的塞車，也能從關越道沼田IC前往。不過，冬季有部分區間會封閉。

從川口JCT
123km／1小時15分
ETC 平日3360日圓（12～4月為3260日圓）
假日2770日圓（12～4月為2670日圓）

從宇都宮IC
20km／15分
310日圓（12～4月為210日圓）

從川口JCT
134km／1小時25分
ETC 平日3510日圓（12～4月為3410日圓）
假日2920日圓（12～4月為2820日圓）

從宇都宮IC
31km／25分
460日圓（12～4月為360日圓）

從川口JCT
128km／1小時20分
ETC 平日3460日圓（12～4月為3360日圓）
假日2870日圓（12～4月為2770日圓）

從宇都宮IC
25km／20分
410日圓（12～4月為310日圓）

從川口JCT行經首都高速中央環狀線～川口線前往東北自動車道

川口JCT

圈央道

東京外環道

鶴ヶ島JCT

大泉JCT

大泉IC

練馬IC

三郷JCT

三郷南IC

圈央道

首都高速

つくばJCT

長野道

中央道

東名高速

高井戸IC

八王子JCT

東関東道

請注意 上述道路圖所記載的費用為高速道路和收費道路的過路費（利用ETC時的普通車一般費用）的總和金額，不包含汽車燃料費。所需時間是記載來回的標準時間。金額可能因季節或費用調整而變動，出發前請先確認清楚。

INDEX

哈日情報誌日光・那須

【 MM 哈日情報誌系列 16 】

日光・那須

鬼怒川・鹽原

作者／MAPPLE昭文社編輯部
翻譯／李詩涵、吳冠瑾
校對／黃家慧、翁語歆
編輯／林德偉
發行人／周元白
排版製作／長城製版印刷股份有限公司
出版者／人人出版股份有限公司
地址／23145 新北市新店區寶橋路235巷6弄6號7樓
電話／（02）2918-3366（代表號）
傳真／（02）2914-0000
網址／www.jjp.com.tw
郵政劃撥帳號／16402311 人人出版股份有限公司
製版印刷／長城製版印刷股份有限公司
電話／（02）2918-3366（代表號）
經銷商／聯合發行股份有限公司
電話／（02）2917-8022
第一版第一刷／2018年12月
定價／新台幣380元
　　　港幣127元

國家圖書館出版品預行編目（CIP）資料

日光・那須 鬼怒川 鹽原 / MAPPLE昭文社編輯部作 ；
李詩涵, 吳冠瑾翻譯. --
第一版. -- 新北市：人人, 2018.12
面； 公分. --（MM哈日情報誌系列；16）
ISBN 978-986-461-164-5（平裝）

1.旅遊 2.日本栃木縣

731.72309　　　　　　　　　　　　107017596

Mapple magazine NIKKO NASU KINUGAWA
SIOBARA
Copyright ©Shobunsha Publications, Inc, 2018
All rights reserved.
First original Japanese edition published by
Shobunsha Publications, Inc. Japan
Chinese (in traditional characters only)
translation rights arranged with Jen Jen
Publishing Co., Ltd
through CREEK & RIVER Co., Ltd.

●版權所有・翻印必究●